MensSana

Von Joachim Faulstich sind bei Knaur außerdem erschienen:
Das heilende Bewusstsein
Das Geheimnis der Heilung

Über den Autor:
Joachim Faulstich, geboren 1950, ist Autor und Regisseur wissenschaftlicher Fernsehdokumentationen und hat für seine Arbeit zahlreiche nationale und internationale Preise erhalten. Sein Film »Jenseitsreisen« (arte / ARD) schildert neue Erkenntnisse der Wissenschaft zur Todesnähe-Erfahrung. Joachim Faulstich ist seit 1989 Redakteur für Fernsehdokumentationen und Reportagen bei der ARD / HR.

Joachim Faulstich

Das Innere Land

Bewusstseinsreisen
zwischen Leben und Tod

MensSana

Besuchen Sie uns im Internet: www.droemer-knaur.de
Alle Titel aus dem Bereich MensSana finden Sie im Internet unter www.mens-sana.de

FSC
www.fsc.org
MIX
Papier aus verantwortungsvollen Quellen
FSC® C014496

Vollständige Taschenbuchausgabe März 2006

Redaktion: Diane Zilliges
Umschlaggestaltung: ZERO Werbeagentur, München
Umschlagfoto: Getty Images, München
Satz: Ventura Publisher im Verlag
Druck und Bindung: GGP Media GmbH, Pößneck
Printed in Germany
ISBN 978-3-426-87274-1

4 5

Inhaltsverzeichnis

Vor der Reise

Solange wir leben, erscheint uns die Wirklichkeit des Alltags unantastbar, und die Zeit, auch wenn sie sich oft mit unerklärlicher Schnelligkeit bewegt, erleben wir als eine Quelle, die niemals versiegt. Wir wissen, dass es den Tod gibt, aber wir sehen ihn als fernes Bild einer Realität, die wir anerkennen und gleichzeitig leugnen. Fast immer fühlen wir uns so, als ob das Unausweichliche uns nicht berühren könnte. Nur wenn der Tod die Räume betritt, in denen unsere Familie oder unsere Freunde leben, spüren wir für einen Moment seine Macht, und in der Trauer beweinen wir auch uns selbst.

Nur selten schicken wir unser Bewusstsein auf eine Reise und träumen uns für einige Zeit in die Welt der Phantasie, in der Tod und Leben eins sind und das Ende die Quelle eines neuen Anfangs, so wie wir es früher taten, als wir noch nichts von dem Glauben der Erwachsenen ahnten. Dieser Glaube nämlich, dem wir nun schon so viele Jahre anhängen, ist ein Ausdruck der Vernunft, also des Wachbewusstseins. Er ist ein Kind der einfachen Logik, die sich seit Jahrhunderten zum Herrn unseres Denkens erhoben hat. Die changierenden Bewegungen der Seele erscheinen ihm wie ein unruhiges Meer des Irrationalen, dem er die festen Deiche des ordnenden Verstandes entgegensetzt und dem er Jahr für Jahr neue Gebiete abringt. Weil wir mit unserem Ich diesseits des Deiches leben, verhalten wir uns seltsam gespalten: Auf dem festen Boden der Vernunft stehend, die nur die materielle Seite des Seins wirklich anerkennt, blicken wir hinaus ins Meer und fühlen eine andere Wahrheit, die wir gleichzeitig glauben und leugnen.

Dieses Buch will dazu ermutigen, den Blick auf die fernen Landschaften zu richten, die sich am Horizont abzeichnen. Dort, jenseits einer Kette von Inseln, liegt ein festes Land, das wir auf den Flügeln unseres Bewusstseins erreichen können. Ich nenne es das Innere Land, weil wir dorthin reisen können, wenn wir uns von den Sinneseindrücken der äußeren Wirklichkeit für eine gewisse Zeit lösen. Es mag uns zunächst als eine Welt der Phantasie erscheinen, weil seine Formen so leicht veränderbar sind, aber wenn wir es häufiger betreten, werden wir sehen, dass sich seine Strukturen immer klarer abzeichnen.
Auf Reisen durch die Zeit und rund um die Erde werden wir in diesem Buch Menschen begegnen, die das Innere Land erforschen. Weil es das Geheimnis des Todes und des Lebens berührt, mag auf den ersten Blick vielleicht der Gedanke entstehen, es ginge um Fragen des Glaubens. Aber dieser Eindruck wäre nicht richtig, denn die Forschungsreisen ins Innere Land sind eine Sache der Erfahrung. Vielleicht wird es gelingen zu zeigen, dass jenseits der kindlichen Hoffnung auf einen Vater oder eine Mutter, die aus der unsichtbaren Welt unsere Geschicke leiten, aber auch jenseits des trotzigen Glaubens an die Sinnlosigkeit der Welt Möglichkeiten existieren, die Bedeutung des Seins zu fühlen.
Die Mystiker aller Religionen haben dies seit Jahrhunderten, vielleicht seit Jahrtausenden getan und sind von den Führern ihrer Konfessionen dafür nicht selten verfolgt und von den Menschen ihrer Umgebung verlacht worden. Aber in der Erfahrung liegt ein Weg der Stärke, der von den modischen Strömungen der Zeit ein wenig unabhängiger macht. Auch manche Wissenschaftler, die auf dem Weg zu den äußeren Grenzen der Erkenntnis dem Charakter der

Wirklichkeit nachspüren, haben es nicht leicht, sich unter den strengen oder spöttischen Blicken der Mehrheit zu behaupten. Und doch rütteln sie unübersehbar an den Grundpfeilern, auf denen unser alltägliches Weltbild ruht. Auch von ihren Gedanken wird die Rede sein.

Weil dieses Buch von den Landschaften der Seele spricht, ist es in einer Sprache gehalten, die sich in Bildern bewegt. Denn farbige Zeichnungen sind die Ausdrucksformen der Seele, und es entspricht den Regeln der Höflichkeit, sich der Sprache des Gastgebers zu bedienen, wenn wir seiner Einladung folgen.

Die Leserinnen bitte ich um Nachsicht, wenn ich im Text bisweilen nur die männliche Form verwende und nicht stets darauf hinweise, dass es Träumerinnen und Träumer, Schamaninnen und Schamanen, Mystikerinnen und Mystiker gibt. Wenn der Zusammenhang allgemein ist, sind immer beide Seiten gemeint, Frauen ebenso wie Männer.

Vielleicht kann dieses Buch Menschen helfen, die über das Mysterium des Todes nachdenken und dabei ihrer Angst begegnen, aber auch der Hoffnung. Deshalb habe ich versucht, das Geheimnis aus der Erfahrung meiner eigenen, seit mehr als zwei Jahrzehnten andauernden Reise zu betrachten. Viele Menschen haben mir dabei geholfen, tiefer in die Welt jenseits des Wachbewusstseins vorzudringen, ohne den Kontakt zu unserer Wirklichkeit zu verlieren.

Wer die Reisewege der Seele erkunden will, braucht einen klaren Verstand, rationale Schärfe und gleichzeitig völlige Offenheit für die wechselnden Bilder anderer Dimensionen des Bewusstseins. Wer nur dem klaren Verstand folgt und keine Offenheit zulässt, ist wie ein Wanderer, der die Gren-

zen seines Landes befestigt und gleichzeitig bestreitet, dass jenseits der Grenze ein anderes Land existiert. Wer die Offenheit pflegt, aber den kritischen Geist ablehnt, ist wie ein Tagträumer, der sich den inneren Bildern überlässt und bestreitet, dass die äußere Realität Bedeutung hat.
Aber die Vernunft, wie wir sie im Alltag nutzen, um unserem Weg Sicherheit zu geben, ist ein trügerisches Mittel in den Räumen der Seele. C.G. Jung hat diesen Gedanken so ausgedrückt:

Von Zeit zu Zeit (sterben) die Götter, weil man plötzlich entdeckt, dass sie nichts bedeuten, dass sie von Menschenhand gemachte, aus Holz und Stein geformte Nichtsnutzigkeiten sind. In Wirklichkeit hat der Mensch dabei nur entdeckt, dass er bis dahin über seine Bilder überhaupt nichts gedacht hat. Und wenn er anfängt, darüber zu denken, so tut er es unter Beihilfe dessen, das er »Vernunft« nennt; was aber in Wirklichkeit nichts anderes ist als die Summe seiner Voreingenommenheiten und Kurzsichtigkeiten.[1]

Der Weg, den dieses Buch beschreibt, ist nur einer von vielen. Das Land allerdings, in das er führt, existiert in jedem von uns.

Aufbruch

Im Irrgarten der Wirklichkeit

Vielleicht sollten wir dieses Buch als einen Reiseführer betrachten, einen Begleiter in das Land der Seele, in ein fernes und zugleich vertrautes Land. Wir leben in ihm jeden Tag und mehr noch jede Nacht. Aber die weiten Landschaften jenseits des Wachbewusstseins erscheinen uns als Luftspiegelungen der Phantasie, als Fluchtbilder, als Widerschein versteckter oder offener Wünsche. Wenn wir freundlich zu ihnen sind, sehen wir sie als Botschaften des Unbewussten an das bewusste Ich, verschlüsselte und schwer zu entziffernde Wegweiser für die eigentliche, die greifbare, die messbare Wirklichkeit. Manchmal aber überfallen uns große Träume von erschreckender Realität, Begleiter für viele Jahre. Dann zweifeln wir für eine Weile an der Vereinbarung mit uns selbst, die nichts von der Wirklichkeit der Seele hält. Wir zweifeln, und zugleich verstärken wir die Mauern, die unser Selbstbild schützen. Weil wir dieses Bild mit der Wirklichkeit verwechseln, behält das Wachbewusstsein fast immer die Oberhand, und die Eindringlinge aus dem Land der Seele verlieren unsere Aufmerksamkeit, wenn auch nicht ihre Kraft.

Erst wenn wir in schweren körperlichen und seelischen Krisen die Nähe des Todes erleben, wenn also die gewohnte Sicherheit des denkenden Ich ins Wanken gerät, werden die Grenzen durchlässig. Dann kehren oft die Bilder der Vergangenheit zurück, denn wie es scheint, ist nichts vollständig vergessen. Wir werden jetzt Teil jener Welt, von der wir immer dachten, sie sei nur ein Geschöpf der allen Menschen eigenen Imagination. Die weiten Landschaften der Seele öffnen sich dem Blick, und der Zweifel an ihrer Wirklichkeit löst sich auf.

Wer zurückkehrt von dieser Verschmelzung mit sich selbst, fühlt sich verwandelt. Sein Weltbild ist auf den Kopf gestellt, denn jetzt erscheint der Alltag wie ein verzerrtes Abbild der Seele. Im Konflikt mit dem, was die meisten Menschen in der Welt des Wachbewusstseins für wirklich halten, schweigen die Rückkehrer, weil ihr Wissen ein inneres Wissen ist, das sich wie jede Erfahrung der logischen Beweisführung entzieht. Sie lauschen verwundert dem unablässig fließenden Strom der Erklärungen, die »rational« genannt werden und doch nur Bausteine der Mauer sind, jenes Schutzwalls gegen die Invasion des Mythos und damit der Begegnung mit sich selbst.

Aber die Sehnsucht nach diesen fernen nahen Welten bleibt. Auch bei denen, die nicht – noch nicht – die Grenze des Todes sahen. Das Ziel, mitten im Leben dorthin zu gelangen, und sei es nur für einen kleinen, wenn auch zeitlosen Moment, ist keine Illusion. Es gibt sichere Reisewege, Jahrtausende alte und moderne. Meister der Meditation führen uns dorthin, und die Vertreter der ältesten Methode, die Tür zwischen den Welten zu öffnen: Schamanen. Sie haben diese unendlichen Weiten seit vielen Jahrtausenden erkundet, solange jedenfalls die Erinnerung der Menschheit zurückreicht, aufgezeichnet schon in den magischen Bildern steinzeitlicher Höhlen.[2]

Dieses Buch folgt ihren Wegbeschreibungen, den Landkarten der »nichtalltäglichen Wirklichkeit«, wie die modernen Adepten dieses alten Pfades das Innere Land nennen. Wir

werden die Erfahrungen der Schamanen mit denen jener Reisenden vergleichen, die unfreiwillig in die jenseitigen Welten gingen, Menschen, die nach einem Unfall, während einer Operation oder im Fieber schwerer Erkrankungen in die Nähe des Todes gerieten. Wir werden uns ansehen, ob sie dieselben Regionen der Seele betraten wie die geübten schamanischen Reisenden aus der Tiefe der Zeit oder der Ferne exotischer Völker, oder ob sie andere Ebenen erreichten.
Auf unseren Expeditionen in das Innere Land werden wir auch Menschen treffen, die natürliche oder künstliche Substanzen einsetzen, um die Reise tiefer in die Bilderwelt der Seele zu führen. An ihrer Seite finden wir Forscher, die mit den Mitteln des 21. Jahrhunderts den Ort des Jenseits suchen, in den Synapsen des Gehirns, dort, wo sich Informationen mit unvorstellbarer Geschwindigkeit vernetzen.
Schließlich werden wir auch von den Erfahrungen moderner Reisender hören, die im Rhythmus der Trommel in die jenseitigen Welten aufbrechen, so wie es die sibirischen Völker und die Bewusstseinspioniere des amerikanischen Kontinents seit Menschengedenken tun.

Wohin führt die Reise der Sterbenden, der Schamanen und ihrer modernen Schüler? Erreichen alle dasselbe Ziel, oder verlieren sich ihre Wege in den verzweigten Regionen individueller Schöpfungen? Ist die Wirklichkeit der Seele eine unendliche Vielfalt persönlicher Bilder ohne Sinn oder kommt die Seele aus einem großen Ganzen, das alle eint und an dem jeder Einzelne mit seinen eigenen Erfahrungen weitermalt wie an einem gemeinsamen Bild, das wir die »Allumfassende Seele« nennen könnten? Sind wir also Individuen, die der Zufall an einen Ort gestellt hat und die

sich die verwirrende Welt in mythischen Bildern erklären, auch im modernen Mythos des sinnlosen Zufalls? Oder reisen wir durch das Leben, um der »Allumfassenden Seele« und damit auch uns selbst Erfahrungen, Gefühle, neue Bilder zu schenken?
Am Ende des Lebens wird jeder der Wirklichkeit der Seele begegnen, je nach persönlichem Glauben für eine kurze Zeit, bis zum unwiderruflichen Ende, oder für immer, weil nach dem Tod die Seele in sich selbst zurückkehrt. Auch wenn wir an diese älteste Vorstellung der Menschheit vielleicht nicht glauben können, so ist doch sicher, dass wir für eine gewisse Zeit, die uns unendlich erscheinen mag, in der Welt der inneren Bilder verweilen werden. Möglich, dass uns diese Vorstellung ängstigt wie die Phantasie über ein fernes gefährliches Land, in das wir reisen müssen, obwohl wir nur wenig darüber wissen. Aber gerade deshalb ist es hilfreich, schon vorher einen Blick auf das Ziel zu werfen, erste Bilder des Unbekannten zu betrachten, den Berichten von Pionieren zu lauschen, deren Neugier größer war als die Angst. Ihre Erzählungen machen es leichter, das Fremde zu begreifen.
Keineswegs wollen wir behaupten, dass der Tod oder die Erfahrungen in seiner Nähe ohne Schrecken seien; jeder Abschied ist schmerzhaft, zumal, wenn er ein Abschied ins Ungewisse ist. Aber mit einer Landkarte in der Hand können wir auch Menschen ohne Hoffnung ein Stück auf ihrem Weg begleiten, können ihnen helfen, selbst und bewusst erste vorsichtige Schritte ins Zentrum der Seele zu setzen.

Betreten wir also vorsichtig das weite Innere Land. Lassen wir uns von denen führen, die es lange vor uns bereist haben, auch wenn ihre Erzählungen vielleicht nicht mehr sind als ein Abglanz der Wirklichkeit. So oft wie möglich werden wir sie selbst sprechen lassen und mit ihren Worten und aus ihrer Sicht Bilder malen, farbige Geschichten voller Dramatik und Schönheit.

Reisewege

Die frühen Wissenschaftler des Geistes, die Schamanen aller Völker, gingen empirisch vor, sie ließen nur gelten, was sie selbst erfahren hatten. Jeder Schritt in die weiten Landschaften der Seele war der vorsichtige, neugierige Schritt des Forschers, der nur seiner eigenen Wahrnehmung vertraut und seinem eigenen Weg folgt. Im Austausch, auch im Wettstreit und bisweilen im Kampf mit anderen Forschern stellten die Bewusstseinsreisenden ihre Sicht auf die Probe. Am Ende zählte nur, welcher Weg sich als hilfreich, als heilsam für die Lebenden erwies. So entdeckten die ersten Schamanen neue Pfade und lernten die Gefahren einzuschätzen, die jede Reise begleiten.

Für die Pioniere der frühen Zeit waren die Reisen ins Innere Land immer Reisen auf Leben und Tod, die Rückkehr war nicht gewiss. Tatsächlich erlebten sie die andere Wirklichkeit als gefährliche, vor allem aber unendlich verzweigte Region, in dem sich eine reisende Seele leicht verirren kann, für alle Zeit. Dann würde der Körper verloren sein, den sie auf dem Boden der Hütte, des Zeltes oder der Jurte zurückgelassen hatten. In den Landschaften der anderen Welt warteten aber auch Angreifer, die Seelen fremder Zauberer oder unberechenbare Geister, die den Weg versperrten. Tatsächlich begegneten viele Schamanen auf ihren ersten Reisen dem Tod, aber indem sie ihn als überwäl-

tigende Macht annahmen, kehrten sie als veränderte Menschen zurück ins Leben.
Für den Psychologen sind die Berichte von Tod und Wiedergeburt der Schamanen nur symbolisch, die Schamanen dagegen erlebten das Ende als wirklich, sie fanden sich, zerstückelt von Ungeheuern, in die Leere des Nichts geworfen, verirrt in fernen Welten ohne Wiederkehr, und am Ende doch gerettet, wiedergeboren, als neue Menschen zurückgekehrt. Für die archaischen Stämme aller Zeiten bis in unser Jahrhundert sind Schamanen deshalb Bezwinger des Todes, Menschen, die eine Grenze überschritten und Dimensionen jenseits der Vorstellungskraft erreicht haben. Wer vom Tod ins Leben zurückkehrt, ist ein Mensch mit besonderen Aufgaben für die Gemeinschaft, ein Wanderer zwischen den Welten, der künftig eine verirrte Seele im Jenseits aufspüren und dem Schwerkranken zurückbringen kann. Und er kann als Wissender die Seelen der Toten in die andere Welt geleiten.

Als die christlichen Missionare und später die Ethnologen das Universum der letzten Stämme erkundeten – die einen mit dem Ziel, es zu zerstören, die anderen, es zu sezieren –, fanden sie eine vollständige Kosmologie voller ähnlicher Erfahrungen, ganz gleich, welches Volk sie trafen. Aber erst im 20. Jahrhundert verstanden einzelne Ethnologen, dass hier kein Aberglaube seltsame Phantasien hervorbrachte, Zauberergeschichten, komponiert aus Wünschen, Ängsten und dem Willen zur Macht. Sie nahmen die Berichte ihrer Informanten als wirkliche Erfahrungen ernst. Und sie fanden einen Schlüssel für das Geheimnis, weil sie ihre Rolle als Beobachter aufgaben und bereit waren, Schüler zu werden. Statt die Berichte der Schamanen mit dem Fallbeil der

Psychiatrie oder dem Messer der Psychoanalyse zu zerlegen, erklärten sie sich bereit, von den Zauberern zu lernen. Indem sie sich öffneten, erfuhren sie in kurzer Zeit mehr über das Innere Land als alle ihre analytischen Vorgänger zusammen. Sie verstanden, dass Wissen mehr ist als die Sammlung von Berichten über Erfahrungen, dass es vielmehr nur in der Erfahrung selbst wachsen kann. Einer dieser Pioniere ist der amerikanische Anthropologe Michael Harner, der in den 50er-Jahren des 20. Jahrhunderts die Position des überlegenen Wissenschaftlers aufgab und in den Dschungeln Südamerikas Regionen des Bewusstseins betrat, die seit Jahrhunderten im Westen vergessen waren. Die Reise Harners war gefährlich, denn sein Fahrzeug war eine psychedelische Droge, ein Zaubertrank aus einer Liane des Regenwaldes. Der Ayahuasca-Trank, einmal eingenommen, schleudert den Geist aus dem Körper und überlässt ihn für viele Stunden den Gefahren der anderen Welt. Harners Experiment war also riskant, vielleicht sogar ein Risiko auf Leben und Tod. Er hatte keine Möglichkeit, die Zusammensetzung der Stoffe vorher zu prüfen, die richtige Dosierung zu erproben, die Nebenwirkungen zu studieren. Er vertraute seinen Reiseführern, Indianern vom Stamm der Shipibo-Conibo im Regenwald von Peru, an der Lagune Yarinacocha, dem See der ragenden Palmen.

Es war Nacht im Dorf, das nur aus wenigen Hütten bestand, Pfahlbauten ohne Wände, mit Palmblättern gedeckt. Die Zeremonien der Schamanen finden stets in völliger Dunkelheit statt, denn wer nach innen sieht, den stört das Licht der dreidimensionalen Wirklichkeit. Die Helligkeit des Tages lässt die Bilder verblassen, auch deshalb, weil der heute längst chemisch entschlüsselte Trank die Lichtempfindlichkeit des Auges steigert. Michael Harner berichtet:

Als ich in die Dunkelheit blickte, erschienen schwache Bänder aus Licht. Sie wurden langsam schärfer und verzweigter und explodierten in strahlenden Farben. Ein Geräusch kam aus weiter Ferne, wie ein Wasserfall, der immer stärker wurde. Dann sah ich zwei seltsame Schiffe, die durch die Luft auf mich zu schwebten. Sie vereinigten sich langsam und formten ein einziges Boot mit einem riesigen drachenköpfigen Bug.

Ich wurde mir des schönsten Gesanges bewusst, den ich jemals in meinem Leben gehört hatte, in hoher Tonlage und ganz ätherisch. Er kam von Myriaden Stimmen an Bord der Galeere. Als ich das Deck genauer betrachtete, erkannte ich eine große Zahl von Wesen, die menschliche Körper hatten und blaue Vogelköpfe, den Göttern der alten ägyptischen Grabmalereien ähnlich. Zur gleichen Zeit begann Lebenskraft aus meiner Brust in das Boot zu fließen. Obwohl ich mich für einen Atheisten hielt, war ich absolut sicher, dass ich starb und die vogelköpfigen Wesen gekommen waren, um meine Seele abzuholen. Während sich immer mehr von der Essenz meiner Seele aus meiner Brust löste, spürte ich, dass meine Körperteile gefühllos wurden.

Nun war ich wirklich sicher, dass ich im Sterben lag. Als ich mich bemühte, mein Schicksal anzunehmen, begann ein noch tieferer Teil meines Gehirns, neue Visionen und Informationen zu übermitteln. Mir wurde »gesagt«, dass dieses neue Material mir gereicht würde, weil ich im Sterben begriffen und deshalb berechtigt sei, diese Offenbarungen zu empfangen. Es seien die Geheimnisse, die für die Sterbenden und Toten aufbewahrt würden. Ich konnte die Wesen, die mir diese Gedanken schickten, nur sehr schwach wahrnehmen: riesige reptilienartige Geschöpfe, die träge in den finstersten Tiefen meines Gehirns ruhten. Plötzlich proji-

zierten sie eine sichtbare Szene in den Raum vor mir. Zuerst zeigten sie mir den Planeten Erde, wie er vor Äonen war, als es noch kein Leben darauf gab. Ich sah ein Meer, ödes Land und einen strahlend blauen Himmel. Dann fielen schwarze Flecken vom Himmel und landeten vor mir in der Landschaft. Als ich genauer hinsah, bemerkte ich, dass diese Flecken in Wirklichkeit große, leuchtende, schwarze Geschöpfe mit kurzen, flugsaurierähnlichen Flügeln und riesigen walfischähnlichen Körpern waren.
Sie zeigten mir dann in der Sprache der Gedanken, wie sie auf dem Planeten Leben hervorgebracht hatten, um sich unter den vielfachen Formen zu verstecken und dadurch ihre Anwesenheit zu verschleiern. Sie seien in jeder Lebensform gegenwärtig, sie seien die wirklichen Meister der Menschheit und des ganzen Planeten, sagten sie mir.[3]

Die fremden Wesen wurden ihm unheimlich, Michael Harner begann, sich mit aller Kraft gegen die »Rückkehr zu den Urformen« zu wehren. Die Indianer, die seine Reise begleiteten, gaben ihm in diesem Moment ein Gegengift, und langsam verschwanden die Visionen.
Der junge Anthropologe kehrte von seiner Jenseitsreise mit vielen Fragen zurück. Hatte er Bilder gesehen, die in seinem eigenen Unbewussten verborgen lagen? Was würden die Experten des Regenwaldes von seinen Visionen halten? Er suchte einen blinden Schamanen auf, der als einer der mächtigsten Heiler der Shipibo galt. Harner wählte den Begriff »Riesenfledermaus«, um das Bild jener Reptilien zu beschreiben, die sich als Herren der Welt bezeichnet hatten. Der blinde Schamane lächelte und meinte: *»Oh, das sagen sie immer. Doch sie sind nur die Herren der äußeren Finsternis.«*[4]

Es war wohl dieser Moment, der das Weltbild des jungen Anthropologen veränderte und ihn auf neue Weise über die Natur der Wirklichkeit nachdenken ließ. Der blinde Schamane am Rio Ucayali war mit den Bildern vertraut, kannte die handelnden Figuren, er hatte sie selbst gesehen, immer wieder. War Harners Reise in das Innere Land also ein Blick in eine andere Ebene der Realität, so objektiv, wie uns die Alltagswirklichkeit erscheint? Oder löst die Droge bei allen Menschen dieselben Bilder aus, weil die chemischen Stoffe dieselbe Region des Gehirns verändern? Wenn dies so ist: Sind dann die Reisen der Schamanen nur Kunstbilder eines manipulierten Gehirns – oder öffnet der Trank mit chemischen Mitteln eine Pforte, die in denselben Ausschnitt einer anderen Wirklichkeit führt?
Tatsächlich sind viele Reisen in das Innere Land voller persönlicher Bilder, phantastische Schöpfungen des Geistes. Aber obwohl diese besonderen Bilder keine objektive Welt zeigen, wie sie im Alltag für jeden erkennbar scheint, sind sie doch nicht unbedingt nur subjektiv: Sie könnten eine allen Seelen gemeinsame grundlegende Wirklichkeit zeigen. Ist das Innere Land also für alle Menschen gleich, auch wenn es jeder aus unterschiedlichen Blickwinkeln und gefärbt durch unterschiedliche Vorerfahrungen, aus der Sicht seiner Kultur und seiner Herkunft wahrnimmt?

Urbilder

Eine große Ähnlichkeit der Erfahrungen bei gleichzeitiger Unterschiedlichkeit der Bilder begegnet uns auch in den Berichten moderner Rückkehrer von der Grenze des Todes. Es gibt heute in den Büchern und Archiven viele

tausend Aufzeichnungen jener weiten Reise, die »Todesnähe-Erfahrung« genannt wird.
Im Zeitalter der High-Tech-Medizin haben Millionen Menschen unfreiwillig die Pforte geöffnet und einen Blick in Dimensionen geworfen, deren Existenz sie zuvor nicht für möglich hielten. Was sie sahen, waren verzweigte Landschaften von ungeheurer Tiefe, viele Rückkehrer trafen helfende Gestalten, oft eigene Verwandte oder Freunde, die schon lange verstorben waren.
Irgendwann – wenn ihre Reise sehr weit führte – kamen sie an eine Grenze, eine Barriere, die sie nicht überwinden konnten oder wollten, denn dahinter lag das Land ohne Wiederkehr. Bisweilen mussten sie auch Gefahren überwinden, wie die Schamanen des Regenwaldes und der sibirischen Steppen. Und vor allem erlebten sie die Gegenwart einer Kraft, die sie als Licht beschrieben – ein abstraktes, gleichwohl wie von Bewusstsein erfülltes Licht, wärmende Strahlen für die Seele.
Die Gefühle von Frieden und Glück, die Wahrnehmung des Lichtes, die Gegenwart gewaltiger Landschaften, das alles waren Elemente dieser Reise ins Jenseits, von der viele übereinstimmend berichten. Und doch sah jeder unterschiedliche Bilder: majestätische Wüsten, Berge und Täler, Seen oder das Meer, ferne Inseln und weite, mit Blumen bedeckte Wiesen. Landschaften von erhabener Schönheit, paradiesisch. So groß die Unterschiede im Detail, so groß sind die Gemeinsamkeiten in der Empfindung.
Die erste Reise des Anthropologen Michael Harner unterscheidet sich von den »klassischen« Todesnähe-Erfahrungen – er erreichte offenbar eine andere Region des Inneren Landes, weil der Lianentrank ein anderes Tor öffnete. Aber die Erzählungen der alten Schamanen, wie sie uns For-

schungsreisende aus Nordamerika und dem Sibirien des späten 19. und des frühen 20. Jahrhunderts überlieferten, zeigen viele Elemente, die den Berichten aus den Kliniken des 21. Jahrhunderts ähneln.

Dass sich Tod und Leben auf der Ebene des Bewusstseins durchdringen, daran lassen die Schamanen wenig Zweifel. Weil das Wachbewusstsein nur ein Fokus auf einen kleinen Bereich der Seele ist, aus dem sich das Ganze formt, ist auch das Jenseits für sie stets gegenwärtig. Wir sind also Bewohner zweier Welten, gleichzeitig im Raum der Alltagswirklichkeit und, wahrscheinlich mit dem größten Teil unseres Selbst, in der fernen Region, die von analytischen Psychologen »das Unbewusste« genannt wird. Moderne Pioniere der transpersonalen Psychologie finden hier auch den Bereich, der alle Individuen miteinander verbindet, die Regionen einer übergeordneten Gemeinsamkeit aller denkenden und fühlenden Wesen, jenseits der subjektiven, individuellen Welt mit ihren von Gegensätzen und Widersprüchen durchzogenen Erfahrungen.
C.G. Jung hat diesen Bereich das »kollektive Unbewusste« genannt, die Welt der Archetypen, die gemeinsame Quelle also, aus der alles Unterscheidbare entsteht und mit der jedes Individuum verbunden bleibt. Das persönliche wie auch das kollektive Unbewusste sind aber nur ein – wenn auch wichtiger – Teil des großen Inneren Landes, in dessen Kern die Mystiker das All-Eine suchen. Es bleibt die Frage nach dem Charakter der Wirklichkeit dieser Landschaften der Seele. Unbestritten ist nur die Existenz der Erfahrungen. Umstritten ist die Frage, ob all diesen Reisen eine Bedeutung zukommt, die über den einzelnen Menschen hinausweist. Als Menschen des 21. Jahrhunderts, aufgewachsen im mate-

rialistisch geprägten Westen, erscheint uns die Trennung von subjektiver Wahrnehmung und objektiver Wirklichkeit zwangsläufig: Nur die objektive Wirklichkeit hat Bedeutung, die subjektive Erfahrung sagt nur etwas über das Individuum, niemals kann sie hinweisen auf eine größere Wirklichkeit hinter dem sichtbaren Schein. Dieses Paradigma der materialistischen Weltsicht, das wir alle wie eine unverrückbare Wahrheit in uns tragen, wird aber seit fast 100 Jahren mehr und mehr von den Theorien der neuen Physik erschüttert, die dem Beobachter eine entscheidende Rolle im Entstehen der Wirklichkeit zuweist. In der Beobachtung der subatomaren Teilchen entscheidet der Versuchsleiter mit seiner Messung, ob sich ein materielles Objekt oder eine Welle zeigt. Als Welle ist der Gegenstand der Beobachtung vollständig immateriell, und statt einer klaren Ortsbestimmung im Raum findet der Physiker diffuse Wahrscheinlichkeitswolken, die jede präzise Voraussage unmöglich machen. Entscheidet sich der Versuchsleiter für die Messung des materiellen Objektes, findet er präzise Koordinaten im Raum, aber jetzt ist die Welle nicht mehr nachweisbar. Beides zugleich wahrzunehmen ist nicht möglich – und doch existiert das »Teilchen« jederzeit in seiner Doppelnatur.
Könnte es sein, dass unser Blick auf die Welt den Charakter der Wirklichkeit erst erschafft? Für die Mikrowelt der Quanten gilt diese Aussage als gesichert. Aber auf die Makrowelt unserer Alltagswirklichkeit ist sie nicht ohne weiteres zu übertragen. Wo liegt die Grenze für die Gültigkeit dieser rätselhaften Phänomene der Neuen Physik? Welche Rolle spielt das Bewusstsein bei der Stabilisierung der dreidimensionalen Realität? Und welche Konsequenzen hat die Macht des Beobachters, Wirklichkeit zu erschaffen, für die Welt der inneren Bilder?

Fragen nur, an dieser Stelle, Gedankenspiele, die deutlich machen, dass die Unterscheidung von Wirklichkeit und Schein nicht so leicht zu treffen ist, wie wir als späte Schüler Newtons leichthin annehmen (auch wenn Newton selbst durchaus an eine Welt jenseits seiner Versuchsanordnungen glaubte).

Der Ratgeber

Kehren wir vorerst zurück in die Welt der Schamanen. Einer der größten, von denen wir wissen, der Eskimo Aua, schilderte dem Polarforscher Rasmussen Anfang des 20. Jahrhunderts seine Erlebnisse. Obwohl Aua viele Reisen in die Regionen der anderen Welt unternommen hatte, blieb er bescheiden und staunend vor dem Geheimnis der Wirklichkeit, des Lebens und des Todes. Er wusste und sah doch, dass er nicht wusste – ein Philosoph der Arktis. Aua sagt:

So geheimnisvoll, wie der Tod ins Leben kam, so geheimnisvoll ist der Tod selbst. Wir wissen nichts darüber mit Gewissheit, einzig dass jene, mit denen wir leben, plötzlich von uns gehen, manche auf einem natürlichen und begreiflichen Weg, weil sie alt und müde geworden sind, andere jedoch auf geheimnisvolle Weise, denn wir, die wir mit ihnen lebten, können keinen Grund dafür sehen, warum gerade sie sterben sollen. Der Tod allein bestimmt, wie lange wir in diesem Leben auf Erden, an das wir uns klammern, verbleiben dürfen, und er allein trägt uns hinüber in ein anderes Leben, das wir nur aus den Berichten von Schamanen kennen, die schon lange tot sind.[5]

Aua bleibt hier zurückhaltend, erwähnt nicht seine persönliche Kenntnis jenes anderen Lebens, das er gleichwohl für selbstverständlich hält.
Der Tod erscheint in seinen Worten wie eine Person – und für die Wahrnehmung der Seele hat der Tod auch tatsächlich Gestalt. Carlos Castaneda, bis heute auf dem ethnologischen Parkett umstritten, aber sicher ein Pionier schamanischer Selbsterfahrung, lässt seinen Lehrer Don Juan sprechen, wenn er dem Tod eine Gestalt gibt – eine mythische, also tief in der menschlichen Seele angelegte Sicht der Wirklichkeit:

Der Tod ist unser ewiger Begleiter. Er ist immer zu unserer Linken, eine Armeslänge entfernt. Wende dich nach links und frage deinen Tod um Rat. Ungeheuer viel Belangloses fällt von dir ab, wenn dein Tod dir ein Zeichen gibt, wenn du einen Blick auf ihn werfen kannst oder wenn du einfach das Gefühl hast, dass dein Begleiter da ist und dich beobachtet.[6]

Das Bild des Begleiters erinnert an Darstellungen des Mittelalters, aber auch an Gemälde späterer Jahrhunderte, und an viele Märchen und Geschichten: der Tod als knöcherner Sensenmann, der den Sterbenden abholt, aber auch als Mahner, der den Lebenden an seine Sterblichkeit erinnert. Im modernen Schamanismus ist der Tod bisweilen als Gestalt in den Reisen gegenwärtig, in der Trance kann ihn der Schamane treffen und um Rat fragen, er kann die Rolle eines spirituellen Lehrers übernehmen und damit erschreckend und liebevoll zugleich erscheinen. Auf einer Reise in das Innere Land traf ein junger Mann seinen spirituellen Lehrer, der wie in einer Doppelbelichtung als zwei sich überlagernde Personen erschien: mit dem Gesicht eines alten weisen Mannes und als personifizierter Tod. Der Schädel schimmerte unter der Haut, wurde deutlicher, bis die normale Gestalt kaum noch zu erkennen war, und in dem Moment, als die knöcherne Gestalt vollständig präsent war, begann sie wieder zu verblassen, und die Züge des alten Weisen wurden erneut sichtbar; ein sanftes Pulsieren, wie die Bewegung zwischen zwei holographischen Bildern. Der Reisende wollte wissen, welche Bedeutung die Erfahrung des Todes hat, wie sie Schamanen erleben. Der alte Weise sagte:

Das Wichtigste ist die Erfahrung, dass der Tod seine Bedeutung verliert, wenn du dich der Angst vollständig aussetzt und tief in dir dein Lied spürst. Dann weißt du: Ohne Tod kein Leben und ohne Leben kein Tod. Der Tod ist das Leben und das Leben der Tod. Es ist wie ein Kreis, der alles verbindet. Erinnere dich immer daran. Es genügt, wenn du diese Wahrheit in dir klingen hörst.[7]

Die Personifizierung des Todes ist eine Antwort der Seele auf das Unfassbare, die Begegnung mit dem Tod nimmt ihm einen Teil seines Schreckens. Das ist keine Verharmlosung, wie schon der erfahrene Reisende Aua seinem Informanten deutlich machte, nur eine andere Sicht derselben Wirklichkeit. Menschen, die völlig unerwartet in das Grenzland des Todes geraten, erleben weniger häufig den Tod als Person, wenn auch – zum Beispiel in Indien – am Sterbebett häufig Todesboten erscheinen und auch in den Todesnähe-Erfahrungen des Westens Personen auftreten, die den Übergang erleichtern. Aber es gibt auch Erlebnisse, die enden, bevor sich helfende Gestalten zeigen, Erlebnisse eines plötzlichen und dramatischen Übergangs. Wie die Geschichte eines Mädchens, das während eines schweren Autounfalls in die Nähe des Todes geriet. In diesem Beispiel findet sich das Bewusstsein in einer völlig neuen Situation: herausgerissen aus dem Körper, im Kampf zwischen Diesseits und Jenseits, und das alles bei völlig klarer Wahrnehmung der alltäglichen Realität:

Ich schwebte in der Luft, genau über der Unfallstelle. Das Auto hatte sich überschlagen und war völlig zerstört. Zuerst verstand ich nicht, was geschah, dann erkannte ich unten im Wagen unsere leblosen Körper.
Plötzlich sah ich, dass meine Mutter über mir schwebte. Ich griff ihre Hand und hielt sie fest. Meine Mutter wurde von einer starken Kraft nach oben gezogen. Ich wollte sie nicht gehen lassen, aber die unsichtbare Kraft war stärker, und nach und nach spürte ich, dass ich meine Mutter nicht länger halten konnte. In diesem Moment sagte sie: »Du musst zurück, du bist hier noch nicht fertig.« Dann löste sie sich von mir und verschwand aus meinem Gesichtsfeld. Im nächsten Augenblick wurde ich hinabgezogen in meinen Körper. Als ich erwachte, wusste ich sofort, dass meine Mutter tot war.[8]

Ein seltenes Beispiel für den Übergang in die Welt der Bilder, gesehen von einer Beobachterin, die selbst in einem veränderten Bewusstseinszustand war. Mit diesem Bericht sind wir wieder ganz nah an der Frage, wie real solche Erlebnisse sind. Im Unterschied zu den schamanischen Reisen, die viele mythische Elemente enthalten (was uns leicht zu der Einschätzung bringen könnte, sie seien weniger wirklich), zeigt dieser Bericht eine doppelte Wahrnehmung der inneren und der äußeren Welt. Ein Teil des Bildes ist unbestreitbar und nachweisbar wirklich, im Sinne des alltäglichen Begriffes von Wirklichkeit: das Bild der Unfallstelle mit den leblosen Körpern, auch die Tatsache, dass die Mutter starb, denn sie war bereits tot, als die Tochter wieder in der dreidimensionalen und äußerst schmerzhaften Realität erwachte. Mit der Rückkehr ins Alltagsbewusstsein oder in den Körper, wie es das Mädchen erlebte, verschwand das Bild der Welt hinter der Welt – ein Beleg für ihre Nicht-Existenz? Oder eher ein Zeichen dafür, dass nur besondere Umstände die doppelte Wahrnehmung von normaler und über-normaler Realität möglich machen? Die »Doppelbelichtung« zweier Wirklichkeitsebenen ist ein starkes und wirksames Bild der Seele für die gleichzeitige Existenz unterschiedlicher Welten, aber kein wissenschaftlicher Beweis.

Wenn wir die Wirklichkeit präziser erfassen wollen, müssen wir genauer hinsehen, müssen im eigentlichen Sinne des Wortes wissenschaftlich vorgehen, indem wir den Erfahrungsberichten der Schamanen und ihrer modernen Schüler folgen, gleichzeitig aber auch den Erzählungen der Rückkehrer von der Grenze des Todes. Wissenschaftlich vorzugehen heißt auch, die unterschiedlichen Wahrnehmungen unvoreingenommen zu registrieren und in eine Gesamtsicht einzuordnen. Alle diese Berichte von vornherein als Ausdruck eines menschlichen Geistes zu interpretieren, der in der grauen Masse des Gehirns gefangen ist und von dort aus verzweifelt eine unverständliche Welt mit Sinn füllt, hat mit wissenschaftlicher Objektivität nichts zu tun. Auch wäre es vermessen, all die seltsamen Parallelen, die Synchronizitäten, wie es C.G. Jung ausdrückte,[9] oder die nachweisbaren Entsprechungen innerer Bilder in der äußeren Realität zu ignorieren. Umgekehrt dürfen wir auch nicht von vornherein innere und äußere Wirklichkeit zu ein und derselben Sache erklären.

Für die Schamanen stand immer außer Zweifel, dass es unterschiedliche Realitäten gibt und dass ein geübter Reisender das Tor zu anderen, parallelen Welten öffnen kann. Weil sie Träumen und Visionen die gleiche Bedeutung beimaßen wie Erlebnissen in der Alltagswirklichkeit, oft sogar eine größere Bedeutung, denn in den Bildern der anderen Wirklichkeit erkannten sie die Weisheit verborgener Kräfte, machten sie keinen Unterschied zwischen »inneren« und »äußeren« Bildern.

Tatsächlich ist ja das Bild, das wir uns von unserer alltäglichen Welt machen, immer ein inneres Bild, obwohl wir es außen wahrnehmen, denn es formt sich in unserem Gehirn. Weil sich dieses innere Bild mit dem inneren Bild anderer Menschen zu decken scheint, nehmen wir es als unveränderliche Wirklichkeit wahr. Genau so erleben die Schamanen auch das Innere Land: als eine Welt, die sie in den Erzählungen anderer Reisender wiedererkennen, als eine zweite Wirklichkeit.

Wanderer zwischen den Welten

Bevor wir betrachten, wie die letzten Schamanen der alten Zeit, die ihrer Linie noch ohne den Einfluss des westlichen analytischen Denkens folgten, die Geheimnisse des Inneren Landes erkundeten, und auf welche Weise sie sich Eintritt verschafften in dieses schwer zugängliche und von gewaltigen Kräften bewachte Gebiet, sollten wir über einige Begriffe nachdenken, mit denen wir die Grenzen abstecken. Wen genau rechnen wir zu den Schamanen? Tatsächlich ist diese Bezeichnung im Westen oft schon zum Synonym für »Spirituelle Heiler« geworden. Aber diese Sichtweise macht den Begriff unscharf, und wir laufen Gefahr, den Weg zu verlieren, kaum dass wir den ersten Schritt gesetzt haben.

Schamanen sind Frauen und Männer, die im Kontakt mit Geistern stehen, die ein persönliches, geradezu freundschaftliches, aber von gegenseitigem Respekt bestimmtes Verhältnis zu diesen Wesen pflegen und die aus diesem Kontakt Kraft und Hilfe für sich und die Menschen ihrer Umgebung gewinnen. Die Geister erscheinen als Helfer und werden deshalb überall auf der Welt Schutz- oder Hilfsgeister genannt (wobei es auch Unterschiede, geradezu eine Hierarchie zwischen schützenden und helfenden Kräften geben kann). Wenn Schamanen heilen, dann tun sie das stets durch diese machtvollen Wesen, niemals aus eigener Kraft. Wenn der Kontakt abbricht, aus welchen Gründen auch immer, verlieren sie ihre Kraft, in manchen Fällen auch ihr Leben.

Der Kontakt zu den Geistern ist ein wichtiges Element, das den Schamanen aller Völker gemeinsam ist, keineswegs aber das wichtigste. Was sie vor allem von anderen Heilern unterscheidet, ist ihre Fähigkeit, das Innere Land zu betreten. Auf ausgedehnten Reisen in diese geheimnisvollen Sphären lernen sie die Landschaften und ihre Bewohner kennen, spüren den Kräften der Heilung nach und kämpfen, wenn es sein muss, gegen düstere Mächte, die den Weg versperren und flüchtigen Seelen der Menschen die Rückkehr ins Leben verweigern.

Für die Schamanen ist es lebenswichtig, das Innere Land zu kennen, sichere Wege zu erkunden und die Gefahren vorauszusehen, um sie für sich und ihre Patienten zu überwinden. Wenn auch ihre Reisen vor allem der Hilfe und Heilung von Menschen dienen, die um Unterstützung gebeten haben, so sind doch oft Jahre der Vorbereitung nötig, um diese Aufgabe erfüllen zu können.

Immer wieder reisen die Novizen in die Welten jenseits der Vorstellungskraft, um Meister des Seelenfluges zu werden. Es sind Bewusstseinsreisen, und das meint auch, dass sie im vollen Bewusstsein, also mit einem klaren Ziel, einer makellosen Absicht unternommen werden. Zu keinem Zeitpunkt können sich die Reisenden erlauben, nur den Bildern zu folgen, sich den Szenen passiv zu überlassen. Wenn sie dies tun, geht es ihnen wie den nächtlichen Träumern, die ihre Bilder stets für wahr halten und glauben, dass all dies ihnen eben unabänderlich geschieht, die aber nach dem Erwachen die Geschichten der Nacht verächtlich wegwischen wie die Erinnerung an eine unangenehme Entgleisung.

Die Schamanen bleiben sich stets ihrer selbst bewusst, wenn sie das Reisen erst einmal zur Meisterschaft entwickelt haben, auch wenn sie ihre Träume als Eingang ins Innere Land nutzen. Ein Teil ihres Wachbewusstseins bleibt gegenwärtig, wie ein Licht, mit dem sie den Weg ausleuchten, der vor ihnen liegt, oder besser: wie eine Erinnerung an jene anderen Welten des Alltags, die nicht verschwinden, wenn sie die Brücke über den Fluss betreten, der oft das Innere Land begrenzt.

Für die Novizen, die den Weg noch nicht kennen, ist diese Haltung ein fernes Ziel. Sie fühlen sich bisweilen ins Unbekannte geworfen, ohne Chance, die eigenen Ziele, die eigenen Träume durchzusetzen. Aber auch sie verwechseln die Landschaften der Seele nicht mit denen des Alltags, wenn sie auch der Realität ihres Dorfes keine größere Bedeutung beimessen als der jenseitiger Städte. Dieser Unterschied ist wichtig, denn er hilft uns, die Reisen der Schamanen von den bizarren Geschichten des Schlafes abzugrenzen.

Schamanen sind also Reisende in beiden Wirklichkeiten, und sie pflegen engen Kontakt mit helfenden Geistern. Beides hängt miteinander zusammen, denn das Innere Land ist nicht unbewohnt, sondern bisweilen dicht bevölkert mit Wesen aller Schattierungen, auch mit menschlichen und tierischen. Die Geister der Tiere spielen im Schamanismus der alten Völker eine große Rolle, sicher auch, weil die Völker der Jäger, die den Seelenflug entdeckten, zwangsläufig mit der Natur verbunden oder genauer: ihr ausgeliefert waren. Im Leben der Stämme war der Tod gegenwärtig, und deshalb kam den Schamanen die Aufgabe zu, ihm gegenüberzutreten.

Wer sich diesem größten aller Gegner stellt, um das Leben seines Stammes, seiner Gruppe zu retten, muss ein Mensch sein, der den Tod schon einmal überwunden hat. Und so steht am Beginn der Initiation der traditionellen Schamanen oft eine lebensbedrohliche Krankheit, zumindest aber schicksalhaftes oder gar selbst auferlegtes Leiden, der Gang in die Einsamkeit, körperlicher Schmerz, Angst und Verzweiflung.

Die Schamanen des alten Weges hatten in der Mitte des 20. Jahrhunderts nur noch an wenigen Orten ihr Wissen gegen die Macht der modernen Medizin und der materialistischen Weltsicht verteidigt. Inzwischen erleben wir aber eine Wiedergeburt ihrer Traditionen, weil immer mehr Menschen des Westens bei den Heilern der Stämme Hilfe suchen oder von den alten Erfahrungen lernen wollen. Jenseits des strengen Pfades der Tradition, den wir unter dem Begriff

»Ethnoschamanismus«[10] zusammenfassen können, gibt es aber auch einen anderen Weg, die schamanische Weltsicht zu erfahren. Der amerikanische Anthropologe Michael Harner hat diesen Weg geöffnet. Nach seiner ersten Reise in das Innere Land suchte er viele Jahre lang neue Pforten, die ohne Halluzinogene in die andere Welt führen. Seine Forschung zeigte ihm, dass der Reiseweg der Seele jedem offen steht, der jenes »Fahrzeug« nutzt, das die Völker Sibiriens, Nordeuropas und Nordamerikas über Jahrtausende bewahrt hatten: die Trommel. Der monotone Rhythmus tiefer, gleichförmiger Klänge, 220 Schläge pro Minute, bringt den Geist in eine tiefe Ruhe und macht die Seele bereit für den Sprung in andere Ebenen der Wirklichkeit.
Es genügt natürlich nicht, nur die Trommel zu schlagen. Manche Forscher wie der Ethnopharmakologe Christian Rätsch vertreten sogar die Ansicht, nur ein starkes Halluzinogen, dass den frei beweglichen Teil der Seele aus dem Körper peitscht, könne wirklich eine tiefe schamanische Erfahrung auslösen. Aber die Völker des Nordens haben ihre eigenen Methoden entwickelt (wenn auch viele Kulturen zusätzlich bisweilen halluzinogene Pilze einsetzen, keineswegs aber immer und ausschließlich), und der westliche Schamane Michael Harner, versehen mit den Weihen mehrerer halluzinogener Reisen, fand in der Trommeltrance ein wirksames Mittel, die Welt des alltäglichen Bewusstseins zu verlassen, ohne die Rituale fremder Stämme stehlen und dann nachahmen zu müssen. Core Shamanism, »Kern-Schamanismus«, nennt er diesen Weg, weil seine Methode die weltweiten Erfahrungen der Schamanen auf ihren wesentlichen Kern reduziert und – nur scheinbar paradox – gerade dadurch schamanische Erkenntnis auf bisher nie gekannte Weise erweitert.

Die Reise ins Innere Land ist ein spiritueller Weg, eine Möglichkeit, andere Wirklichkeiten zu erleben, jenseits von Spekulation und Glauben. Es war ja ein großes Missverständnis der christlichen Missionare, das Weltbild der Schamanen als archaische Religion zu sehen, die in Konkurrenz zu anderen Religionen stehe. Tatsächlich hingen die alten Völker unterschiedlichen Glaubensvorstellungen an, auch die Schamanen der Stämme. Glaube ist die eine Seite, Erfahrung die andere. Und so gibt es auch heute Menschen, die in die andere Wirklichkeit reisen und gleichzeitig an den christlichen Gott glauben, wie sie auch anderen Religionen folgen können. Den asiatischen Schamanen zeigen sich Götter und Dämonen ihrer Kultur, den christlichen Schamanen des mittleren und südlichen Amerika erscheinen Engel oder Heilige. Diese »himmlischen Geister« bieten sich als Mittler zwischen Gott und den Menschen an, verehrt in den Kathedralen der Welt, und so erleben auch die Schamanen die Wesen des Inneren Landes, die ihnen in gleicher oder unterschiedlicher Gestalt begegnen können.
Jenseits der Sphären, in denen die Begegnung mit den Geistern möglich ist, liegt das, was die Indianer Nordamerikas den »Großen Geist« nennen, ein anderes Wort für Gott, wenn auch ein Begriff, der weniger körperlich erscheint und das Unfassbare nur andeutet. Denn in Wahrheit kann das rationale Ich niemals erfassen, was die letzte große Kraft, die der Welt ihren Rahmen gibt, wirklich bedeutet. In tiefer Meditation erahnen wir bisweilen einen Hauch dieses Lichts, von dem Menschen, die an der Grenze des Todes standen, aus eigener Erfahrung berichten.
Die großen christlichen Mystiker des Mittelalters, Hildegard von Bingen und Meister Eckhart zum Beispiel, folgten diesem Bild des verborgenen Gottes und strebten nach Vereini-

gung mit ihm, so wie es auch heute noch Menschen tun, die auf christlichem, islamischem oder buddhistischem Weg die Verbindung mit dem Urgrund des Seins suchen. Die Schamanen der alten Völker wussten um die Existenz einer hinter allem Sein verborgenen Macht, aber sie erwarteten nicht, das Unfassbare zu erreichen. Deshalb folgten sie ihrer Berufung und taten das, was ihnen ihre Vision auferlegt hatte: Sie begannen, kranke Menschen zu heilen und die Welt ihrer Gemeinschaft im Lot zu halten.

Das Ich und das Selbst

Der Begriff der Seele spielt im Schamanismus eine wichtige Rolle, aber auch in der Philosophie und Psychologie, die unser westliches Denken prägen. Wir sollten uns deshalb jetzt ansehen, in welchem Netz wir die flüchtigen Bilder des Geistes fangen können, um sie besser zu verstehen. Begriffe formen immer nur ein Modell und zeigen nie die Wirklichkeit. Aber der menschliche Verstand kann das große Ganze nicht auf einen Blick überschauen und ist deshalb auf Metaphern angewiesen.

Was uns am nächsten erscheint, wenn wir über uns nachzudenken beginnen, ist das Ich. Es steht im Gegensatz zum Du, ohne das Gegenüber existiert es nicht. Das Ich unterscheidet sich mit einer ganzen Palette von Eigenschaften und Denkweisen von jedem anderen Ich. Es gibt Übereinstimmungen, erstaunliche Parallelen, aber auch unüberbrückbare Gegensätze. Das Ich ist jener Teil von uns, der wir zu sein glauben und vor dessen Vernichtung wir so viel Angst haben. Aber dieses Ich ist in Wirklichkeit nicht fest, es ändert sich ständig, gewinnt neues Wissen und neue Eigenschaften hinzu und verliert andere, verkehrt sich bisweilen vollständig in sein Gegenteil, kurz: ist ein wandelbares und kaum greifbares Wesen. Und doch empfinden wir es zu jedem Zeitpunkt unseres Lebens als ein und dasselbe, von der Minute der Geburt (oder besser vom Zeitpunkt der ersten Erkenntnis des Ich) bis zum Moment des Todes, vielleicht sogar darüber hinaus, wie viele glauben. Zwar wissen und erinnern wir, wie sehr wir uns im Laufe des Lebens verändert haben – aber wir sind uns sicher, dass ein letztlich unwandelbares Ich neues Wissen sammelte und dieses unwandelbare Ich damit ein anderer Mensch geworden sei.

Was uns die Sicherheit gibt, bei aller Veränderung doch immer eine uns vertraute Person zu bleiben (und was uns gleichzeitig ängstigt wie ein Schatten, dessen wir gewahr sind, ohne ihn greifen zu können), bezeichnen wir als das Selbst, den eigentlichen Kern jedes Menschen, der den Verlauf des Lebens beeinflusst und über die Stabilität der Persönlichkeit wacht.

Bisweilen spüren wir, dass das Selbst andere Wege gehen will und die Welt anders sieht. Aber das Ich lässt sich im Alltag nicht aus der Bahn lenken und hält mit intellektueller Kraft störende Kräfte fern. Das Selbst allerdings lässt sich nicht auf Dauer unterdrücken, immer wieder fordert es sein Recht und zwingt das Ich zu kleineren und größeren Umwegen, die es unmerklich verändern, bis es sich weit von dem Weg entfernt hat, den es einmal mit so sicherem Schritt ging und den es für den einzig möglichen gehalten hatte.

Jetzt geht das Ich mit derselben Überzeugung einen anderen Weg und lächelt über die Verirrungen der Vergangenheit. Leider ist der neue Weg nicht immer näher an den

Wünschen des Selbst, manchmal sogar sehr weit entfernt und führt also leicht in die Irre.
In besonderen Momenten der Kreativität, auch im spielerischen Ernst des Sports, übernimmt das Selbst bisweilen die Macht und vollbringt unvorstellbare Leistungen. Es sind dies die Momente, in denen Menschen über sich hinauswachsen und ohne nachzudenken, ohne zu planen, ohne abzugrenzen und einzuordnen, für einen kurzen Zeitraum mit sich in völligem Einklang stehen und genau deshalb Wunder vollbringen. Wenn das kritische Ich die Macht zurückgewinnt, geht der Schlag des Golfspielers in die Leere, stürzt der Musiker aus den Höhenflügen der Kunst und die Leichtigkeit geht dahin.[11]
Es ist also das Selbst, das den Menschen »über sich« hinauswachsen lässt, nicht das Ich, dem die Beurteilung obliegt, auch die Angst vor dem Versagen, der bohrende Zweifel und der unstillbare Wunsch, Beobachtern in der Außenwelt zu gefallen.
Beide, das Ich und sein dahinter verborgenes Selbst, sind Elemente der Seele, die ihrerseits nur schwer fassbar ist. Denn sie lebt zum größten Teil in der Unendlichkeit von raum- und zeitlosen Dimensionen und ist gleichzeitig an den Strom Jahrmillionen alter Erinnerungen angeschlossen. In der Seele haben die persönlichen Erfahrungen des Menschen Spuren hinterlassen, auch die Erfahrungen, zu denen das Bewusstsein keinen Zugang mehr findet. Gleichzeitig scheint sich hier auch das Tor zu den kollektiven Erinnerungen der Menschheit zu befinden, zu den Bildern jenseits von Raum und Zeit. Auch dürfen wir in der Seele die Fähigkeit zur Imagination vermuten, die eine nicht zu unterschätzende Kraft ist, ein mächtiges Mittel der Heilung und der Zerstörung, des Aufbaus und des Niedergangs, kurz:

der schöpferischen und zerstörerischen Kräfte, die auf diesem Planeten zur gleichen Zeit Himmel und Hölle schaffen.

Die Bilderwelt der Seele stellt unendliche Landschaften bereit, in denen der Geist reisen kann. Darunter verstehen wir die Summe aller unterschiedlichen Zustände des Bewusstseins, des wachen, aktiven, wie auch des sich seiner Existenz vorübergehend nicht bewussten.
Der Geist umschließt das Ich und weiß von der Wirklichkeit des Selbst. Der Geist ist größer als das Ich und dehnt sich aus in die Seele, zu der er gehört. Viele sehen deshalb keinen Unterschied zwischen Geist und Seele, betrachten sie als dasselbe.
Vielleicht sind Geist und Seele tatsächlich nur zwei Aspekte derselben Ganzheit, die wir unterschiedlich wahrnehmen, je nachdem, worauf wir unser Bewusstsein lenken, so als ob sich ein Zuhörer im Konzert mehr auf den Dirigenten oder mehr auf das gesamte Orchester konzentrierte. Die Klangformen der Symphonie, die das Orchester hervorbringt, sind dann die Landschaften der Seele, die ein bewusster Geist beeinflussen und in denen er so leicht reisen kann.
All die Orchester, die zur gleichen Zeit ihre Konzerte aufführen, können wir als Teil eines größeren Ganzen verstehen, der Musik, die unabhängig davon existiert, ob einzelne Musiker einen Teil dessen zum Klingen bringen, was sie ausmacht. Und so ist auch jede Seele angeschlossen an etwas Größeres, das sie umgibt und deren Teil sie ebenso ist, wie sie losgelöst von ihr zu existieren scheint.
Wenn es der individuellen Seele gelingt, den Eingang zu finden, kann sie in besonderen Momenten die Allumfassende Seele erahnen oder mit dem Universum verschmel-

zen, wie das manche Reisende ausdrücken.[12] Dort liegen nach dieser Vorstellung die unendlichen Welten, die alte Überlieferungen Anderswelt oder Jenseits nennen, auch das Land ohne Wiederkehr, das Paradies, die geistige Welt oder Himmel und Hölle, andere wiederum das Nirwana oder das Nichts, den Urgrund des Seins, die Welt der Abstraktion, die Unendlichkeit des Seins, und was der Metaphern mehr sind.

In der Allumfassenden Seele müsste also alles enthalten, gleichsam eingefaltet sein: die individuelle Seele, das Selbst und das Ich. Die Ebenen durchdringen sich und erscheinen dennoch wie voneinander getrennt. Sie werden als Hierarchie empfunden, die von der größten denkbaren Individualität bis zur Auflösung im Allumfassenden führt, wobei Auflösung keineswegs das Ende individueller Wahrnehmung bedeuten muss, wie Meditierende und schamanisch Reisende wissen, sofern sie diese weit entlegenen Welten schon entdeckt haben.

Bewusstsein und Seele

Schamanen und Menschen mit Todesnähe-Erfahrungen können klar und frei von jedem Zweifel zwischen den unterschiedlichen Zuständen des Bewusstseins unterscheiden. Jeder Bewusstseinszustand hat seine besonderen Gesetze. Im Alltag brauchen wir Maschinen, um zu fliegen. Auf den Reisen ins Innere Land fliegt das Bewusstsein selbst, und wir können mühelos Wände durchdringen.

Kein Schamane der sibirischen oder indianischen Völker würde sich im Alltag von einer Felswand in die Tiefe stürzen, er kann sehr genau unterscheiden, in welchem Bereich

der Wirklichkeit er sich gerade bewegt. Das unterscheidet ihn von Menschen, die unter einer psychischen Krankheit leiden: Sie sind nicht mehr in der Lage, die Bilder ihrer Seele angemessen zu deuten. Deshalb erscheinen ihnen erschreckende und unverständliche Dinge mitten im Gespräch oder auf dem Weg zur Arbeit. Wären sie geübte Wanderer zwischen den Welten, könnten sie die Botschafter jenseitiger Welten leicht erkennen.
Für erfahrene Reisende existieren beide Wirklichkeiten nebeneinander wie zwei Länder, die wir nicht gleichzeitig sehen können, denn es liegt eine gewisse Entfernung zwischen ihnen. Aber natürlich kann jeder, der den Weg kennt, beide Welten und ihre Bewohner erreichen.

Deshalb besteht für die Schamanen aller Zeiten kein Zweifel daran, dass es möglich ist, auf den Flügeln der Wahrnehmung auch Kontakt zu den Seelen anderer Menschen aufzunehmen, sei es, um sie zu heilen, sei es, um sie zurückzugeleiten ins Leben der alltäglichen Wirklichkeit, oder auch, um ihnen zu helfen, ihren Weg hinaus in die unendlichen Räume jenseits der Zeit zu finden, wo die Sphären des Jenseits liegen. Weil sie diese Möglichkeiten erfahren haben, an sich selbst und in der Hilfe für andere, weil sie diese Vorstellung nicht als Glaubenssatz übernehmen, sondern immer wieder der Wirklichkeit zur Überprüfung vorlegen, haben sie ein besonderes Bild der Seele entwickelt.
Die individuelle Seele ist in ihrer Sicht nicht nur das unwandelbar Lebendige, das den eigentlich leblosen Körper beseelt und so ins Leben bringt, ist nicht nur die Wahrheit hinter dem Schein, ist keine unzerstörbare Ganzheit, sondern sie kann Teile verlieren oder verschenken, auch kön-

nen ihr andere Seelen Teile rauben, und so besteht immer die Gefahr, dass sie ihre ordnende Kraft verliert und den Menschen orientierungslos dem Alltagsleben überlässt.
Diese Zersplitterung der Seele[13] wird im Schamanismus Seelenverlust genannt, und eine der wichtigsten Aufgaben des Schamanen ist, die versprengten Teile zu suchen und zur Rückkehr zu bewegen, in alten Zeiten auch zur Rückkehr zu zwingen. Es gibt kein einheitliches Bild in den schamanischen Kulturen, in wie viele Teile eine Seele zerfallen kann.[14] Sicher ist nur, dass irgendwann die Verbindung mit der Außenwelt abreißt und der Mensch ins Koma fällt. Sicher ist auch, dass der Verlust des größten Teils der Seele den Tod bedeutet, wenn es dem Schamanen nicht gelingt, den Seelenteil im Inneren Land aufzuspüren und ihn zur Umkehr zu bewegen.[15]

Wenn Schamanen die Geister Verstorbener, der Ahnen oder andere Wesen in den jenseitigen Sphären treffen, sind auch diese keineswegs Schöpfungen der Phantasie oder nur Anteile der Persönlichkeit. Sie werden vielmehr als eigenständig und in ihrer Welt vollständig real verstanden, und sie können in unsere Wirklichkeit eingreifen.
Es sind Wesen jenseits der Zeit, bildhafte Erinnerungen an Jahrmillionen alte Erfahrungen der heraufdämmernden Menschheit. Die Geschöpfe dieses kollektiven Traums haben Kraft, und sie dringen in die Welten des reisenden Bewusstseins bisweilen als Angreifer, häufiger als Helfer. Dass sie mehr Wissen als die individuelle Seele besitzen, versteht sich von selbst, auch dass sie ihre Kraft einsetzen können, um über die Seele des Schamanen die Ebenen anderer Menschen zu erreichen, die auf dem Krankenbett liegen oder sich anschicken, die materielle Welt zu verlassen.

Die Allumfassende Seele, der wir mit unserer persönlichen Existenz angehören, ist also aus dieser Sicht nicht nur die Summe aller individuellen Wesen, die mit ihren Körpern über diesen Planeten wandeln, sondern sie wird gleichzeitig von anderen Geschöpfen bewohnt, die mit sich selbst und allen anderen Bewohnern dieser unendlichen Ganzheit in Wechselwirkung stehen. Schamanen sind Meister des Umgangs mit diesen Wesen, sind Beherrscher der Geister oder besser: des Weges, mit den Geistern in Kontakt zu treten.

In den Berichten dieser Pioniere der anderen Welt spiegeln sich Jahrtausende alte Erkenntnisse über die Gesetze eines veränderten Bewusstseins. Aber für sie ging es bei ihren Flügen in die Wirklichkeit der Seele nicht um die Suche nach reiner Erkenntnis, sondern um die nackte Existenz unter oft lebensfeindlichen Bedingungen in den Steppen und Urwäldern und an der Grenze des ewigen Eises. So war es für sie und für ihre Familien und Stämme keine Frage der persönlichen Entwicklung, sondern des Überlebens, den verborgenen Eingang ins Innere Land zu finden. Und sie übernahmen ihre Aufgabe nicht immer freiwillig.

Flug der Schamanen

Der verborgene Eingang

Schamane zu sein war in den alten Zeiten kein Privileg, sondern eine Berufung, die große Verantwortung bedeutete und ständige Präsenz verlangte, am Tag und in den langen Nächten. Denn in den archaischen Stämmen erhielten die Schamanen keine Bezahlung, ihr Lohn war die Hilfe der Geister, die durch sie sprachen, und den Anweisungen aus der anderen Welt hatten sie Folge zu leisten. So gingen sie am Tag auf die Jagd, zogen durch den dampfenden Dschungel oder die schneebedeckte Taiga, fuhren mit dem Kanu über die Flüsse des Regenwaldes, die dem Amazonas zuströmen, oder jagten im schäumenden Meer der Behringstraße Robben und Wale. Überall auf der Welt, von den Prärien Nordamerikas über die Fjorde des europäischen Nordens bis nach Asien, waren es einzelne Jäger und Krieger oder die Hüterinnen der Zelte, Jurten und des Feuers, die zu Mittlern und Mittlerinnen zwischen Diesseits und Jenseits berufen wurden. Wer sich weigerte, die große Aufgabe zu übernehmen, wurde häufig krank. Wochen, Monate, bisweilen Jahre konnten vergehen, in denen die künftigen Reisenden in das Innere Land gegen ihre Bestimmung kämpften, sich um jeden Preis davon befreien wollten. Manche verstanden auch nicht, was ihnen geschah, sie suchten Hilfe und Heilung, aber die schweren Symptome blieben, auch Anzeichen von Geisteskrankheit, die später westliche Forscher als Psychosen diagnostizierten. Jahrzehntelang galten Schamanen deshalb als Geisteskranke, Epileptiker oder zumindest als schwer gestörte Außenseiter der Gesellschaft. Die Schamanenkrankheit war unter den nomadischen Völkern wohl bekannt. Und es galt als wichtiges Zeichen, wenn unter den Vorfahren des Kranken ein Schamane war, dessen Kraft drängte, auf den Nachkommen überzugehen. Deshalb konnte sich selten ein Berufener seiner Aufgabe entziehen, es sei denn durch den Tod. Wer nicht verstand, was ihm geschah, oder wer nicht verstehen wollte, dem bereiteten die Geister den Weg ins Jenseits auf direkte Weise, ohne die Möglichkeit der Wiederkehr. Die meisten aber verstanden und begannen zu reisen, unter der Anleitung von Kräften, die größer waren als sie selbst. Ein Schamane der Jakuten, eines sibirischen Volkes, beschreibt diese Erfahrung so:

Im Alter von zwanzig Jahren erkrankte ich und begann mit meinen Augen zu sehen und mit meinen Ohren zu hören, was die anderen Menschen weder sehen noch hören können. Neun Jahre kämpfte ich gegen den Geist, ohne mit jemandem darüber zu sprechen, was geschehen war, denn ich fürchtete, dass man zweifeln oder mich verspotten würde. Schließlich wurde ich so krank, dass ich nahe am Sterben war. Dann begann ich schamanisch zu reisen und fühlte gleich eine Besserung meines Zustandes. Auch heute noch, wenn ich längere Zeit ohne schamanische Arbeit geblieben bin, fühle ich mich schlecht und werde von Krankheiten heimgesucht.[16]

Wer die Schamanenkrankheit überlebte, wurde ein großer Heiler, denn nicht selten war er dem Tod wirklich begegnet. Aus heutiger Sicht, mit der Kenntnis von mehreren Jahrzehnten wissenschaftlicher Thanatologie, dürfen wir vermuten, dass nicht wenige ein Todesnähe-Erlebnis hatten, wie wir es aus den Berichten klinisch Toter kennen und wovon wir später noch ausführlich hören werden. Das Todesnähe-Erlebnis war ein Blick in die Welt jenseits des Sichtbaren, und damit der Beweis, dass der künftige Schamane den Tod gemeistert hatte.

Ein früher russischer Bericht schildert die Krankheit eines Jakuten, der sich gegen die Berufung wehrt und dann doch eine Himmelsreise antreten muss. Vom Holzschlagen am Ostufer des Lenaflusses zurückgekehrt, wurde der junge Mann krank, wahrscheinlich wegen der großen Kälte, der er ausgesetzt war. Fünf bis sechs Tage fieberte er, dann begannen plötzlich Visionen, in denen er den mythischen Schamanen Küstäch traf, den berühmtesten Heiler des Landes, der in ferner Vergangenheit gelebt hatte.

Küstäch ging zu dem Absturz des Felsens und schritt über die Lena auf einen Berg des östlichen Ufers. Dort fing er an zu tanzen.

Dann schritt auch ich – so schien es mir – in den Fußstapfen des Schamanen über die Lenainseln und befand mich plötzlich neben Küstäch. Jetzt begannen wir beide uns tanzend in das obere Land zu erheben, zuerst, als ob es über die Erde hinwegginge. Jetzt versuchte ich, den Schamanen zu überholen, bald von links, bald von rechts. Weit voraus strahlten zwei Feuer. Wir fahren dahin, wir tanzen. Es scheint, dass wir fliegen. Bald bin ich an der neunten Himmelssphäre angekommen. Bis jetzt flog ich durch dunkles Land; nun aber befand ich mich plötzlich in paradiesischlichter Landschaft.

Von da und dort kamen Leute und fragten: »Wohin bist du unterwegs?«
Ich sagte zu ihnen: »Mich führt der Schamane Küstäch, damit er mich an seiner Stelle zum Schamanen mache.« Die Leute lobten mich und sagten: »Da bist du auf dem rechten Weg – reist nur weiter.«
Ich wende mich zurück und sehe: da kommt auch der Schamane Küstäch heran. Seine Augen leuchten und blitzen wie Feuer.
Tanzend setzten wir unseren Weg fort. Wiederum durchflogen wir neun Himmelssphären und gelangten zu einem reinen und lichten Lande. Es glich unserer Erde; ringsum waren Schnee und Wege. Wiederum kamen von allen Seiten Leute herbei, alle von ausgesucht hohem Wuchs. Erneut fragten sie, wohin wir reisen. Der Schamane antwortete ihnen: »Hier ist ein Mensch, der auf der mittleren Erde geboren ist. Ich will ihn statt meiner einsetzen.« Die Leute sagten zu ihm: »Da musst du zu dem Ort eilen, wo du geboren bist.«
Wiederum begannen wir uns über neun Himmelssphären zu erheben. Als wir uns dem Ziel näherten, zeigte sich ein breiter Pferch, der von Pferden wimmelte, so zahlreich wie die Blätter an den Bäumen. Das Land war ungemein hell. In großer Zahl kamen Leute zu uns, unwirklich wie Schatten. Die Versammelten sagten zu uns: »Kehrt ihr beide zurück und verweilt auf der Stufe der neunten Sphäre. Wir werden eine große Zahl Schamanengeister dorthin senden. Sie werden die mittlere Erde reinigen und sie erneuern. Denn deren Gesicht ist so zerstört.«
Der Schamane und ich ließen uns auf die unterste Stufe hinab und blieben über der mittleren Erde. Sie war verhüllt von dichtem Dunkel. Als ich den Blick nach oben richtete,

sah ich Schamanengeister in großer Zahl herankommen. Alle sagten sie: »Wir beschwören und weihen durch das Gebet die mittlere Welt, wir treiben ihre Verderbtheit aus, wir reinigen ihre Kruste vom Schmutz.« Schon schien es, als wenn Gestalt und Farbe der mittleren Welt anfingen, deutlicher zu werden. Alle die erwähnten Geister wurden in der mittleren Welt Schamanen, die Krankheiten heilen. Sie können aber nur diejenigen gesund machen, denen es noch nicht auferlegt ist zu sterben.[17]

Der junge Mann, dessen Name nicht überliefert ist, hatte sich von der Tradition seiner Kultur schon entfernt und war »westlich« geworden – umso mehr beeindruckte ihn seine Vision. Noch auf dem Krankenbett bat er um den Besuch eines Mannes aus seiner Nachbarschaft, der des Schreibens kundig war: Die Bilder seiner Erinnerung an die vielschichtigen Sphären des Jenseits sollten aufgezeichnet werden, bevor sie ins Vergessen fielen. Anders als manche heutige Rückkehrer von der Grenze des Todes drängte es ihn, sich mitzuteilen. Auch wenn längst modernes Denken die Kultur der Jakuten überlagert hatte, konnte er doch noch genügend Offenheit erwarten. Und so zeichnete Pjotr Ivanow die lange Geschichte des jungen Mannes auf, die Beschreibung des ganzen Universums der sibirischen Völker.

Die drei Welten

Die Welt ist danach wie ein Kreis, in dessen Mitte die Ebene der alltäglichen Wirklichkeit liegt, das Land, in dem wir leben, die »mittlere Erde«, wie die Jakuten sagten. Auch in dieser Welt kann der Schamane reisen, wenn er in einem anderen Bewusstseinszustand ist: Tanzend beginnt er zu fliegen oder wird plötzlich von einem Ort zum anderen entrückt. Auf einer Insel steht der Weltenbaum, in dieser Geschichte in der Gestalt einer Tanne. In der Tradition der Völker Sibiriens hat der Weltenbaum häufig die Gestalt einer Birke, in den Überlieferungen der Völker des Nordens ist von der Weltenesche die Rede, Yggdrasil. Alle diese Bilder beschreiben dieselbe Kraft, die Fähigkeit, alle Sphären zu verbinden und zusammenzuhalten, der Baum ist die Achse der Welt.

Unterhalb der Erde, der mittleren Welt, liegen die Sphären der unteren Welten – unendliche Landschaften der Seele, von Tieren und Menschen bevölkert, keineswegs Orte der Verdammnis, wenn auch manche Überlieferungen die unteren Welten eher schattenhaft zeichnen. Die Shipibo-Indianer Amazoniens sprechen voller Ehrfurcht von »schönen Landschaften«, wenn sie die Ebenen der unteren Welt beschreiben. In dieses Land gelangen die Menschen durch eine Öffnung, die in einen Tunnel führt. In die Sphären der Oberen Welten führt der Flug, und bisweilen muss der Schamane den heiligen Baum erklettern, um von dort in die Luft zu springen und die Erdenschwere zu verlieren.

Es gibt viele Anzeichen dafür, dass es in Wahrheit keine Trennung zwischen den Sphären des Inneren Landes gibt, zumindest nicht zwischen oben und unten, weil alle diese Bereiche wie auf einem Kreis liegen, der ja keinen Anfang und kein Ende hat. Die Shipibo sehen das so: Die untere Welt, durchzogen von einem Bruder des großen Amazonas-Stromes, bedeckt mit »schönen Landschaften«, grenzt an die Sphäre der mittleren Welt der Menschen. Darüber erstreckt sich die obere Welt, in der auf dem Pfahl des Lebensbaumes das Haus Gottes steht, umgeben von geflügelten Wesen, engelhaften Geistern. Die Seelen der Verstorbenen schweben im Kreis um die drei Welten, bis sie ihren Bestimmungsort gefunden haben. Es gibt keine Grenzen, stets führen von allen Punkten dieses großen Kreises Wege in alle anderen Regionen. Nicht am Anfang ist die Entscheidung zu treffen, ob die Reise in der Nähe der mittleren Welt bleibt oder ob sie nach oben oder unten führt – jederzeit kann die Seele den Bereich wechseln.

Auch die australischen Schamanen der Wiradjuri geben dafür ein Beispiel. Auf einer Initiationsreise, die den Sohn des Yibai-Dthulin mit Hilfe eines Krafttieres, der Tigerschlange, durch ein Loch zunächst in die untere Welt führte, ergreifen er und sein Vater, der ihn auf dem Weg begleitet, einen Faden, an dessen Ende der Vogel Wombu fliegt. So steigen sie auf und fahren durch die Wolken, auf die andere Seite des Himmels. Sie erreichen die obere Welt also auf direktem Weg, ohne die mittlere Welt noch einmal zu durchqueren. Am Ende ihrer Reise treffen sie Baiamee, einen alten Mann, von dessen Schultern zwei Quarzkristalle bis in den Himmel reichen: das archetypische Bild des Weisen, der gleichzeitig Herr der Tiere ist, denn von diesen seinen Kindern ist er umgeben, berichtet der Schamane.[18]

Wie auch dieses Beispiel zeigt, bedeuten die Ortsangaben keine Wertung, es gibt kein gutes und kein schlechtes Land, was dem einen wunderbar und erstrebenswert erscheint, mag dem anderen die persönliche Hölle sein. So individuell die Formen der Seele, so individuell sind auch die Landschaften des Inneren Landes. Selbst die Schwärze des Nichts, vor dem sich die Menschen des Westens so sehr fürchten, weil sie das Nichts für den absoluten Gegensatz des Lebens halten, kann ein Ort des Wissens und der Kraft sein, wie viele Meditierende und die Schamanen der alten und modernen Zeiten erkannten. Wir werden dieses dunkle Land später betreten, denn es ist wichtig, diese Region des Bewusstseins zu kennen, auch das Nebelland, in dem sich diffuse Formen bilden, und das zu einer Falle werden kann, weil die Bewegung der nebelhaften Schatten die Konzentration stört und das wahrnehmende Bewusstsein nachhaltig verwirren kann. Aber das Nebelland ist nur ein Land des Durchgangs, dessen Gefahren zu allen Zeiten beherrschbar waren.

Das Innere Land hat erste Konturen gewonnen, und unser Blick in die andere Wirklichkeit zeigt, dass hier unendliche Weiten auf die Entdeckung warten. Allein 27 Ebenen hat die obere Welt in der Geschichte des Jakuten, und die Erzählung lässt durchaus offen, was jenseits dieser Ebenen liegen könnte. Von einem Ende war jedenfalls keine Rede.

Berufung und Ekstase

Die Schamanenkrankheit ist nicht der einzige Weg, auf dem sich das Tor ins Innere Land öffnet. Viele Menschen in den Weiten des Fernen Ostens fühlten sich trotz aller Schrecken und Pflichten schon früh wie aus sich selbst heraus berufen, Schamane zu werden. Der berühmte Heiler Aua, von dem wir schon hörten, war einer von ihnen. Als Aua geboren wurde, nach einer schwierigen Schwangerschaft, sah die Schamanin Artjuag, wie dem Kind die Augen aus dem Gesicht quollen. Und während sie das Blut mit dem Balg eines Raben vom Körper des Säuglings wischte, sagte sie: »Er ist geboren, um zu sterben, aber er soll leben.« Vielleicht war es diese Prophezeiung, die ihn seine Berufung spüren ließ, vielleicht auch die Erfahrungen großer Einsamkeit in der Kindheit, eine Folge komplizierter Tabuvorschriften, die das Leben Auas retten sollte. Der Schamane erzählt:

Obgleich schon vor meiner Geburt alles für mich vorherbestimmt war, versuchte ich, mit Hilfe anderer Menschen ein Schamane zu werden; aber ich hatte keinen Erfolg. Darum suchte ich die Einsamkeit und wurde bald sehr schwermütig. Ich konnte plötzlich in Tränen ausbrechen und mich unglücklich fühlen, ohne zu wissen warum. Dann, ohne jeden Grund, änderte sich plötzlich alles, und ich fühlte eine große, unerklärliche Freude, eine Freude, so stark, dass ich sie nicht beherrschen konnte. Ich musste ein Lied anstimmen, einen gewaltigen Gesang, in dem nur Platz für ein einziges Wort war: Freude! Freude! Und dann, in dieser rätselhaften, überwältigenden Beglückung, wurde ich ein Schamane, ohne selbst zu begreifen, wie es geschah. Aber ich war es, und ich konnte in völlig veränderter Weise sehen und hören. Jeder echte Schamane muss ein Leuchten wie Feuer in sich spüren, das ihm die Fähigkeit gibt, in die verborgenen Dinge zu schauen, mit geschlossenen Augen in die Dunkelheit, in die Zukunft, oder auch in die Geheimnisse anderer zu sehen. Ich fühlte, dass ich im Besitz dieser wunderbaren Gabe war. Ich konnte Kranke heilen, in das Land der Toten reisen, um die verlorenen Seelen zu suchen, und zu der großen Beherrscherin des Meeres, um Fangtiere herbeizuschaffen.[19]

Aua ging durch die Dunkelheit der Depression, um zum Licht der schamanischen Einweihung zu gelangen, eine Selbstheilung der Seele. Die Kräfte der anderen Welt, sagen viele Schamanen, sind nur zur Hilfe bereit, wenn sie unser Leiden berührt. Die Geister sind dann voller Mitleid, sie erkennen das Opfer an, auch und gerade wenn wir es uns freiwillig auferlegen. Der Schamane Aua brachte sich selbst in jahrelangem Bemühen um die Kraft an den Rand der Selbstzerstörung. Als die rationale Suche nach dem Wissen scheiterte, ging er in die Einsamkeit und Kälte der Steppe, und hier ereilte ihn die Krankheit, ein Sturz in die Finsternis der Depression. Es sind solche Phasen, die das Bewusstsein verändern, die eine Reise in die andere Wirklichkeit auslösen können. Aua erlebte diesen Sprung im Bewusstsein als Einströmen neuer Kraft, einer unerklärlichen Verzückung, die sich nur in dem einen Wort »Freude« ausdrücken konnte.

Was unterscheidet eine solche Initiation von beglückenden Träumen? Sind Gipfelerfahrungen, die plötzlich Schmerzen und Depressionen verschwinden lassen, Folgen chemischer Veränderungen im Gehirn?
Aus der Medizin wissen wir, dass Endorphine bei schweren Verletzungen das Schmerzempfinden löschen und dass nach langer, körperlicher Anstrengung Wellen von Glück das Bewusstsein überschwemmen. Hat der Schamane Aua erlebt, wovon auch Extrembergsteiger und Marathonläufer unserer Tage immer wieder berichten und wonach viele Ausdauersportler tagtäglich suchen?
Das wäre nur eine oberflächliche Erklärung, auch wenn chemische Botenstoffe im Gehirn sicher beteiligt sind. Aber das Erlebnis des Schamanen hat eine ganz andere Qualität. Die Initiation bringt ihn in Kontakt mit der Kraft des Inneren Landes, eine anhaltende Veränderung seines Lebens beginnt in diesem Augenblick. Aua hat plötzlich die Fähig-

keit, ins Innere der Seele zu reisen, willentlich und jederzeit. Er spürt die Gegenwart helfender Geister, die ihn von nun an bei seiner Heilungsarbeit unterstützen. Die Freude ist nur Begleiterin der Initiation, die den ganzen Menschen verwandelt und ihm den Weg in bisher unbekannte Welten öffnet. Das ist keine archaische Selbsterfahrung, die Initiation hat Auswirkungen in der alltäglichen Wirklichkeit: Kranke spüren, dass ihnen der Schamane helfen kann, und sie werden gesund. Jeden Tag können die Mitglieder seiner Gemeinschaft diese Kraft überprüfen.

Sind die Erfahrungen der Schamanen also mehr als besondere Träume? Wenn wir im Alltag von den Träumen der Nacht reden, denken wir an Luftspiegelungen des schlafenden Geistes, an das Unwirkliche, die Bilderwelt jenseits der Realität des Tages. Die Schamanen des alten Weges und viele ihrer Nachfahren haben ein anderes Bild der Wirklichkeit, in dem die Länder des Tages und der Nacht gleichberechtigt zusammenleben, weil sie sich beide in den Meeren des Inneren Landes spiegeln.

Die Reisen der Schamanen sind nicht wie die Gesichte im Schlaf, sind keine bizarren Geschichten, denen bisweilen der Anfang und häufig das Ende fehlt, sind keine Antworten der Nacht auf die Probleme des Tages, sind nicht so persönlich, dass sie sich nicht mit den Reisen eines anderen zur Deckung bringen ließen. Die Reisen der Schamanen führen in Welten, die sich immer gleich oder zumindest ähnlich zeigen, ihre Erlebnisse sind wie Erinnerungen, aus denen Menschen unterschiedlicher Kulturen schöpfen, wenn sie über dasselbe Land berichten. Jeder sieht einen anderen Ausschnitt, färbt das Bild in seiner Sicht, fügt Details hinzu, die der Erinnerung an andere Reisen entspringen, interpretiert und beschreibt je nach seinem Vermögen und seiner Sprachgewalt, macht manche Dinge größer, als sie waren, andere kleiner, lässt Einzelheiten weg, die andere besonders hervorheben, und entwickelt so Bilder ganz unterschiedlicher Farbe und Dichte. Nicht jeder hat die Begabung zu naturalistischer Malerei, mancher zeichnet mit schwarzem Stift, Skizzen nur, Anhaltspunkte für die Erinnerung. Andere malen die Szenen aus wie naive Künstler, in bunten Farben. Wieder andere deuten nur mit wenigen Mustern an, was sie gesehen und gefühlt haben, denn ihr Weg führte sie weit hinaus in Gebiete, in denen Worte nichts mehr ausrichten. Ihre Erzählungen unterscheiden sich also, aber durch die Unterschiede schimmern die Konturen desselben Landes.

Das strahlende Land

Aber der Weg dorthin ist für niemanden leicht. Die schamanischen Völker haben deshalb Jahrtausende nach Methoden gesucht, den Eingang ins Innere Land zu öffnen. Die Indianer Nordamerikas fanden ein mächtiges Mittel und machten es zum Initiationsritual an der Schwelle zum Erwachsenenalter. Es heißt Visionssuche und ist verbunden mit dem Prinzip des Leidens, von dem schon die Rede war, mit Einsamkeit und der völligen Auslieferung an die Mächte der Natur, mit Hunger, Durst und Angst. Nur Menschen mit großer schamanischer Begabung erhalten ihre Vision als Geschenk, wenn auch zu keinem geringen Preis. Denn auch sie müssen durch das Leiden schwerer Krankheit gehen oder wirklich bis an die Grenze des Todes. Eine der berühmtesten Überlieferungen ist die Geschichte des großen indianischen Weisen, des Lakota Black Elk, der sie als alter Mann im Reservat einem amerikanischen Ethnologen erzählte. Black Elk hatte die berühmte Schlacht am Little Big Horn erlebt, hatte diesen letzten großen Sieg seines Stammes gesehen und alle Niederlagen, die folgten, hatte später auch Europa besucht und die seltsame Welt des weißen Mannes betrachtet, ein indianischer Ethnologe im fremden Land europäischer Eingeborener.

Seine erste, die große Vision seines Lebens, hatte er als neunjähriger Junge im Jahr 1871, im Koma einer schweren Krankheit. Diese Vision enthält viele Elemente jenseitiger Landschaften, und eine große Zahl von Geistern treten auf. Es wäre nicht angemessen, nur Teile zu zitieren, denn sie beschreibt eine Lebensaufgabe, die nur in ihrer Gesamtheit zu verstehen ist.[20]

An dieser Stelle genügt ein Blick auf spätere Bewusstseinsreisen des Lakota-Schamanen. Er hatte sie während der Rituale der Ghost-Dance-Bewegung, mit der die spirituellen Führer der Great-Plaines-Völker versuchten, die alte Verbindung mit den jenseitigen Welten neu zu knüpfen. Die Bewegung wurde von der US-Regierung als Akt des Widerstandes bekämpft und im Massaker am Wounded Knee im Jahr 1890 blutig beendet. Aber bevor diese Wiedergeburt indianischer Tradition im Namen der weißen Mehrheit zerstört wurde, hatte sie Tausende an die alte Kraft der Vergangenheit angeschlossen. Die Tänze führten viele Teilnehmer in eine tiefe Trance, wie sie die Verbindung von rhythmischer Bewegung und monotonem Trommeln leicht auslöst. Black Elk berichtet, wie er sich im Kreis der Tänzer bewegte, in der Nähe eines großen Baumes, der aber keine Blätter trug, ein Bild verlorener Kraft. In diesem Moment begann das, was er »sein Gesicht« nennt:

Ich muss zu Boden gefallen sein, doch ich fühlte mich, als ob ich von einer Schaukel geflogen wäre, als sie vorwärts schwang, und ich schwebte durch die Luft. Meine Arme hielt ich ausgestreckt, und alles, was ich zunächst sah, war eine einzelne Adlerfeder genau vor mir.

Dann wurde die Feder zu einem gefleckten Adler, der mit flatternden Schwingen tanzte, und er stieß den schrillen pfeifenden Ton aus, der ihm eigen ist. Mein Körper bewegte sich nicht im Geringsten, doch blickte ich aufwärts und schwebte mit großer Geschwindigkeit in die Richtung, in die ich mich wendete.

Dann sah ich rechts vor mir einen Felsengrat, und ich wurde über ihn hinweggetragen. Auf der andern Seite dieses Bergrückens erblickte ich ein schönes Land, wo viele, viele Menschen in einem großen Kreise lagerten. Ich sah, dass sie glücklich waren und alles in Fülle besaßen. Die Luft war klar und schön in einem alles beglänzenden lebendigen Licht. Rings um den Kreis, auf dem grünen, grünen Gras, weideten wohlgenährte glückliche Pferde; Tiere jeder Art waren auf den grünen Hügeln verstreut, und singende Jäger kehrten mit Fleisch beladen zurück.

Ich schwebte über die Tipis und kam in der Mitte des Ringes auf die Füße nieder, wo ich einen schönen Baum sah, ganz grün und voller Blüten. Als ich den Boden berührte, kamen zwei Männer auf mich zu. Sie trugen heilige Hemden, die auf besondere Art geschnitten und bemalt waren. Sie kamen und sagten zu mir: »Es ist noch nicht die Zeit, deinen Vater zu sehen, der glücklich ist. Du hast ein Werk zu verrichten. Wir werden dir etwas geben, das du deinem Volke heimbringen musst; damit sollen sie kommen, ihre Lieben zu sehen.«

Ich wusste: Was ich heimbringen sollte, war die Art, wie ihre heiligen Hemden gemacht wurden. Sie sagten mir, ich müsse sofort zurückkehren, und dann schwebte ich wieder durch die Luft, so schnell wie zuvor. Als ich zum Tanzplatz kam, bewegten sich die Menschen immer noch, doch schien es, als wären sie stumm. Ich hatte gehofft, den dürren Baum nun in Blüte zu sehen, doch er war tot. Dann fiel ich in meinen Körper zurück.[21]

Helfende Geister

Der indianische Visionär erlebt seinen Aufstieg in die Landschaften der Seele in Begleitung eines Hilfsgeistes, des gefleckten Adlers, eines der kraftvollsten Tiere im schamanischen Universum. Der Geistvogel hilft ihm, da er den Weg nicht genau kennt, in die Ebenen der oberen Welt. Dort lässt er ihn offenbar allein, denn in seinem Bericht erwähnt ihn Black Elk nicht mehr. Er bewegt sich nun ohne Begleiter in der strahlenden Landschaft und kehrt später, nur geleitet durch den Auftrag der heiligen Männer, allein in die mittlere Welt zurück, in seinen Körper, der auf dem Tanzplatz zu Boden gesunken war.
Die Rolle der geistigen Helfer auf den Jenseitsreisen aller Kulturen und Zeiten ist nicht gering, aber sie greifen nur dann ein, wenn sich die Reisenden verirren, wenn sie den Weg zum Aufstieg in die oberen oder zum Abstieg in die unteren Welten nicht finden, oder wenn sie von geübten Schamanen gerufen und um Hilfe, um Begleitung gebeten werden. Im Universum der alten Schamanen spielen die Krafttiere, die geistigen Helfer in Tiergestalt, eine große Rolle, sind oft ebenso wichtig wie die strahlenden oder schattenhaften Gestalten menschlicher Geister oder die Seelen der Ahnen. Die Tiere sind der sichtbare, fühlbare, hörbare Aus-

druck eines Aspektes der Kraft, die alle Bewusstseinsreisen leitet. Psychologische Interpretationen heben die symbolische Bedeutung der Tiere hervor, ihren Charakter, der ähnlich wie in den Fabeln Lafontaines eine bestimmte, das Verhalten der Menschen spiegelnde Bedeutung habe.
Diese Interpretation führt in der Betrachtung des Schamanismus jedoch in die Irre. Die Krafttiere sind keine Symbole, keine Bilder, die ihren eigentlichen Sinn in spielerischer Verkleidung ausdrücken, sondern vollständig real. Sie sind das, was sie zu sein scheinen: Geister, die Aspekte der Kraft ihrer Art ausdrücken und dabei gleichzeitig Individuen sind. Sie haben eine Persönlichkeit, ein von anderen Tieren derselben Art jederzeit unterscheidbares Wesen, so wie auch in unserer Alltagswirklichkeit jeder Adler Teil seiner Gattung und gleichzeitig Individuum ist, einer sanfter oder aggressiver, geschickter oder weniger geschickt als der andere.
Wenn die Schamanen mit ihren Krafttieren Freundschaft schließen oder wenn ein Tier einen Schamanen wählt, so entwickelt sich eine Beziehung zweier Persönlichkeiten, die mit ihren Eigenarten und Vorlieben in Verbindung treten, wobei der Tier-Geist sich dramatisch von seinen Verwandten in der Welt des Wachbewusstseins unterscheidet. Der Adler in der nichtalltäglichen Wirklichkeit kennt die Wege und hat die Kraft, den reiseunkundigen Menschen oder besser: sein schwebendes Bewusstsein in fremde, vielleicht auch gefährliche Regionen zu führen, ihn dort gegen Angriffe zu verteidigen, wenn es sein muss, in jedem Fall ihn sicher zu geleiten bis zur Rückkehr ins Körperbewusstsein. Auch wenn die Krafttiere sich aus dem Sichtkreis der Reisenden zurückziehen, so bleiben sie doch in der Nähe und sind zur Stelle, wenn sie

gebraucht werden, vorausgesetzt, der Schamane tut seinen Teil und pflegt den Kontakt zu seinen Helfern auch dann, wenn er sie nicht nötig zu haben glaubt. Die Beziehung der Schamanen zu ihren Schutzgeistern beruht auf Gegenseitigkeit, wer seine Geister nicht pflegt und bisweilen ihre besonderen Wünsche erfüllt, verliert den Kontakt und findet sich plötzlich allein in den Weiten des Inneren Landes.

Bei manchen Völkern des südamerikanischen Regenwaldes, als sie die alten Traditionen noch ungebrochen leben konnten, herrschte die klare Vorstellung, kein Mensch könne ohne schützende Geister auch nur einen Tag überleben.

Die gefaltete Wirklichkeit

Kehren wir noch einmal zurück zu den Trancebildern des Lakota Black Elk und sehen wir uns genauer an, was sie uns über das Innere Land sagen. Die Regionen, die er erreichte, sind von Felsen begrenzt und geben den Blick auf einen Lagerplatz frei, der von strahlender Schönheit ist, mit einem Licht, das überall gegenwärtig ist. Der Blick des Jenseitsreisenden fällt auf einen Baum, der in voller Blüte steht. Es ist das geistige Abbild eines Baumes vom Tanzplatz, auf dem der Körper des Schamanen in der Trance zusammengebrochen ist. Der Baum auf dem Tanzplatz ist dürr und verdorrt, ohne Leben. Im Inneren Land dagegen existiert er in voller Schönheit. Nach seiner Rückkehr ins Alltagsbewusstsein ist Black Elk enttäuscht, dass der Baum in der alltäglichen Wirklichkeit unverändert erscheint, so leblos wie zuvor. Aber so einfach spielen diesseitige und jenseitige Sphären offenbar nicht zusammen, dass sich auf magische Weise die schönen Bilder der oberen im Alltag der mittleren Welt materialisierten. Dass dies aber bisweilen möglich ist, belegen wunderbare Heilungen, von denen manche Berichte in den Archiven der Ethnologen künden.

Das Innere Land, so zeigt die Vision des Geisttänzers, hat seine eigene Wahrheit. Es ist eine Welt der Möglichkeiten, in denen sich bisweilen (zumindest vorerst) unerreichbare Ziele der Alltagswelt verbergen können. Vor allem aber ist es eine Ebene der spirituellen Unterweisung. Denn wer zu Lebzeiten in die obere oder untere Welt reist, muss mit den Folgen leben, also mit den besonderen Aufgaben und Wünschen, die ihm die Wesen in diesen Räumen des Bewusstseins zuweisen. Die Bewohner der Seele sind keineswegs nur die Schatten versteckter Hoffnungen, sondern führen offenbar ein Eigenleben, mit klaren Zielen für die Menschen, die ihnen begegnen oder die sie aus Gründen, die wir nicht vollständig verstehen, ausgewählt haben für die besondere Aufgabe des Schamanen.

Die Erfahrung des Lichts, die in den Berichten moderner Rückkehrer von der Grenze des Todes eine so große Rolle spielt, macht die Regionen des Inneren Landes zu Orten jenseits des Alltags. Den Reisenden können Berge, Täler und Hügel, Wasserfälle und Seen, das Meer und dichte Wälder begegnen, aber nie werden sie nur Szenen sehen, die sie als fotorealistische Wiedergabe von Erinnerungen an alltagswirkliche Bilder wieder erkennen. Bisweilen sind einzelne Elemente des täglichen Lebens, Objekte von besonderer Bedeutung, in den oberen und unteren Welten zu sehen, wie in der Erzählung von Black Elk. Aber dies ist die Ausnahme, auch wenn manche moderne Reisende die An-

sicht vertreten, jedes Detail des Alltags habe in den anderen Welten seine Entsprechung.
Damit wir uns auf unserem Weg nicht verirren, der uns ja mehr Klarheit über die Beschaffenheit des Inneren Landes geben soll, bleiben wir vorerst besser auf dem sicheren, geraden Weg, der die drei Welten deutlich voneinander trennt. Es gibt natürlich eine Realität, in der sich die Welt des Alltags detailgenau spiegelt, die »mittlere Erde« nämlich, wie das die Jakuten ausdrückten, und zwar die mittlere Erde in ihrem geistigen Aspekt. Wenn die Jakuten von dieser Sphäre sprechen, meinen sie einerseits die Wirklichkeit unseres Alltags, andererseits auch die zweite Wirklichkeit der schamanischen Trance, in der sie sich fliegend in aus dem Alltag vertrauten Regionen bewegen können. Die mittlere Welt hat nämlich auch einen Abdruck im Inneren Land, ist also gleichzeitig materielle Wirklichkeit und Ausdruck der Seele. Deshalb können die Schamanen in ihr reisen, können sich durch die Lüfte bewegen und nach Belieben Kontinente wechseln, in rasender Geschwindigkeit, ja sogar den Weltraum erreichen und den Mond betreten, wie die Grönländer vom Schamanen Migssuarnianga berichten.[22]
Der kritische Verstand des 21. Jahrhunderts ist bereit, all das als mythische Überlieferungen zu akzeptieren. Er reagiert aber irritiert, wenn die Reisen in der mittleren Welt nachprüfbare, alltagsreale Bilder zeigen. Michael Harner berichtet von Conibo-Indianern aus abgelegenen Gebieten des Rio Ucayali, die noch nie Städte der Weißen besucht hatten, die an manchen Stellen des Landes in den Urwald wuchern. Und dennoch beschrieben die Indianer detailgenau Straßen und Plätze der Urwaldstadt Pucallpa, die der Anthropologe in der Erzählung eindeutig wieder erkannte. Aus Neugier seien sie

schon häufig dort gewesen, gaben sie als Erklärung an, geführt vom Geist der Ayahuasca-Liane. Auch Black Elk erlebte in einer großen Vision, die er auf dem Krankenbett in Europa erfuhr, eine außerkörperliche Reise, die ihn über den Atlantik zurück in die Heimat brachte. Er machte dort genaue Beobachtungen im Pine-Ridge-Reservat, in dem seine Familie lebte, und sah, was sein Vater und seine Mutter in jenem Augenblick taten. Vor allem erstaunte ihn, dass er eine große Zahl von Tipis erkannte:

Es schien mir, nahezu alle Menschen der verschiedenen Stämme meines Volkes seien dort in einem großen Lager versammelt.[23]

Die Beobachtungen des Schamanen wurden nach seiner Rückkehr bestätigt, denn tatsächlich lebten inzwischen die meisten Stämme der Sioux im Reservat. Die amerikanische Regierung hatte das Land der Indianer gekauft, besiegelt im Vertrag von 1889. Black Elk, der fast drei Jahre im Ausland gewesen war, hatte von dieser für sein Volk dramatischen Entwicklung bis zu seiner Bewusstseinsreise keine Kenntnis. Als er das Reservat besuchte, fand er das Tipi seiner Mutter genau dort, wo er es in der Trance gesehen hatte. Seine Mutter berichtete, sie habe in einer Nacht geträumt, er sei auf einer Wolke zurückgekehrt, habe aber nicht bleiben können.

Visionssuche

Verlassen wir jetzt zunächst die Geschichte von Black Elk, die ohne Zweifel eine der berühmtesten unter der großen Zahl ethnologischer Dokumente über die spirituelle Kraft der Schamanen ist. Sehen wir uns an, wie heutige Schüler in der Tradition der alten Schamanen ihre Vision suchen und finden. Leonard Crow Dog, einer der spirituellen Führer der neuen indianischen Identität, Wiederbegründer der Ghost-Dance-Bewegung, wegen der Besetzung von Wounded Knee, die an das Massaker von 1890 erinnern sollte, zwei Jahre im Gefängnis, anerkannter Medizinmann bei 80 nordamerikanischen Stämmen, erlebte seine erste Vision 1954 im Alter von zwölf Jahren.

Der Medizinmann Good Lance hatte ihn in der traditionellen Schwitzhütte auf die Visionssuche vorbereitet, die in der Einsamkeit der Wildnis stattfinden sollte. Das Verweilen in der Einsamkeit, schutzlos und nackt, von wilden Tieren bedroht, von Kälte, Hunger und Durst gequält, bringt die Seele des Suchers aus dem Gleichgewicht, löst die Verbindung mit dem Körper und seiner Übermacht, indem er dessen Bedürfnisse und die Ängste des um seinen Schutz bedachten Ichs ignoriert. Weil körperliches Leiden und tiefe Urängste die gewohnte Welt aus den Angeln heben, öffnen sich die Pforten der Wahrnehmung nach innen. Und mit einem Mal, nach stundenlangem Gebet, nach durchwachter Nacht, wenn das Gefühl für die Zeit verloren geht, findet sich der verborgene Eingang in die Welten jenseits des Wachbewusstseins. Bisweilen, so berichten viele, die dieses Ritual erlebt haben, dringen Wesen der unteren und oberen Welten in die sichtbare Wirklichkeit ein wie Doppelbelichtungen, Tiere nähern sich, beginnen zu sprechen oder machen sich mit Bewegungen verständlich, auch tauchen menschliche Geister auf oder Verkörperungen der Ahnen. So kann es sein, dass der Visionssucher einen helfenden oder schützenden Geist erwirbt. Oft aber führt der Eingang direkt in die ferneren Landschaften der Seele, und der Visionssucher reist durch Raum und Zeit in die Sphären des Jenseits. Alle diese Elemente erlebte der zwölfjährige Junge, den seine Begleiter auf dem Grass Mountain, einem steilen Hügel, zurückgelassen hatten, einem traditionellen Ort für die Visionssuche seiner Familie. Eingeschnürt wie ein Bündel, saß Leonard Crow Dog dort in einem dunklen Erdloch. Er berichtet:

Die ersten Stunden waren die schwersten. Es war stockdunkel und totenstill. Ich saß da, ohne mich zu bewegen. Meine Arme und Beine schliefen ein. Ich konnte weder sehen noch hören noch fühlen. Ich wurde fast körperlos, ein Ding mit einem Herzen und wilden Gedanken, aber ohne Fleisch und Knochen. Würde ich je wieder sehen und hören können? Ich weiß nicht, wie lange ich dort saß. Jedes Zeitgefühl hatte mich schon lange verlassen. Ich wusste nicht, ob es Tag oder Nacht war, hatte nicht einmal die Möglichkeit, es herauszufinden. Ich betete und betete, Tränen liefen mir in Strömen über die Wangen. Ich wollte Wasser haben, aber fuhr fort zu beten. Gegen Abend des zweiten Tages – diese Zeitangabe ist nur eine aus der Luft gegriffene Schätzung – erblickte ich Räder vor meinen Augen, die sich in einen feurigen Reif fügten und sich dann in leuchtende, vielfarbige Kreise schieden, die vor meinen Augen tanzten und sich wieder zu einem großen Kreis zusammenzogen, einem Kreis mit einem Mund und zwei Augen.

Plötzlich hörte ich eine Stimme. Sie schien aus dem Innern jenes Bündels zu kommen, das ich war, eine Stimme aus der Dunkelheit. Es war schwer, genau zu sagen, wo sie herkam. Es war keine menschliche Stimme; sie klang wie ein Vogel, aber sprach wie ein Mensch. Meine Nackenhaare sträubten sich, die Härchen auf meinem Rücken richteten

sich auf, ich bekam eine Gänsehaut. Ich versuchte, die Stimme zu verstehen, und hielt die heilige Pfeife so fest gepackt, dass sie hätte brechen können. »Gedenke des Reifs«, sagte die Stimme. »Diese Nacht werden wir dich lehren.« Und ich hörte viele Füße in meiner kleinen Visionsgrube umgehen. Und plötzlich war ich aus meinem Loch befreit, in einer anderen Welt, und stand vor einem Schwitzbad auf einer Prärie, die mit wilden Blumen übersät war und mit Herden von Hirschen und Büffeln.
Ich sah einen Mann auf mich zukommen. Er schien keine Füße zu haben, er schwebte einfach aus einem Nebel auf mich zu. Er hielt zwei Rasseln in seiner Hand und sagte: »Junge, was immer du deinem Volk erzählst, übertreibe nicht. Handle stets nach dem, was deine Vision dir zeigt. Heuchle nie.« Der Mann trug eine altmodische Wildledertracht mit Bortenbesatz. Ich streckte meine Hände aus, um ihn zu berühren, da war ich auf einmal wieder in meiner Decke. Meine Hand lag auf dem Medizinbeutel mit den Steinen und den Tabakschnüren. Ich besitze ihn heute noch. Ich werde ihn immer bewahren. Immer noch hörte ich die Stimme: »Gedenke des Reifs. Gedenke der Pfeife. Sei ihr Sprachrohr.« Ich hatte keine Angst mehr. Wer auch immer da sprach, er wollte mir nichts Böses.
Plötzlich wuchs vor mir eine rabenschwarze Wolke, aus der Blitze zuckten. Die Wolke wuchs und wuchs; sie bekam Flügel; sie wurde ein Adler. Der Adler sprach zu mir: »Ich gebe dir eine Kraft, nicht dass du sie für dich gebrauchst, sondern für dein Volk. Sie gehört dir nicht. Sie gehört den Menschen schlechthin.« Ich sah einen Reiter auf einem grauen Pferd auf mich zukommen, in einer Hand hielt er einen Salbeikranz. Das Pferd hatte keine Beine, es schwebte einfach auf mich zu. Und wieder löste sich alles in Schwär-

ze auf. Da löste sich aus dem Nebel ein seltsames Wesen, dicht behaart, bleich, formlos. Es wollte mir meine Medizin wegnehmen, aber ich rang mit ihm, verteidigte sie. Es bekam meine Medizin nicht. Dann verschwand es ebenfalls.[24]

In dieser Nacht fand der Junge seinen indianischen Namen »Der seine Medizin verteidigt« und erhielt den Auftrag, die heilige Pfeife zu tragen und »den Reif zu erinnern«, vielleicht ein Bild für die Geschlossenheit der indianischen Überlieferung und die Verbindung aller Stämme über die Brücke der Zeit. Zu ergründen, was diese Botschaft für ihn bedeutete, war jetzt die Aufgabe seines Lebens.
Wieder finden wir die Beschreibung einer jenseitigen Landschaft, die eine Natur in ihrer ganzen Fülle zeigt – blühende Wiesen voller Blumen und eine unüberschaubare Zahl von Jagdtieren, das archetypische Bild des indianischen Paradieses, wie es die Lakota sehen und die meisten Jägervölker dieses Planeten. Dass es sich um ein altes Bild handelt, zeigen auch die Geister, die ihm erscheinen: Menschen in alten Gewändern, die Abgesandten der Ahnen, keine Figuren aus der persönlichen Geschichte seiner Familie, eher Personen, die das übergeordnete Ganze verkörpern. Sind das Menschen, die früher gelebt haben und die sich jetzt in der Vision des Jungen verkörpern? Oder erscheinen nur die Kräfte der kollektiven Erinnerung seines Volkes in einer menschlichen, also vertrauten Gestalt? Letztendlich macht das keinen wirklichen Unterschied. Der Visionssucher kam in Kontakt mit einer Kraft jenseits des Vorstellungsvermögens. Aber um sich verständlich zu machen auf der Ebene des Bewusstseins, müssen diese vielleicht abstrakten Kräfte Gestalt annehmen, ein kreatives Übersetzungsprogramm der Seele, das aus dem Meer der Ideen und Ziele bedeutungsvolle Bil-

der formt. Aber auch Bilder des Schreckens, wie sie der Junge erlebte.
Die Kraft, aus der die Seele schöpft, ist nicht ausschließlich gut im menschlichen Sinne, sondern Energie jenseits der Gegensätze, die von uns aber so nicht wahrgenommen werden kann. Deshalb erleben sie die Visionssucher als gute und als böse Kraft, die sich in wechselnden Gestalten zeigt, wie jenes behaarte, formlose Wesen, das dem Jungen den Lohn seines Leidens wieder abnehmen will, seine Medizin und den Auftrag der Ahnen. Der Junge aber kennt sein Ziel und bleibt auch in seinem veränderten Bewusstseinszustand konzentriert, gerichtet auf das Ziel der Vision, die ihn verändern wird und sein Leben leiten soll. Und so gewinnt er den Kampf und kehrt, von seinem Vater und seinem Onkel ins Wachbewusstsein geweckt, nach zwei Tagen und Nächten ohne Essen und Trinken, in den Alltag zurück, der jetzt verwandelt erscheint.
Dies ist eine wichtige Erkenntnis aller schamanischer Erfahrung: Wenn der verborgene Eingang in das Innere Land gefunden und geöffnet ist, verändert sich die Welt. Die Wahrnehmung des Alltags ist nicht mehr dieselbe, denn die Geister, die der Schamane rief, bleiben gegenwärtig und spürbar. Die Welt erscheint in neuem Zusammenhang und in neuem Licht, so als ob ein wenig von der Kraft der jenseitigen Ebenen in die mittlere Welt gekommen wäre. Das ist das Leuchten, von dem der Eskimo Aua spricht, ein Leuchten, das er nicht nur in sich fühlt, sondern das – wie er sagt – auch von ihm ausstrahlt, »unsichtbar für die Menschen, aber sichtbar den Geistern des Himmels und der See«.[25]
Der Kontakt mit den anderen Dimensionen des Seins macht die Seele ganz, gibt ihr zurück, was ihr in der materiellen Welt fehlt, die plötzlich nur noch wie ein Ausschnitt, ein al-

lerdings aufs Höchste verdichteter Ausschnitt einer viel größeren Realität erscheint. Die veränderte Weltsicht macht den Menschen nur scheinbar größer, weil vordergründig mächtiger, vielleicht zur Heilung begabt. In Wirklichkeit macht sie ihn kleiner, ohne ihn allerdings zu demütigen, denn die Erkenntnis der Unendlichkeit, in die unsere Alltagswirklichkeit nur eingefaltet scheint wie eine winzige Perle, glänzend und wertvoll, aber doch nur ein stecknadelkopfgroßer Ausschnitt der ganzen Wahrheit, zeigt, dass wir vor Größerem stehen, als uns die Welt im Leben vorspiegelt. Die Erkenntnis dieses Kreises, in den sich der Schamane jetzt eingebunden fühlt, auch wenn er sicher weiß, dass er die Landschaften der Seele nie vollständig wird erfassen können, erfüllt ihn gleichzeitig mit tiefem, nie gekanntem Glück. Es ist so, als ob die Seele in sich selbst angekommen wäre. *»Freude, Freude!«*, singt der Eskimoschamane. *»Jetzt werde ich heimgehen. Freude, Freude!«*[26]

Initiation

Die Wege in das Innere Land, wie sie die alten Schamanen und die Schüler ihrer Tradition beschreiten, sind uns nun deutlicher geworden. Auch haben einige Regionen dieser Welten Gestalt angenommen, erscheinen mit Menschen und Tieren bevölkert, Geistern und Seelen Verstorbener, wie es das reisende Bewusstsein erfährt. Aber die alten Traditionen haben noch weitere Wege gezeichnet und auch Gefahren markiert, die den Novizen erwarten und die ihn noch mehr verändern. Es sind Proben auf Leben und Tod, einerseits in der alltäglichen Wirklichkeit, denn die schamanischen Lehrer setzten ihre Schüler größten Gefahren aus, um sie an die Grenze zu bringen und vielleicht darüber hinaus, andererseits in der nichtalltäglichen Wirklichkeit, auf der Reise zu wilden Tieren, die den Novizen zerreißen und verschlingen. Dieser Akt der Vernichtung und der Wiedergeburt beim Besuch des Inneren Landes wird in der ethnologischen Literatur »Zerstückelung« genannt und ist ein machtvolles Mittel der Transformation, wie wir noch sehen werden. Aber betrachten wir zunächst, wie die künftigen Schamanen ihre Visionssuche in den eisigen Regionen des Planeten erlebten.

Igjugarjuk, ein Eskimo aus den Barren Grounds westlich der Hudson Bay in Kanada, hatte als junger Mann »viele Träume«, wie der große Forschungsreisende Knud Rasmussen berichtet, dem er seine Geschichte Anfang des 20. Jahrhunderts erzählte. So musste Igjugarjuk den Weg des Schamanen gehen, denn das war in seinem Volk für Visionäre Tradition. Der Vater seiner Frau wurde sein Lehrer. Mitten im Winter brachte er Igjugarjuk auf einem kleinen Schlitten weit weg in die Gegend der hohen Berge. Hier baute er ihm ein Iglu, gerade so groß, dass der Initiand darin hocken konnte. Trotz der eisigen Kälte erhielt Igjugarjuk keine Decke, um sich zu wärmen. Alles, was er bekam, war ein Stück Fell, gerade groß genug, um darauf zu sitzen. Das Iglu wurde verschlossen, und Igjugarjuk blieb ohne Nahrung und ohne Wasser zurück, zunächst fünf, dann noch einmal 15 Tage. Der Lehrer ermahnte ihn, nur an den großen Geist zu denken, der ihm ein Zeichen der Kraft schicken sollte. Igjugarjuk erzählt:

Erst am Ende kam ein helfender Geist zu mir, eine wunderbare und schöne Frau. Ich sah sie, wie sie über mir schwebte, und von dem Tag an konnte ich meine Augen nicht mehr schließen oder träumen, ohne sie zu sehen. Sie war das Zeichen, dass mir die Kräfte verliehen würden, die mich zum Schamanen machten.[27]

Igjugarjuk erlebte keine Seelenreise, das Innere Land senkte sich über ihn und erzeugte vor seinem Auge die Vision des helfenden Geistes. Aber mit dieser schweren Prüfung hatte die Lehrzeit erst begonnen. Immer wieder in den folgenden Monaten musste Igjugarjuk hinaus in die Wildnis, musste über die Realität des Großen Geistes, die Wirklichkeit Gottes meditieren, bis sich der Kanal öffnete und die Kraft ihn dauerhaft erreichte. Die Lehrzeit endet in Wahrheit nie, berichtete er Rasmussen, es komme nur darauf an, wie viel ein Schüler lernen wolle.

Auch bei den Eskimo Grönlands dauerte die Ausbildung zum Schamanen viele Jahre, vor allem, wenn ein junger Mann oder eine junge Frau den Wunsch spürte, Schamane zu werden, ohne durch besondere Vorzeichen oder die Tradition der Familie dazu bestimmt zu sein. Wer einen Lehrer fand, der bereit war, den Neuling durch die Initiation zu führen, hatte alle Möglichkeiten, ein großer Schamane zu werden.

Hier unterscheiden sich die Traditionen der Völker bei aller Ähnlichkeit. Die Menschen in Tuva, dem Land an der Grenze zur Mongolei, akzeptieren nur Schamanen, die in einer »Vererbungslinie« stehen. Die Kraft wird über die Vorfahren weitergegeben, eine endlose Kette, die letztlich zum ersten Schamanen der Menschheit führt, in die Anfänge der Zeit. Bei den mexikanischen Huicholes dagegen, die mit dem Geist des halluzinogenen Peyote reisen, wird jedes Mitglied der Gemeinschaft mit den Pfaden des Inneren Landes vertraut gemacht, schon die Kinder lernen die ersten Schritte in die parallele Welt, ohne dass sie später als Erwachsene schamanisch arbeiten müssten. Natürlich gibt es auch bei den Huicholes unterschiedliche Begabungen und Interessen, und Wanderer zwischen den Welten werden auf Dauer nur Männer oder Frauen, die viele Jahre mit der Erkundung diese Kräfte zubringen. Aber das Beispiel der Huicholes zeigt, dass die Fähigkeit zur schamanischen Reise nicht unbedingt nur wenigen Auserwählten vorbehalten, sondern dass im Grunde jeder Mensch dazu in der Lage ist.

Tatsächlich ist das Vermögen der Seele, die engen Grenzen der alltäglichen Wahrnehmung bewusst zu sprengen, auf der ganzen Welt nicht nur in schamanischen Traditionen millionenfach belegt, auch die Techniken der Meditation, wie sie Menschen in vielen Regionen Asiens praktizieren, führen in ferne Welten, wenn auch in andere Regionen des unendlichen Inneren Landes.

Die Wächter der anderen Welt

Die Eskimo Grönlands jedenfalls nahmen Lehrlinge an, wenn sie sich ernsthaft um den schamanischen Weg bemühten, auch wenn keine Vorzeichen auf ihre Berufung hindeuteten. Damit sich der verborgene Eingang öffnete, ersannen die Lehrer Methoden, die das rastlose rationale Ich ruhig stellten, indem sie den »inneren Dialog« unterbrachen. Sie gaben dem Körper eine Tätigkeit, die gerade so viel Aufmerksamkeit und vor allem Anstrengung erforderte, dass die Gedanken gebunden waren, und so wenig Aufmerksamkeit, dass sich das Bewusstsein frei bewegen konnte.

Eine Übung, Tag für Tag viele Stunden lang in der Einsamkeit auszuführen, wird »Steinereiben« genannt. Die Methode verändert das Zeitempfinden und nimmt dem Ich seine Grenzen, wenn sie lange genug ausgeführt wird, denn sie lässt dem rationalen Denken keine Chance, die Wirklichkeit zu formen und den Einbruch des Irrationalen abzuwehren. Während der Körper immer müder wird, nach einer Pause verlangt, aber keine Pause erhält, dehnt sich das Bewusstsein aus und öffnet sich anderen Wahrnehmungen. Der Eskimo Sanimuinak berichtete dem Grönlandreisenden Gustav Holm 1884/85 von seinen Erfahrungen mit dieser Technik, die ihn mit der Geisterwelt in Kontakt brachte:

Ich ging zu einer bestimmten Spalte im Berg, die der aufgehenden Sonne zugewandt liegt, legte einen großen Stein über die Spalte und einen weiteren darauf. Dann fing ich an, den oberen Stein im Kreis gegen den unteren zu reiben, und zwar »mit der Sonne«, und dies tat ich, bis meine Arme so gut wie lahm waren. Jetzt hörte ich aus den Tiefen der Spalte eine Stimme, die mich rief, aber ich verstand die Worte nicht und erstarrte vor Schreck. Am nächsten Tag ging ich wieder hinaus und rieb die Steine gegeneinander wie zuvor. Ein weiteres Mal hörte ich die Stimme aus den Tiefen der Spalte. Der Schreck schnürte mir die Kehle zu, und die fürchterlichsten Schmerzen überfielen mich. Am folgenden Tag geschah alles in derselben Weise, aber jetzt hörte ich die Stimme sagen: »Soll ich hochkommen?« Ich war starr vor Entsetzen, sagte aber: »Ja, komm hoch!« Die Steine hoben sich, und ein Seeungeheuer mit scherenartigen Klauen kam herauf. Es war viel größer als die, die man im Meer finden kann. Unversehens verschwand das Unge-

heuer, und ich machte mich auf den Heimweg. Das war mein erster Geist.[28]

Nach und nach erwirbt Sanimuinak in der Wildnis mehrere Hilfsgeister, und nach jahrelanger Lehrzeit ist der Augenblick der Initiation gekommen. Sie geschieht plötzlich und unerwartet, wenn auch das Bild in der Tradition der Angmagsalik wohl bekannt ist: Der Novize wird von einem riesigen Bären angegriffen und aufgefressen. Das alte Ich stirbt, und der Schamane wird geboren. Auch dieser dramatische Akt ist nicht als Symbol zu verstehen, als bildhafte Umschreibung eines psychischen Prozesses, sondern wörtlich als Erlebnis von Tod und Wiedergeburt. Die Seele kennt nur unterschiedliche Wirklichkeiten. Wenn das Bewusstsein sich ins Innere Land ausdehnt, sind alle Dinge, die geschehen, für die Seele gleichermaßen real. Dies bestätigt in unserer Zeit auch die Hirnforschung, die im visuellen Cortex dieselben Muster findet, ganz gleich, ob ein Ereignis in der äußeren Realität stattfindet oder »nur imaginiert« wird. Sanimuinak berichtet weiter:

Im nächsten Jahr ging ich landeinwärts nach Tasiusak. Hier warf ich einen Stein ins Wasser, das in Bewegung geriet, wie bei einem Sturm auf See. Als die Wellen sich öffneten, gaben sie einen riesigen Bären frei.
Er hatte eine große schwarze Schnauze und schwamm zum Ufer. Als er eine seiner Pranken auf den Strand legte, gab der Boden unter seinem Gewicht nach. Er umkreiste mich, biss mich in die Lenden und fraß mich auf. Zuerst tat es weh, aber dann verlor ich das Empfinden. Solange mein Herz noch nicht gefressen war, blieb ich bei Bewusstsein. Dann aber biss er mich ins Herz, und ich war tot.

Als ich wieder zu mir kam, war der Bär fort, und ich lag an derselben Stelle am See.[29]

Wie unentwirrbar sich die Ebenen der Realität in solchen Momenten überlagern können, zeigt auch die Geschichte eines anderen Schülers, des Eskimo Autdaruta, den sein Lehrer, ein alter und hochverehrter Schamane, auf die andere Seite des Fjordes führte. Autdaruta erzählt, dass er dort aus dem sicheren Versteck einer Höhle zusah, wie ein riesiger Bär aus dem Meer auftauchte und den Lehrer verschlang. Nach einiger Zeit aber »erbrach« der Bär den Schamanen wieder, der unversehrt erwachte und seinem Schüler erklärte, dies sei ein sicherer Weg, immer größere Macht über die Hilfsgeister zu erwerben. Dann musste sich Autdaruta selbst dieser Initiation stellen.

Ich lag noch nicht lange da, als ich den Bären kommen hörte. Er griff mich an und zermalmte mich Glied für Glied, Gelenk für Gelenk, aber – das war wirklich seltsam – es tat überhaupt nicht weh. Erst als er mir ins Herz biss, spürte ich einen entsetzlichen Schmerz. Von jenem Tag an sah ich, dass ich meine Hilfsgeister beherrschte. Danach gewann ich viele neue Geister, und keine Gefahr konnte mir mehr etwas anhaben.[30]

Die Landschaft des Wachbewusstseins blieb auch in der Trance stabil, in der der Schamane und sein Schüler sich offensichtlich befanden. Das Bild des Fjordes, der Höhle und der Menschen blieb vollständig erhalten, und doch tauchte plötzlich der mythische Bär auf, ein Ungeheuer, das Leben vernichtet und Leben spendet, denn die Erfahrung zeigt dem neuen Schamanen, dass es keinen Tod gibt.

Die Zerstückelung verändert das Weltbild des Schamanen, macht ihn bereit, auch die andere, die nicht sichtbare Wirklichkeit als gleichberechtigte Ebene des Lebens zu erkennen, sie verändert den »Montagepunkt«, an dem die Wahrnehmung der Welt aufgehängt ist, wie das Castaneda ausdrückt, nimmt dem neugeborenen Schamanen also die Möglichkeit, in das alte Leben zurückzukehren, als ob nichts gewesen wäre. Wer die Zerstückelung erlebt, die bisweilen auch Menschen unserer Zeit in Träumen überfällt, steht an einem Wendepunkt im Leben, und die Seele akzeptiert das Erlebnis als wirklich und unwiderruflich.

Jenseits des Horizonts

Die verborgenen Wege, die ins Innere Land führen, sind ohne die Hilfe erfahrener Begleiter schwer zu finden. Dass dieses Land aber nahe der Welt der Toten liegt, zeigen uns vor allem die Geschichten der sibirischen Völker, und viele von ihnen haben Rituale entwickelt, die den Schüler unmittelbar mit dem Ende des Lebens konfrontieren. Sie setzen ihn der Kälte des arktischen Winters aus und bringen ihn so wirklich an die Grenze des physischen Todes, wo sich der Blick in die andere Wirklichkeit öffnet. Die Geschichte von Kinalik, einer Schwägerin des schon erwähnten großen Eskimo-Schamanen Igjugarjuk, ist ein besonders drastisches Beispiel für die ausgefeilten Methoden, das Grenzland des Todes zu betreten, um von dort geheilt und verändert zurückzukehren. Sie zeigt auch, dass Frauen ohne Unterschied dieselben Rituale erdulden mussten, wenn sie sich berufen fühlten. Rasmussen berichtet diese Geschichte nach Informationen von Igjugarjuk:

Die Leute des Dorfes wurden in einem Haus zusammengerufen, und Kinalik wurde im Freien an einigen Zeltstangen aufgehängt, die in den Schnee gesteckt worden waren. Hier musste sie fünf Tage hängen, um ihre Sinne empfänglich zu machen. Es war mitten im Winter, es herrschte harte Kälte und ein starkes Schneetreiben, aber sie fror nicht, weil der Geist sie beschützte. Nachdem die fünf Tage vergangen waren, wurde sie heruntergenommen und in den Hausgang gebracht, wo sie auf ein Fell vor dem Kochraum niedergelegt wurde. Kinaliks alte Mutter forderte Igjugarjuk auf, die künftige Schamanin mit einem Gewehr zu erschießen, damit sie durch Sterbegesichte mit dem Übernatürlichen in Verbindung komme. Die Büchse sollte geladen werden, aber damit Kinalik nicht sterbe, sondern sich ständig an die Erde gebunden fühle, solle sie mit einem kleinen Stein und nicht mit einer Kugel aus Blei erschossen werden. Darauf schoss Igjugarjuk sie im Beisein aller Lagergefährten durchs Herz, und Kinalik sank um. Man hielt ein Sängerfest ab, während sie die ganze Nacht tot dalag. Sie litt nicht; die Geister beschützten sie. Am nächsten Morgen, als Igjugarjuk zu ihr wollte, um sie wieder zum Leben zu erwecken, erwachte sie von selbst. Durch den Tod war Kinalik für die Geister empfänglich geworden. Ihr Hilfsgeist wurde ihr verstorbener Bruder Qaluvseraut.[31]

Die symbolische Erschießung führte den Geist der künftigen Schamanin in die grenzenlose Angst vor dem Ende, in einen Zustand, der die gewohnte Welt aus den Angeln hebt. Es sind solche dramatischen Momente, in denen das alte Ich einen plötzlichen Tod sterben kann und das wissende Selbst die Macht übernimmt. In diesem Augenblick kann sich der verborgene Eingang öffnen, und der Weg ins Innere Land ist frei.

Die Initianden sind Meister der Ekstase geworden, wie Mircea Eliade es ausdrückt, Beherrscher des Lebens und des Todes, Reisende in Raum und Zeit. Mit ihnen haben wir einen Teil des Inneren Landes erkundet, haben die Sphären der unteren und oberen Welten vorsichtig betreten. Wir fanden bevölkerte Landschaften, die der alltäglichen Wirklichkeit der Reisenden ähnelten, ohne, wie wir sahen, bloße Erinnerungen an die Landschaften des Diesseits zu sein. Wir nahmen wahr, dass sie überhöht erscheinen, oft strahlen sie in besonders intensiven Farben, schöner als die gewohnten Farben des Wachbewusstseins. Am wichtigsten aber ist, dass diese Landschaften mit Wesen bevölkert sind, die über Wissen verfügen und Lehren bereithalten, die in die mittlere Welt gebracht werden sollen. Die besondere Kraft dieser Geister verkörpert sich in ihrer Erscheinung, so wie sie sich vor dem inneren Auge der Reisenden zeigt: leuchtend und klar, groß und bisweilen auch erschreckend. Es ist keine spielerische Kraft, sondern eine Macht, die töten kann, wenn sie sich missbraucht fühlt, die den Reisenden die Wildheit universeller Energie spüren lässt, die unerwartete Handlungen vollbringt, kommt und geht, wie es ihr beliebt, und dabei doch ein Ziel verfolgt: den Schamanen zu leiten, ihm bei seiner Aufgabe – der Heilung – zu helfen oder ihm Einsichten in den Sinn des Lebens und seine besondere Aufgabe zu vermitteln, wie in den Visionen der Indianer. Black Elk traf auf einer seiner Reisen in das Innere Land im jenseitigen Dorf einen Geist von besonderer Kraft und Klarheit:

Er war kein Weißer, und er war kein Indianer. Sein langes Haar hing offen herab, und auf der linken Kopfseite trug er eine Adlerfeder. Er bot einen edlen Anblick. Während ich ihn unverwandt betrachtete, begann sein Körper sich zu verändern, er wurde sehr schön und leuchtete in allen Farben des Lichts, und von Licht war er auch umgeben. Er sprach wie in einem Gesang: »Mein Leben ist so, dass alle irdischen Wesen und wachsenden Dinge zu mir gehören. Euer Vater, der Große Geist, hat dies gesagt. Auch du sollst dies sagen.« Ich sah, wie schön der Tag war – der Himmel ganz blau und erfüllt von gelbem Licht über der grünenden Erde. Und ich sah, dass alle Menschen schön und jung waren. Da gab es keine Alten, auch keine Kinder, nur Menschen etwa gleichen Alters, und alle waren schön.[32]

Die Bilder der Schönheit und der Jugend sind keine Missachtung des Alters, eher ein Ausdruck zeitloser Kraft, eine Metapher der Unsterblichkeit. So erleben auch die modernen Jenseitsreisenden in den Krankenhäusern und Hospizen das Jenseits und seine Bewohner.

Die Vision führte Black Elk in einen anderen Bereich des Inneren Landes, als es die Initiationsreisen vieler sibirischer Schamanen tun. Wir erkennen in seinen Beschreibungen das Land der Verstorbenen, einen der jenseitigen Aufenthaltsorte, von denen frühe und moderne Reisende immer wieder berichten. Das strahlende Licht, die leuchtenden Farben deuten es an.

Maria Sabina, die berühmte Mazateka-Schamanin aus Mexiko, die ihre Reisen in die andere Welt mit Hilfe halluzinogener Pilze antrat, fasste gegenüber ihrem Biografen Alvaro Estrada ihre Vorstellung vom Ort des Jenseits zusammen. Für sie enthält dieses Land alles, was war, ist und sein wird. Es ist das zeitlose Land, in dem die Gesetze der Ewigkeit gelten. Und gerade deshalb erreicht sie auf jeder Reise andere Regionen, andere Zeiten, andere Ereignisse, andere Menschen und Geister. Maria Sabina sagt:

Es gibt eine Welt jenseits der unseren, eine unsichtbare Welt, die gleichzeitig weit entfernt ist und ganz nah. Und es ist dort, wo Gott lebt, wo die Toten weilen, die Geister und die Heiligen, eine Welt, in der alles schon geschehen und alles bekannt ist. Jene Welt spricht. Sie hat ihre eigene Sprache. Ich gebe wieder, was sie sagt.[33]

Erfahrungen in der Nähe des Todes

Grenzgebiet des Lichts

In den Gesellschaften des Westens gibt es viele Menschen, die Grenzgänger werden, Rückkehrer aus einem Bereich, den sie vor ihrem Erlebnis leugneten oder zumindest nicht wahrnahmen. Es sind so viele (nach einer Untersuchung der Universität Konstanz aus dem Jahr 1999 allein in Deutschland fast drei Millionen), dass wir heute mehr Informationen über die Flüge der Seele erhalten können als je zuvor in der Geschichte der Menschheit. Seit den berühmten Fallsammlungen von Elisabeth Kübler-Ross und Raymond Moody Ende der 70er-Jahre des 20. Jahrhunderts[34] wird dieses Erlebnis Todesnähe- oder Nahtodes-Erfahrung genannt. Der Begriff spielt darauf an, dass aus der Sicht der Medizin niemand vom Tod zurückkehren kann, denn der Tod, sagen die Wissenschaftler, sei das endgültige Verlöschen jedes Funkens von Bewusstsein. Wer nach einem Herzstillstand, nach einem Schädel-Hirn-Trauma, selbst nach dem mit dem Elektroenzephalogramm nachgewiesenen Null-Zustand der Hirnaktivität wieder ins Leben erwacht, kann demzufolge nicht tot gewesen sein. Tief im Hirnstamm oder jenseits der Empfindlichkeit des Messgerätes müssen noch Ströme geflossen sein, die das Leben aufrechterhielten. So gelten die Rückkehrer aus dem Koma als Menschen, die in die Nähe des Punktes ohne Wiederkehr geraten sind, aber nicht darüber hinaus.

Wenn wir in diesem Kapitel ihre Berichte untersuchen, werden wir zunächst nicht über die Frage sprechen, was

näher an der Wirklichkeit liegt – die Vorstellung der meisten Mediziner oder die Erfahrung der Sterbenden. Uns interessiert vor allem, welche Regionen des Inneren Landes die Reisenden betraten. Ist das Grenzland des Todes ein besonderer Bereich? Liegt es in weiter Ferne von den Sphären der oberen und unteren Welten, in denen die Schamanen reisen? Welche Erfahrungen machen die Rückkehrer auf der Ebene der mittleren Welt? Denn mehr noch als die Schamanen berichten die Menschen mit Todesnähe-Erfahrungen von dem Gefühl, den Körper zu verlassen, von Wahrnehmungen im Operationssaal oder im Krankenzimmer, von Geschehnissen an der Straßenkreuzung, die zur Bühne eines schrecklichen Unfalls geworden ist, wie wir schon an einem Beispiel gesehen haben.
Ist die Erfahrung dieser Menschen den Erlebnissen der Schamanen vergleichbar? Oder bewegen sich die Schamanen aller Zeiten und Kontinente in Bereichen des Lebens, während sich den Sterbenden ganz andere Welten öffnen? Sind die Landschaften der Sterbenden also nicht in den näheren, sondern den ferneren Bereichen der Seele angesiedelt, die selbst geübte Schamanen erst erreichen, wenn sie dem Tod ihres Körpers nahe kommen? Oder durchdringen sich die Landschaften so, dass jeder Reisende im Grunde jeden Bereich sehen kann, wenn er sich von der Konzentration der Absicht tragen lässt, mit der Schamanen ihre Bewusstseinsreisen steuern, nicht aber die Menschen, die durch Zufall oder Schicksal (das nach Meinung des westlichen Geistes auch nur ein anderes Wort für Zufall ist) in die weiten Landschaften der Seele geraten?
Könnte umgekehrt das Erlebnis in der Nähe des Todes der unerwartete Beginn einer Initiation sein, so wie die Scha-

manenkrankheit den Adepten auf einen Weg zwingt, den er aus eigenem Willen nicht betreten hätte?

Während die Schamanen und ihr Umfeld die Krankheit als das deuten, was sie zu sein scheint – sichtbarer Wille der Geister, einen neuen Schamanen einzusetzen, als Helfer für die Gemeinschaft –, nehmen die Menschen unserer Zeit die Erlebnisse an der Grenze des Todes aus der Tradition der modernen Weltsicht selten als Initiation wahr, oft aber als Geschenk, wie wir noch sehen werden.

Für die Rückkehrer von der Grenze des Todes besteht kein Zweifel an der Realität ihres Erlebnisses. Sie unterscheiden es eindeutig von den Träumen der Nacht, auch von jenen, die vielleicht noch in der Grauzone des Erwachens für einen Moment vollkommen real erscheinen. Weil dieser Eindruck von so vielen Menschen bestätigt wird, müssen wir ihn als Faktum respektieren: Auf dem Weg in jenseitige Welten erlebt die Seele des Sterbenden eine andere Ebene von Realität, ein paralleles Universum. Ganz gleich, ob sich diese Welten als physikalische Räume nachweisen lassen oder nicht: Für die Seele besteht – was den Charakter der Wirklichkeit angeht – kein Unterschied zwischen der Alltagsrealität und der Erfahrung an der Grenze des Todes, die Bilder ihrer Vision erscheinen ebenso klar – wie manche sagen, sogar noch klarer, noch schärfer, »realer als real«.

In der Literatur der Nahtodesforschung wurden ausführlich die einzelnen Motive dieser Erfahrungen beschrieben und in einen idealtypischen Ablauf gebracht. Das war notwendig, um zu zeigen, dass dem subjektiven Erlebnis ein gemeinsames Muster zu Grunde liegt. Ohne diese Beschreibungen zu wiederholen, werden wir dieses Muster in den Berichten der Menschen erkennen, die wir jetzt zu Wort kommen lassen.

Viele Jenseitsreisende erleben oder erinnern nur einzelne Elemente. Einige wenige erzählen von großen Visionen, die sie tief in das Land jenseits der Zeit brachten. Ob sich das Tor für diesen besonderen Bereich nur denjenigen öffnet, deren Körper sich tatsächlich dem Tod nähern, ist nicht eindeutig zu sagen, wenn es auch nahe liegt, dies anzunehmen.
Der Journalist Anton-Andreas Guha berichtet, wie er nach einem Herzinfarkt plötzlich den Eingang ins Innere Land sah:

In der Klinik spürte ich nur noch eine ungeheure Hektik, ich wurde auf einem Wagen durch Flure geschoben, im Laufschritt, und verlor dann das Bewusstsein. Dann jedoch stellte sich ein wunderbares und klares, mich selbst zunächst überraschendes Erlebnis ein. Ich hatte das Gefühl, auf den schwarzen Eingang eines Tunnels zuzuschweben, durch den Eingang hindurch, und am Ende ein weißes Licht wahrzunehmen. Der Tunnel war ziemlich lang, und das Licht wurde allmählich größer, aber kurz bevor ich den Ausgang des Tunnels erreichte, wurde ich zurückgezogen, schwebte zurück zum Eingang, und dieser Vorgang wiederholte sich mehrmals. Ich hatte dabei ein ungeheuer angenehmes Gefühl, und vor allem war ich sehr neugierig zu erfahren, was sich hinter dem Tunnelausgang verberge und was das für ein Licht sei, das sehr intensiv war und nicht blendete, sehr weiß und irgendwie geheimnisvoll. Ich konnte aufgrund des Lichts natürlich nichts erkennen, aber es hatte eine magische Anziehungskraft auf mich.[35]

Die Seele des Sterbenden gerät in einen ruhigen Zustand des Schwebens, aber der Flug wird unterbrochen, denn die

Ärzte im Reanimationsraum kämpfen um das Leben des Patienten. Jeder Stromstoß mit den Defibrillatoren reißt die Seele zurück in Richtung des Körperbewusstseins. Aber immer wieder beginnt die Reise neu, die Absicht, das Ziel zu erreichen, wird fester, der Flug führt tiefer in den Tunnel, näher zum Licht.

Ist dieses Licht ein Ausdruck des Selbst, das Licht des eigenen, tieferen Wissens? Spiegelt es die Kraft der individuellen Seele, die es ins wache Bewusstsein des Reisenden reflektiert? Oder strahlt es aus der Allumfassenden Seele, die alles umschließt und in der das sterbende Ich seinen Ursprung und sein eigentliches Ziel findet?

Nehmen wir vorerst das Bild des Tunnels und des Lichts, dem so viele Menschen begegnet sind, als das, was es offenbar ist: ein geheimnisvolles Bild für den Zugang in ein Land, nach dem sich der Sterbende sehnt und für das er bereit ist, seinen Körper oder besser: das, was der wache Verstand für das wirkliche und einzige Leben hält, ohne Bedauern aufzugeben. Aber wie sieht für die Reisenden im Grenzland des Todes das Land jenseits des Tunnels aus? Welche Berge und Täler, Wüsten und Gewässer finden sie dort? Und welchen Wesen begegnen sie?

Die Psychologin Dorothea Rau-Lembke hatte ihre Todesnähe-Erfahrung als Schülerin im Alter von 20 Jahren, als sie nach einer Operation allein in ihrem Krankenhauszimmer lag. Sie spürte, wie sie immer schwächer wurde, und mit einem Mal hatte sie den Eindruck, sich aus ihrem Körper zu lösen.

Ich erlebte es so, als ob ich aufgefangen würde in einer riesigen Welten- und Erlebenslandschaft, die von innen heraus zunächst sacht und leise, durchdrungen und begleitet war von einem Licht. Die Landschaft ähnelte einer weiten, klaren Wüste, deren bizarre Gesteinsformationen sich wie in die Unendlichkeit erstreckten, denn es gab keinen Horizont, ein erhabenes Bild von Größe und Schönheit. Und diese Wüste strahlte in gelben und orangen Tönen und war wie erleuchtet von dem geheimnisvollen Licht. Es war so, als ob ich gleichzeitig darüber schwebte und Teil von allem war, eingebettet in jedes Sandkorn. Dabei atmete ich die Weite und das Licht.

Und während ich in diesen Landschaften war, begegneten mir plötzlich zwei Gestalten: meine verstorbene Großmutter väterlicherseits und eine Freundin, die verstorben war, als wir beide 16 Jahre alt waren. Diese Gestalten strahlten tiefe Harmonie aus. Und je mehr ich mich in diesen neuen Welten orientierte und mit ihnen vertraut wurde, umso wichtiger wurde das Licht. Ich hatte den Eindruck, als ob das Licht bereits auch in mir wäre, in den Gestalten der Verstorbenen war es ohnehin ständig vorhanden. Es war wie eine ungeheuer verdichtete Mischung aus aller Liebe, die es geben kann, und aus allem Wissen, das je existierte. Und am Ende hatte ich den Eindruck, als ob ich schon eingetaucht wäre in dieses Licht, wohl wissend, dass jetzt gleich der Punkt kommt, von dem es kein Zurück mehr gibt, und dass ich tot sein würde, wenn ich dort bliebe.[36]

Das Licht auf dieser weiten Reise ist eine Erfahrung jenseits der Sprache: Es ist gleichzeitig überall und dann auch wieder getrennt vom wahrnehmenden Bewusstsein. Es ist ein Ziel, das die fliegende Seele zu erreichen sucht und das doch sichtbar, fühlbar, fast greifbar aus der Landschaft und den Personen strahlt, die in ihr erscheinen.

In einer psychologischen Deutung würden wir vielleicht

von einem Symbol sprechen, für die Seele aber, die nur ihre eigene Wirklichkeit kennt, ist das Licht gleichzeitig all das, was die Sprache nur nacheinander ausdrücken kann: überirdisches Leuchten, Wissen und Liebe, eine immaterielle Allgegenwart und gleichzeitig ein vom Bewusstsein noch getrennter Ort, den die Sterbende erreichen möchte, auch wenn sie dafür ihre körperliche Existenz aufgeben muss. Dieser Ort ist der Punkt ohne Wiederkehr. Und obwohl das Licht keine fernere Ebene eines noch nicht sichtbaren, aber ans Irdische erinnernden Paradieses zu sein scheint, sondern eine unfassbare Größe, in der alles Denkbare zu einer Gegenwart verschmilzt, sich dort vielleicht sogar auflöst, spürt die Seele eine tiefe, nie gekannte Sehnsucht. Sie empfindet das Licht als ihr Ziel, ihre Bestimmung, als den Ort, in dem sich alles erklärt und die Zeit stehen bleibt.

In den Erzählungen der Schamanen des alten Weges spielt das Licht nicht diese zentrale Rolle, wenn auch das geheimnisvolle Leuchten in mehreren Berichten vorkommt. Bedeutet dies, dass die Bewusstseinsreisenden der alten Kulturen einen anderen Bereich betreten haben? Ist diese Sphäre der All-Einheit den Menschen in der Nähe des Todes vorbehalten? Oder ist das Licht ein Ausdruck der Seele, den die Reisenden nur unterschiedlich wahrnehmen, je nachdem, worauf sie ihre Aufmerksamkeit richten?

Die Reisende in unserem Beispiel hebt aber nicht nur das geheimnisvolle Licht hervor, sondern spricht von einem Flug durch gewaltige Wüsten, die sie Welten- und Erlebenslandschaften nennt. Weltenlandschaften, weil sich in den Bildern nicht ein bestimmter, genau lokalisierbar geographischer Ort, sondern die Unendlichkeit ganzer Welten spiegelt. Erlebenslandschaften, weil die reisende Seele in der Nähe des Todes ab einem bestimmten, individuell un-

terschiedlichen Punkt offenbar die Position des Beobachters aufgibt und sich nicht mehr als vom Gegenstand der Beobachtung getrennt sehen kann.
In vielen Erzählungen moderner Rückkehrer von der Grenze des Todes tauchen Personen auf, die sich als Begleiter, als Helfer in der neuen und unbekannten Welt anbieten. Hier sind es zwei Verstorbene: eine Freundin und die Großmutter. Diese beiden werden jetzt zu Führerinnen im Jenseits, sie weisen den Weg und stehen beratend zur Seite. Mit der verstorbenen Freundin verband die Jenseitsreisende eine langjährige, wichtige Beziehung, so war es wenig verwunderlich, dass sie in dieser Situation erschien. Die Großmutter aber hatte in ihrem Leben keine entscheidende Rolle gespielt, sie war schon vor langer Zeit gestorben. Die junge Frau hatte sie nie persönlich kennen gelernt, dennoch gab es für sie in ihrer Vision keinen Zweifel, wer zu ihr sprach. Nach der Rückkehr ins Wachbewusstsein wurde der Reisenden bewusst, dass sie ihre Großmutter erkannt hatte, ohne sie im Alltagsleben jemals gesehen zu haben. Auf einem alten Foto entdeckte sie später ihre Führerin in den anderen Welten wieder.

Das Schauspiel des Lebens

Die Reise, von der wir nur einen kleinen, verdichteten Ausschnitt gelesen haben (die ganze Geschichte würde viele Buchseiten füllen), enthält noch ein weiteres, wichtiges Element: den Rückblick auf das Leben, den die Schülerin als umfassende Erfahrung, als vollständige Bestandsaufnahme wahrnahm, wie sie berichtet. Dieses Eintauchen in die persönliche Vergangenheit ist ein Beleg dafür, dass die

Zeit in der Wirklichkeit der Seele keine Rolle spielt. Alle Bilder des Lebens scheinen vollständig gespeichert zu sein und entfalten sich als realistische Erinnerung im Bewusstsein. Sie werden bisweilen aus mehreren Positionen wiedererlebt: aus der Sicht des reisenden Bewusstseins selbst, aber auch (offenbar gleichzeitig) aus dem Blickwinkel anderer handelnder Personen.

Übereinstimmend berichten die meisten Menschen von einer ruhigen, wohlwollenden Sicht, keiner Beurteilung, die an ein Gericht erinnert. Es scheint so zu sein, als ob der Geist in diesem Zwischenzustand betrachten könnte, was gewesen ist, ohne dass der Begriff der Schuld eine Rolle spielte. Der Geist weiß unmittelbar, was für die Entwicklung der individuellen Seele gut war und was schlecht, und diese Erkenntnis bleibt nicht abstrakt, sondern gewinnt ihre Wahrheit durch persönliches Wiedererleben.

Schmerz und Leid, für das der Mensch verantwortlich war, erfährt die Seele jetzt auch aus der Perspektive des Betroffenen, und doch nimmt das Bewusstsein alle Ereignisse gleichzeitig von außen wahr. Heutige Rückkehrer bezeichnen diesen Teil ihrer Erfahrung oft als Lebensfilm, der meist rückwärts, von der Gegenwart bis zur Geburt, bisweilen aber auch vorwärts, von der ersten Sekunde des Lebens bis zum Augenblick des Sterbens, führt. Frühere Jenseitsreisende fanden ein anderes Bild, das ihrer Alltagserfahrung entsprach: Sie erzählten von einem Lebenspanorama oder von einer Bildfolge, die sich wie auf einer Theaterbühne abspielte.

Der Begriff des Lebenspanoramas enthält, mehr als das Wort Lebensfilm, den Gedanken der Gleichzeitigkeit. Denn offenbar sind alle Ereignisse des Lebensrückblicks sowohl in ihrem zeitlichen Ablauf erkennbar als auch unmittelbar im Erlebnis gegenwärtig und doch gleichzeitig wie auf einen Blick erfassbar.

Ein Bild aus unserer Alltagserfahrung vermittelt vielleicht eine Ahnung, wie diese Gleichzeitigkeit zu verstehen sein könnte: Ein Beobachter sieht die Ereignisse auf einer Straße, die durch ein Gebirgstal führt, immer in zeitlicher Abfolge, wenn er am Straßenrand steht. Steigt er auf einen Berg, so kann er aus der erhöhten Position die Straße auf viele Kilometer vollständig überblicken, also gleichzeitig unterschiedliche Szenen und Ereignisse sehen.

Wenn wir den Erzählungen der Rückkehrer folgen und in diesem Bild bleiben, so müsste unser Beobachter allerdings gleichzeitig am Straßenrand und auf dem Berg stehen und darüber hinaus in vielen der vorbeiziehenden Fahrzeuge Platz nehmen. Das Bild zeigt, wie umfassend sich der Zustand des Bewusstseins ändert, wenn wir in die Landschaften der Seele eintreten.

Ein besonders eindrucksvolles Beispiel für die Beschreibung dieser Erfahrung ist der berühmte Bericht des Schweizer Bergsteigers Albert Heim, der sich während eines Bergunfalls plötzlich jenseits der Zeit im Theater seiner Erinnerungen fand. Albert Heim schreibt 1892:

Was ich in den fünf bis zehn Sekunden gedacht habe, lässt sich in zehnmal mehr Minuten nicht erzählen. Alle Vorstellungen waren zusammenhängend und sehr klar, keinesfalls traumhaft verwischt.

Dann sah ich, wie auf einer Bühne aus einiger Entfernung, mein ganzes vergangenes Leben in zahlreichen Bildern sich abspielen. Ich sah mich selbst als die spielende Hauptperson. Alles war wie verklärt von einem himmlischen Lichte und alles war schön und ohne Schmerz, ohne Angst, ohne

Pein. Auch die Erinnerung an sehr traurige Erlebnisse war klar, aber dennoch nicht traurig. Kein Kampf und Streit, auch der Kampf war Liebe geworden. Erhabene und versöhnende Gedanken beherrschten und verbanden die Einzelbilder, und eine göttliche Ruhe zog wie herrliche Musik durch meine Seele.[37]

Albert Heim nahm dieses eigene Erlebnis zum Anlass für eine umfassende Studie und sammelte zahlreiche Berichte von verunglückten Bergsteigern, die übereinstimmend von der großen Klarheit der Gedanken und einer überirdisch erscheinenden Ruhe berichten.
Der Lebensrückblick ist eine sinnstiftende Erfahrung in einer Grenzsituation, eine persönliche Bilanz, wie sie nur am Ende des Lebens notwendig erscheint. Die Schamanen der alten Tradition machen diese Erfahrung nicht. Wenn sich für sie das Tor zum Inneren Land öffnet, dann nicht mit dem Ziel, Bilanz zu ziehen, sondern Kraft zu finden für den Patienten und die Gemeinschaft.

In der Todesnähe-Erfahrung bilanzieren viele Menschen ihr Leben und schließen dieses Kapitel ab, so als ob erst dann der Schritt auf andere Stufen der Wirklichkeit möglich wäre. Dennoch kehren sie zurück ins Leben. Was ist dann der Sinn dieser Erfahrung? Die Seele hat offenbar kein sicheres Wissen über das Schicksal ihres individuellen Selbst, sie löst die Bilderfolge aus, weil sie das Ende erwartet. Dazu bedarf es nicht einmal einer lebensbedrohlichen Verletzung oder einer schweren Krankheit, es genügt die Erwartung des Todes, wie das Beispiel des Bergsteigers zeigt: Das gewaltige, große Zeiträume umfassende Geschehen im Bewusstsein spielte sich während der wenigen Sekunden des Sturzes ab, in dem der Körper ja noch völlig unversehrt war. Das Ich aber erwartete den sicheren Tod. Es ist diese plötzliche Gewissheit, die das Bewusstsein in die Landschaften der Seele schleudert, ohne allerdings vollständig die Wahrnehmung der Alltagswirklichkeit auszuschalten. Wie in einer Doppelbelichtung erscheinen der Sturz (in extremer Verlangsamung der Zeit) und die Bilder zukünftiger und vor allem vergangener Geschehnisse vor dem inneren Auge, die gleichzeitige Wahrnehmung zweier Welten.

Die ferneren Landschaften des Jenseits blieben Albert Heim und den anderen Absturzopfern, deren Berichte er sammelte, verborgen. Es ist so, als ob sich diese Ebenen des Inneren Landes erst zeigten, wenn der Körper tatsächlich in die Nähe des Todes gerät.

Die Entscheidung

Viele Menschen, die aus dem Grenzland des Todes zurückkehrten, waren auch physisch dem Ende recht nahe, deshalb verbindet sich in ihren Erzählungen die schwebende Wahrnehmung wilder und sanfter Landschaften der Seele mit der Bilanz des Lebens. Aber auch diese Menschen waren letztlich nur Besucher des Inneren Landes. Kehrten sie zurück, weil der Körper sich selbst heilte oder ärztliche Kunst ihnen wieder in die Alltagswirklichkeit half? Oder hatten sie die Freiheit der Entscheidung?

Tatsächlich scheint beides möglich zu sein. Der Flug in den Tunnel, wie ihn der Herzinfarktpatient erlebte, die Gefühle von tiefer Ruhe und der Gegenwart eines Geheimnisses wurden unterbrochen, weil die Stromstöße das Herz immer wieder kurzzeitig in Gang setzten und das Bewusstsein damit zur Umkehr zwangen. Auch Dorothea Rau-Lembke kam nicht freiwillig zurück, sie fühlte sich von ihrem besorgten Vater gezogen, der ans Krankenbett geeilt war. Tief in sich spürte sie, wie sehr er um ihr Leben bangte.

Die Stimme, vor allem aber der drängende, vielleicht nur stumme Wunsch nahe stehender Personen, scheint die davonfliegende Seele einzufangen und die ferneren Sphären des Inneren Landes zu verschließen. Diese Möglichkeit machen sich die Schamanen zunutze, wenn sie um die davoneilende Seele kämpfen und ihr den Weg für eine Rückkehr in die Sicherheit des Alltags öffnen. Aber ihr Kontakt mit der fliehenden Seele ist stets bewusst und getragen von der Kenntnis jenseitiger Sphären. Deshalb gilt es in der schamanischen Tradition als besonders wichtig, den Wunsch der Seele zu erkennen und zu berücksichtigen. Ohne um Erlaubnis zu fragen, ob die Methoden und Techniken für eine Rückholung angewendet werden dürfen, ob also die Rückkehr dem tiefen Wunsch des Selbst und dem Weg der individuellen Seele wirklich entspricht, darf ein Schamane niemals eingreifen, auch wenn der Preis dieses Respekts vor dem Leben der Tod des Patienten sein sollte.

Die Todesnähe-Erfahrung endet für viele Menschen mit der Wahrnehmung einer Grenze, die das Land ohne Wiederkehr versperrt. Manche sehen einen Fluss, andere eine Mauer, wieder andere ein ornamentiertes Fenster – so vielfältig die Bilder für diese Grenze, so ähnlich erleben die Reisenden den Moment der Entscheidung: Den meisten bleibt keine Wahl, die Begleiter oder das stets gegenwärtige Licht versperren den Weg, oft gegen den Willen des Sterbenden, Verhandlung ausgeschlossen: Hier ist die Grenze zum Ort ohne Wiederkehr. Aber deine Zeit ist noch nicht

gekommen. Deshalb musst du zurückkehren und deine Lebensaufgabe erfüllen.
Einige Rückkehrer fühlten sich an diesem Punkt ihrer Reise vor die schwerste Entscheidung ihres Lebens gestellt. Sie bedachten, geführt von ihren Begleitern, was sie in der Welt der alltäglichen Wirklichkeit verlieren würden, wenn sie ihrem tiefen Wunsch nachgeben sollten und den Weg in das Land jenseits der Grenze fortsetzten, und schließlich entschieden sie sich für die Rückkehr. Es ist dieser Augenblick der Entscheidung, ob freiwillig oder nicht, der die Jenseitsreise in die Nähe einer Initiation rückt. Denn nun hat das Bewusstsein Kenntnis von einem weiten Land, das ihm bisher unbekannt war, wenn auch die Seele stets gleichzeitig die Räume des Diesseits und des Jenseits berührt, also in den Welten der zweiten Wirklichkeit sich selbst erkennt. Dies könnte ein Grund sein, warum viele Sterbende ihre Reise als Heimkehr schildern, als Verbindung des Bewusstseins mit einem schon immer vorhandenen Wissen von der Gegenwart unendlicher Räume.
Wenn die Seele also stets auch in diesen Landschaften lebt, zumindest im Grenzbereich, der das Wachbewusstsein von den Ebenen des Inneren Landes trennt, dann sind ihr die Bilder dieses Bereiches nicht wirklich fremd, wenn auch ungewohnt und deshalb von Staunen und Ehrfurcht begleitet. Es ist so, als ob das Bewusstsein an der Grenze des Todes Räume erreichte, die ihm in seiner Kindheit einmal vertraut waren und deren Erinnerung ausgelöscht schien. Jetzt aber, mit dem Betreten des alten Elternhauses, scheint die Erinnerung zurückzukehren, mit allen Einzelheiten eines gelebten Lebens, gleichzeitig begleitet von dem Staunen und der Ehrfurcht eines Kindes.

Solange das Bewusstsein nur in der Alltagswelt verweilt, selbst in den bizarren Welten der Träume, die ja auch die Berge und Täler des Inneren Landes berühren können, hat es keinen wirklichen Kontakt zu dem tieferen Wissen der Seele. Erst ein Wechsel im Bewusstsein oder ein veränderter Bewusstseinszustand, wie die Wissenschaftler sagen, gibt einen Blick auf Bereiche der Seele frei, in denen die Ahnung einer anderen Existenz als Gewissheit erscheint.
Die Schamanen aller Traditionen und Zeiten haben Wege gefunden, den verborgenen Eingang zu öffnen, ohne zu sterben. Die Nähe des physischen Todes aber öffnet das Tor sehr weit und lässt so auch Menschen eintreten, die bis zu diesem Moment nur eine – die alltägliche – Wirklichkeit für möglich gehalten hatten.

Intuitives Wissen

Als der Holländer Mick Broekhuijsen eines Morgens mit seinem Mofa vom Nachtdienst in einer Klinik nach Hause fuhr, erfasste ihn ein Lastwagen. Nach dem schweren Unfall lag er mit einem Schädel-Hirn-Trauma 22 Tage im Koma. Seine Todesnähe-Erfahrung zeigt uns manche Regionen, die wir bereits kennen gelernt haben, aus einem anderen Blickwinkel.

Ich kam in einen dunklen Tunnel, aber in der Ferne sah ich ein Licht. Als ich näher kam, nahm das Licht die Gestalt einer leuchtenden Kugel an. Ich schwebte drauf zu, und als ich durch die Kugel flog, waren da wunderbare Farben, ein sehr schönes Rosa, ein sehr schönes Blau, ein sehr schönes

Gelb, wie ein Nebel, in dem die Farben in ständiger, ruhiger Bewegung wechselten. Gleichzeitig hörte ich wunderschöne Musik. Nach einiger Zeit in diesem Spiel von Tönen und changierenden Farben erschienen plötzlich drei Gesichter, die immer deutlicher wurden, und dann nahm ich die Gestalten von drei Verstorbenen wahr, die ich gut gekannt hatte: mein Großvater, mein Schwiegervater und ein Freund. Sie sagten zu mir: »Komm hierher, es ist sehr schön hier.« Und sie führten mich durch wunderschöne Landschaften, in denen tiefe Ruhe herrschte.

Während der Reise durch diese Landschaften war die Lichtkugel immer in meiner Nähe. Plötzlich sah ich einen Baum mit ganz besonderen Blüten, in Rosa und Rot. Er erinnerte mich an einen japanischen Blütenbaum, ohne dass ich den Namen gewusst hätte. Ich war sehr fasziniert von diesem Baum.

Als wir weiterschwebten, kamen wir an einen Bach, und da sah ich plötzlich wie in einem Blitz mein ganzes bisheriges Leben, von meiner Geburt bis kurz vor dem Unfall. Das Erste, woran ich mich erinnerte, war der Moment der Entbindung. Die Hebamme sagte zu meiner Mutter: »Ach, der hat ja eine süße kleine Nase.«

Dann ging ich durch die Lichtkugel, und plötzlich bemerkte ich darin ein kleines, ungeborenes Kind in einer Fruchtblase, ein Mädchen. Ich wusste: Das ist meine Tochter, die zum Zeitpunkt meines Unfalls noch nicht geboren war.

Ich schwebte über den Bach, und als ich weitergehen wollte, hörte ich eine Stimme: »Du musst noch etwas zu Ende bringen.« Und im gleichen Augenblick zog es mich in eine Spirale, ich sah schwarze, gelbe und grüne Farbtöne, und ich fühlte so etwas wie eine Explosion. Das Bild verschwand, und ich wachte mit großen Schmerzen auf.[38]

Die Bilder dieses Berichts zeigen viele Motive, die an die Beschreibungen anderer Reisender erinnern. Die Landschaften ähneln sich, so als ob die Menschen in benachbarte Regionen eines großen Landes blickten. Die Beschreibung gibt auch genaue Hinweise, wie die Bilder der wechselnden Ebenen aufeinander folgten: keine plötzlichen Veränderungen der Szene, sondern ein sanftes Ineinandergleiten. Aus changierenden Farben verdichteten sich zunächst die Gesichter der Verstorbenen, dann ihre Körper, eine weiche Bewegung von der Dunkelheit über das Licht und die Farben bis zu konkreten Personen und greifbaren Landschaften. Das Licht nahm die Gestalt einer Kugel an, war deutlicher als in anderen Erfahrungen von Personen und Landschaften abgegrenzt. Auffallend ist die Farbigkeit der Szenen, die sich offensichtlich von der Alltagswirklichkeit abhob, überirdisch schön.
In diesem Land sieht der Reisende plötzlich das Bild des blühenden Baumes, ein Motiv, das wie eine Spiegelung des Erlebnisses in der Vision des Schamanen Black Elk erscheint. Der Baum als Urbild des Lebens, gesund und in voller Blüte. Wie der Schamane sucht auch der Rückkehrer von der Grenze des Todes später das Ebenbild dieses geheimnisvollen, Schönheit und Kraft ausstrahlenden Baumes in der Alltagswirklichkeit. Er hat das sichere Wissen, der Baum sei auf dem Gelände des Krankenhauses zu finden – so real war das Bild in seinem Erlebnis.
Irgendwann, auf einem Spaziergang durch das Gelände am Arm seiner Physiotherapeutin, entdeckt er den Baum tatsächlich im Innenhof eines Appartementhauses für die Krankenschwestern, eine tiefe Erfahrung der zweifachen Wirklichkeit. Der Baum in der Alltagsrealität entsprach genau dem Bild des Baumes in seiner Jenseitsreise – der Le-

bensbaum der Schamanen, die Achse der Welt, wieder entdeckt nach der Rückkehr aus dem Land des Todes an dem Ort, der ihn ins Leben zurückbrachte, im Krankenhaus. Für die Seele ist es ohne Bedeutung, ob der reale Baum und das Bild auf der Reise wirklich identisch sind. Sie nimmt die Erfahrung als mächtiges Bild der Heilung.

Dass sich Vergangenheit, Gegenwart und Zukunft in der Todesnähe-Erfahrung überlagern können, dafür gibt es in diesem Bericht mehrere Indizien. Die Erinnerung an die ersten Worte, die der Säugling hörte – die Worte der Hebamme –, wurde später von der Mutter des Reisenden bestätigt. Und auch das Wissen, Vater einer Tochter zu werden, entsprach der Wirklichkeit: Noch während der junge Mann im Koma lag, wurde seine Tochter geboren (die Familie hatte vorher nicht untersuchen lassen, ob das Kind ein Junge oder ein Mädchen sein würde).

In den Grenzgebieten des Todes scheinen sich die Barrieren der Zeit aufzulösen, dem Bewusstsein stehen plötzlich Informationen zur Verfügung, die im Wachzustand normalerweise nicht zugänglich sind. Es sind keine großen Dinge, die sich wie Beweisstücke der Unendlichkeit ins Diesseits transportieren ließen, keine unzweideutig verifizierbaren Fakten. Weder der Baum noch die Erinnerung an die ersten Worte, noch das Wissen um die Tochter sind Tatsachen, die nicht auch anders erklärt werden könnten. Für das Bewusstsein, das sich einige Minuten, vielleicht auch Stunden ausdehnte in ferne Räume, sind diese Synchronizitäten aber von tiefer Bedeutung. Sie schließen den Kreis und verbinden die Erfahrung mit der alltäglichen Wirklichkeit, in der sich viele Rückkehrer oft nur schwer wieder zurechtfinden. Denn neben den offenkundigen Entsprechungen innerer und äußerer Bilder erleben viele ihre Alltagswahrnehmung insgesamt verändert, manche auf Dauer, viele vorübergehend.

Mick Broekhuijsen hat seit seiner Todesnähe-Erfahrung ein intuitives Wissen über Vorkommnisse in der Vergangenheit ihm völlig fremder Menschen und über Ereignisse in der näheren Zukunft, wie ein Arzt bestätigte, mit dem er bisweilen zusammenarbeitet. Auch Dorothea Rau-Lembke entdeckte nach der Rückkehr von ihrer Reise eine neue Fähigkeit, die sie beunruhigte: Sie spürte, wenn im Krankenhaus, in dem sie lag, Menschen in schwere körperliche Krisen, also an den Rand des Todes gerieten. Die Krankenschwestern stellten fest, dass die Informationen der Patientin stimmten. Diese Fähigkeit ging nach einigen Tagen wieder verloren, ein Nachhall des veränderten Wissens um die Tiefe der Wirklichkeit, der noch einige Zeit im Raum schwingt wie der Schlussakkord eines Konzertes.

In der Literatur der Todesnähe-Forschung wird so häufig von ähnlichen Veränderungen berichtet, dass es nahe liegt, die neuen Fähigkeiten der Rückkehrer als eine keineswegs ungewöhnliche Begleiterscheinung dieser Erfahrung zu werten. Auch das erinnert an die Berichte der Schamanen, die nach ihrer Initiation plötzlich über neue Fähigkeiten verfügen, auch über ein tiefes Wissen um vergangene und zukünftige Ereignisse, ein Wissen, das einfach in ihrem Bewusstsein erscheint wie die Erinnerung an ein persönliches Erlebnis.

Manche Rückkehrer aus dem Grenzland des Todes berichten, wie sie diese neuen Fähigkeiten schon während ihrer Reise spürten, vor allem aber, während sie in einem Zwischenbereich von Alltagswelt und jenseitigen Landschaften verweilten. In diesem Zustand der Offenheit, gleichsam des Schwebens in der Nähe der Grenze des Inneren Landes, beschäftigte sich ihr Geist mit Experimenten, die diese neuen Wege des Wissens erkundeten, eine Forschungsreise in der Weite der eigenen Seele.

Die veränderte Zeit

Ein französischer Wissenschaftler geriet 1976 durch eine schwere Vergiftung in Todesnähe. Zunächst erlebte er Szenen seines vergangenen Lebens als schmerzhafte Erinnerung, vor allem Bilder aus der Zeit des Zweiten Weltkrieges. Dann veränderte sich die Wahrnehmung, und eine Reise des Geistes begann, in der sich Vergangenheit, Gegenwart und Zukunft überlagerten und die sein hellwacher rationaler Verstand als Beobachter registrierte. Während das Bewusstsein sich in den wechselnden Dimensionen der Zeit bewegte, sah er aus einem anderen Blickwinkel diesem Erlebnis zu wie ein Forscher im Laborexperiment:

Auch wenn ich meine Augen nicht mehr öffnen konnte, kommunizierte ich frei mit der Vergangenheit, der Gegenwart und der Zukunft, und das mit Klarheit und vollständiger Gleichgültigkeit. Ich sah alle Arten von Dingen, von Erinnerungen. Das ist der Anfang des Geheimnisses.
Die Gedankenbilder folgten in viel größerer Geschwindigkeit aufeinander als in den Träumen, und es fehlte kein Detail. Ich sah zur gleichen Zeit, was im Moment auf meinem Grundstück geschah, und alle Ereignisse, die sich früher dort abgespielt haben: Ernten, Katastrophen, Menschen, die ich dort getroffen habe, meine Kinder in verschiedenen Altersstufen.[39]

Der Sterbende nahm in klaren Farben Szenen wahr, die sich im und vor dem Haus abspielten, selbst die Gedanken seiner Frau, wie sie später bestätigte. Er beobachtete die Ankunft seines Sohnes, hörte dem Gespräch zwischen ihm und seiner kleinen Tochter zu. Dann begannen die Gedanken der Lebenden unscharf zu werden, sie verloren sich in der Ferne. Der Reisende trat ein in eine »fremde, unbekannte Welt«, befreit von der Schwere seines Körpers, und im Licht machte er die Erfahrung der Zeitlosigkeit und der Unendlichkeit. Dann erschienen auch ihm Menschen, die er früher gekannt hatte und die schon lange verstorben waren, und er sprach eine lange Zeit mit ihnen.

Die Erfahrung des französischen Wissenschaftlers, analytisch vorgetragen wie in einem Forschungsprotokoll, gibt einen genauen Einblick in die Bewegung des reisenden Bewusstseins. Einerseits wird die Erfahrung nicht gesteuert, sie geschieht einfach, andererseits lassen sich offenbar einzelne Wahrnehmungen durch Konzentration hervorheben und verstärken.

Der Geist beginnt zu wandern, und indem er sich auf einzelne Szenen fokussiert, werden sie deutlicher und detailreicher wahrnehmbar.

Im Schamanismus, wenn der Heiler die Ursache einer Krankheit erforscht oder auf die Suche nach wandernden Teilen der Seele seines Patienten geht, behält ein Teil des Ich die Führung. Die Reise folgt einem vorher festgelegten Ziel, und dieses Ziel ist wie der Leitstrahl im unendlichen Wegenetz der anderen Wirklichkeit.

In der Nähe des Todes, wenn die Realität fremder Welten ohne Vorwarnung in das Bewusstsein einbricht, steht das Ich unter Schock und verliert seine Führungskraft. Das

Selbst scheint jetzt die Steuerung zu übernehmen und das Bewusstsein dorthin zu führen, wo es am meisten über sich und die Welt erfährt. Dies könnte ein wichtiger Grund sein, warum sich bei aller Ähnlichkeit der Erfahrung die Ebenen unterscheiden, die Menschen in der Nähe des Todes erreichen.

Betrachten wir noch ein weiteres Beispiel einer Jenseitsreise, die manche Ähnlichkeiten und einige neue Erkenntnisse über das Licht enthält, von dem schon so viel die Rede war. Es ist der Bericht der Amerikanerin Pam Reynolds, die während einer schweren Gehirnoperation in die Nähe des Todes geriet. Auf den Beginn dieser Erfahrung und ihre besondere Wahrnehmung der Wirklichkeit im Operationssaal kommen wir später ausführlich zu sprechen. Hier geht es um den Höhepunkt der Reise und um die besonderen Umstände der Rückkehr.

Ich begann plötzlich eine Gegenwart zu spüren, und als ich mich umblickte, sah ich einen wirklich winzigen Lichtpunkt, der schien sehr weit entfernt. Als ich mich dem Licht näherte, hörte ich meine Großmutter rufen, und ich ging sofort zu ihr. Sie hielt mich sehr nah bei sich. Und je näher ich an das Licht kam, umso mehr Leute begann ich zu sehen und erkannte sie. Ich war beeindruckt von der Tatsache, dass diese Leute fabelhaft aussahen.
Meine Großmutter sah nicht so aus, wie ich sie aus ihrem höheren Alter in Erinnerung hatte – sie war einfach wunderschön. Jeder sah jung und gesund und stark aus. Am ehesten könnte ich es so sagen: Sie waren Licht, sie sahen aus, als ob sie von Licht umgeben waren, als ob sie aus Licht gemacht wären.

Es wurde mir nicht erlaubt, sehr weit zu wandern. Sie ließen mich nicht von sich weg. Ich wollte mehr über die Musik wissen, die ich hörte, über das Geräusch eines Wasserfalls, über das Zwitschern der Vögel, aber sie hielten mich ganz nahe bei sich, und ich durfte nicht weiter.
Es wurde mir mitgeteilt – das ist die beste Art, wie ich es ausdrücken kann, denn sie sprachen nicht, wie wir miteinander sprechen: wenn sie es nur dachten, hörte ich es schon. Sie wollten mich also nicht in das Licht gehen lassen und sagten, das sei zu weit entfernt, sie würden nicht mehr in der Lage sein, dieses Ich, das hier war, mit dem physischen Ich zu verbinden, das auf dem Operationstisch lag.
Mein Onkel brachte mich zurück hinunter durch den Tunnel, und während der ganzen Reise war ich darauf eingestellt, in den Körper zurückzugehen, ich hatte keine Probleme mit dieser Vorstellung, ich wollte zu meiner Familie zurückkehren. Dann kam ich zum Körper, und ich sah ihn da liegen. Offen gesagt, er sah aus, wie er war: tot. Und ich wollte nicht mehr hinein. Mein Onkel forderte mich auf, es zu tun, es sei wie der Sprung in einen Swimmingpool. Aber ich wollte es nicht. Da gab er mir eine Art Stoß – wie man eben jemanden in einen Swimmingpool stößt. Und als ich den Körper erreichte, war das, als ob ich in eine Wanne von Eiswasser fiel.[40]

In diesem Erlebnis wird das Licht von den Begleitern in den Landschaften des Jenseits mit dem Punkt ohne Wiederkehr gleichgesetzt, vergleichbar dem inneren Wissen der Schülerin in unserem früheren Beispiel. Die Begleiter verhalten sich wie die Schutzgeister der Schamanen, die den Reisenden vor den Gefahren der unbekannten Welten bewahren, wenn er allein Gefahr läuft, sich in der Weite des Inneren Landes zu verirren.

Das Licht ist der Punkt der Sehnsucht, aber es ist auch in den Geistern der Verstorbenen gegenwärtig: Sie scheinen wie aus Licht gemacht, und sie sind jugendlich und voller Kraft.

Auch diese Bilder erinnern an die Visionen von Black Elk, der von leuchtenden Wesen spricht und ihre Jugendlichkeit und Stärke bewundert. Die Vision des Schamanen aber war kein »klassisches« Todesnähe-Erlebnis, wenn man den Quellen glauben darf, sondern eine Tranceerfahrung nach langem, rhythmischem Tanz im Klang der Trommel. Ein Indiz dafür, dass auch andere Wege in die fernen Regionen des Inneren Landes, in das Grenzgebiet des Todes führen können – in dasselbe Land, das die Rückkehrer unserer Tage offenbar betreten haben.

Der Bericht der Amerikanerin zeigt uns auch, auf welche Weise viele Menschen den Wechsel von den oberen und unteren Welten in die mittlere Welt des Alltags erleben: Nicht als Wechsel des Bewusstseins, sondern als Rückkehr in den Körper. Der Dualismus von Körper und Seele ist nicht nur eine alte philosophische Vorstellung, sondern eine Erfahrung des reisenden Bewusstseins. Die radikale Veränderung der Wahrnehmung ist oft mit dem Bild des Austritts aus dem Körper und später des Wiedereintritts verbunden – vielleicht ein Bild der Seele für das verwirrte rationale Ich, das bildhafte Erklärungen braucht, um Zustände jenseits der Alltagserfahrung begreifen zu können.

Das getrennte Bewusstsein

Die Erfahrung eines schwer verletzten Opfers, mit wachem Geist zu beobachten, was nach einem Unfall geschieht – vom Eintreffen des Rettungswagens bis zur Behandlung im Krankenhaus –, hat häufig eine Entsprechung in der Aussage von Zeugen, die das Ereignis im alltäglichen Bewusstseinszustand registrierten. Das ist von großer Bedeutung für die Frage, was der Charakter der Wirklichkeit sein könnte, in der wir leben, für die Frage also, ob es unterschiedliche Realitäten gibt, die womöglich gleichberechtigt nebeneinander existieren.

Dem Wachbewusstsein stellt sich die Wirklichkeit als Kontinuum sinnlich wahrnehmbarer Ereignisse dar, vom denkenden Ich registriert als endlose Folge von Bildern und Tönen, verbunden mit einem Geflecht oft widersprüchlicher, bisweilen aber auch in einem Punkt fokussierter Gefühle. Die äußeren Ereignisse werden von verschiedenen Beobachtern nahezu gleich wahrgenommen, wenn sich auch die damit verbundenen Gefühle oft stark unterscheiden. Im Gegensatz dazu werden Beobachtungen, die nur einer der Anwesenden macht, während alle anderen nichts erkennen, als Einbildung, Phantasie oder – mit klinischem Unterton – als Halluzination betrachtet.

Die außerkörperliche Erfahrung aber spielt sich ab, während der Patient für alle Anwesenden bewusstlos erscheint, in jedem Fall ohne Reaktion. Er selbst dagegen fühlt sich vollständig wach, anwesend im Raum oder inmitten der Unfallszenerie, völlig ohne Schmerz und meist in ruhiger innerer Haltung.

Es ist so, als ob alles, was den Menschen ausmachte, sich vom Körper getrennt hätte, der jetzt wie eine leblose Hülle, wie eine Puppe erscheint. Der Bewusstseinszustand ist verändert, wenn auch das Gefühl für die Wirklichkeit der eigenen Persönlichkeit und die Ereignisse der Umgebung offenbar konstant bleibt. Das Ich mit allen Erinnerungen an die Vergangenheit und an zukünftige Ziele scheint zu existieren wie zuvor. Mit wachsendem Staunen realisiert das veränderte Bewusstsein die Ereignisse, versucht bisweilen einzugreifen, driftet manchmal ein wenig weg von der ursprünglichen Szene (und findet sich zum Beispiel in benachbarten Räumen), bleibt aber doch immer in der Nähe des Körpers, dem es sich bei aller Getrenntheit verbunden fühlt.

Für die Schamanen sind solche Erfahrungen nicht ungewöhnlich. Ihre Reisen in der mittleren Welt sind vielfach dokumentiert, ihre Wahrnehmungen von Ethnologen als der Alltagswirklichkeit entsprechend verifiziert. Aber die Berichte von den Reisen der alten Schamanen liegen weit zurück, sie bieten nur Indizien für die mögliche Fähigkeit zur außerkörperlichen Erfahrung, nicht mehr und nicht weniger.

Die Berichte der Rückkehrer von der Grenze des Todes dagegen erlauben uns einen Blick auf die Frage, ob sich die Wahrnehmungen eines vom Körper getrennten Bewusstseins vollständig oder wenigstens teilweise mit der Alltagswirklichkeit decken. Lassen sich die beobachteten Ereignisse nicht von Zeugen verifizieren, würde dies bedeuten, dass die Bilder der dreidimensionalen Realität nur Vorspiegelungen des Geistes sind, der in einem veränderten Bewusstseinszustand durch die Bibliothek der Erinnerungen wandelt.

Genau dies ist der Einwand mancher Wissenschaftler: Die Erinnerung an die letzten Bilder vor dem Wegdämmern des Wachbewusstseins, sagen sie, nutze der Geist auf der Suche nach einer Erklärung für das Unfassbare als Baumaterial für ein glänzendes Gebäude der Illusion. Während das Gehör, das mit dem Hirnstamm in Verbindung steht, dem ältesten, tiefsten und auch in der Bewusstlosigkeit aktiven Teil des Gehirns, Gespräche wahrnehme und Geräusche registriere, forme ein anderer Bereich aus den Daten des Raumes und den Bildern früherer Orte eine dreidimensionale Simulation der Wirklichkeit.
Aber in diesen Bildern können nur Personen erscheinen, die schon auftraten, bevor die Bewusstlosigkeit einsetzte, auch sind Ortswechsel, vor allem an Orte, die dem Wachbewusstsein nicht bekannt waren, kaum denkbar. Wenn also das reisende Bewusstsein unbekannte Personen, Gegenstände oder Orte wahrnimmt, dann sind diese Bilder nur schwer als Erfindungen des kreativen Geistes zu erklären.
Die meisten Erlebnisse, von denen Menschen mit einer Todesnähe-Erfahrung berichten, bieten nur wenige Elemente, die eine Nachprüfung möglich machen. Es müssen besondere Ereignisse sein, Dinge, von denen der Patient nicht wissen konnte, auch nicht aus den Krankenhausserien im Fernsehen. Es müssen konkrete, ungewöhnliche Dinge sein, sonst sind sie für Zeugen kaum verifizierbar, weil sie sich selten genau an die konkrete Situation erinnern. Sie tun das, was sie immer tun. Wo genau sie zu einem bestimmten Zeitpunkt standen und wem sie sich zuwendeten, das bleibt ihnen selten im Gedächtnis.

Betrachten wir zunächst ein Beispiel, das uns einige Jahrzehnte zurückführt, in die Zeit unmittelbar nach dem Ende des Zweiten Weltkrieges. Natürlich gibt es hier keine Möglichkeit mehr, die Wahrnehmungen an der Erinnerung unabhängiger Zeugen zu messen. Aber die Erfahrung ist ungewöhnlich, weil sie von einem Mann berichtet wird, der sich niemals zuvor ernsthaft mit spirituellen Fragen beschäftigt und niemals von vergleichbaren Erlebnissen gehört hatte. In dieser Zeit gab es keinerlei Literatur über Todesnähe-Erfahrungen, und viele Jahrzehnte lang wagte der Mann auch nicht, über sein Erlebnis zu sprechen, obwohl es weit über eine außerkörperliche Erfahrung hinausging. Dr. Roger Büttner wurde später Arzt, weil er mit Menschen arbeiten wollte, und kein Physiker oder Chemiker, was er bis zu diesem Erlebnis eher erwogen hatte. Seine kritisch-wissenschaftliche Einstellung macht seinen Bericht zu einem besonderen Dokument. Er zeigt, wie das kritische, denkende Ich geradezu verzweifelt versucht, die völlig unerwartete Wahrnehmung zu interpretieren, wie es keineswegs angstfrei, aber dennoch in ruhiger, fast wissenschaftlicher Beobachtung die Situation auslotet und nach und nach den neuen Zustand akzeptiert.

Nach monatelangem Hungern in der Kriegsgefangenschaft wenige Monate nach dem Krieg lebten wir zuletzt in einer Baracke, dicht gedrängt.
Ich hatte gerade die Vorstellung eines vollen Topfes mit einem süßen Brei, da brach diese Phantasie plötzlich ab, ohne dass ich es wollte. Und auf einmal befand ich mich unter der Decke der Baracke und sah senkrecht unter mir meinen Körper und die beiden neben ihm liegenden Nachbarn. Diese Wahrnehmung schien mir völlig absurd, und sie passte nicht in mein Weltbild. Ich hatte eine rein naturwissenschaftliche Weltanschauung ohne jeden Gottesglau-

ben. Was ich sah, schien mir so absurd zu sein, dass ich zuerst dachte: Wahrscheinlich halluzinierst du jetzt, du hast wohl durch den Hunger Phantasien. Ich wollte diese absurde Erfahrung wegwischen.

Aber das Bild veränderte sich nicht und blieb die ganze Zeit bestehen, und ich sah immer wieder konstant meinen Körper und die beiden Nachbarn, die ich ja wieder erkannte. So hatte ich die Gewissheit, dass ich mich wirklich, auch gegen meine Überzeugung, außerhalb meines Körpers befand, dabei bewusst weiterlebte und mich gleichzeitig vital und kräftig fühlte. Die Situation war mir aber unheimlich und bedrohlich, weil ich nicht wusste, was daraus werden sollte. Werde ich im nächsten Augenblick vernichtet, werde ich vergehen in diesem Zustand, was wird aus mir?

Dieser anfänglich ruhige Zustand dauerte nur sehr kurz, und nach einer sehr plötzlichen bogenförmigen Bewegung, die ich sehr gut wahrnehmen konnte, gelangte ich in die Nähe der Eingangstür im oberen Teil der Baracke in eine Ecke, und da sah ich ein sehr schwach leuchtendes Licht, das aber auch sehr schnell wieder verschwand.

Im ersten Augenblick dachte ich wieder: Vielleicht ist das eine Halluzination, eine Sehstörung, es gab ja in der Baracke keine elektrische Installation, und es war auch tagsüber recht dunkel durch die kleinen Fenster. Und indem ich das dachte, spürte ich plötzlich ein Wohlwollen, das mich umgab, so dass ich wirklich die Gegenwart einer nicht sichtbaren Person spürte, die mir Wohlwollen entgegenbrachte und mit der es zu einer sehr eigenartigen unmittelbaren Kommunikation kam, die ich nicht sprachlich ausdrücken musste.

Zunächst erhielt ich die Mitteilung, dass ich wieder in mein menschliches Leben zurückkehren müsste, obwohl ich an meiner Todesgrenze stehe, da ich noch meine Lebensaufgabe zu erfüllen hätte. Dann brach diese Kommunikation ab, und es trat eine innere Ruhe und eine Stille und ein Frieden ein, den ich vorher noch niemals gespürt hatte. Und dann geschah etwas, das sich der sprachlichen Vermittlung vollständig entzieht und worauf unser Wort »Gott« verweist. Ich fühlte mich geborgen und getragen von einer allmächtigen, Leben spendenden Kraft, die mich auch in dieser außerkörperlichen Existenz erhält, trägt und vor der Vernichtung bewahrt. Dieser glücklichste Zustand meines Lebens dauerte nur sehr kurz, dann hatte ich die bildhafte Vision einer sehr schön ornamentierten undurchsichtigen Wand, und gleichzeitig erhielt ich dazu die Mitteilung, dass es sich um eine unsichtbare Grenze zwischen der diesseitigen und der jenseitigen Welt handelt, die erst beim endgültigen Tod überschritten wird. Dann erlosch mein Bewusstsein.[41]

Die transzendente Erfahrung, die den jungen Kriegsgefangenen verwandelte und auf einen ganz anderen Lebensweg brachte, als er ihn sich vorher ausgemalt hatte, entzieht sich einer Interpretation. Umso genauer sollten wir den Beginn des Erlebnisses betrachten und uns ansehen, was es über den Charakter der Wirklichkeit sagt.

Der Reisende behält sein kritisch-reflektierendes Ich vollständig bei und versucht, die ungewöhnlichen Gefühle einzuordnen, oder genauer: wegzuwischen, denn sie passen nicht in sein Weltbild. Es ist wenig wahrscheinlich, dass die Erfahrung nur bildhaft umsetzt, was der junge Mann ohnehin erwartete, dass unbewusste Wünsche diesen befreiten Zustand simulierten.

Immer wieder versucht das rationale Ich, die Bilder, die ins Bewusstsein drängen, als Halluzination, als krankhafte Reaktion des hungernden Körpers zu erklären. Aber dafür sind die beobachteten Bilder zu stabil, die Baracke mit den auf dem Boden liegenden Gefangenen zu genau wiedergegeben. Parallel zu der kühlen Beobachtung drängt sich Angst ins Bewusstsein, aber auch diese Angst wird nur registriert, deshalb überflutet sie den Geist nicht. So kann die reisende Seele in ein transzendentes Erlebnis gleiten, das den Charakter einer Initiation annimmt.

Noch haben wir keinen Beweis, mehr eine Ahnung: Der einfache Mechanismus einer Wunscherfüllung, die Projektion eines lange vorher gespeicherten Bildes, das dem verzweifelten Ich Trost spendet, ist nicht sehr wahrscheinlich. In einer existenziellen Situation, die den Körper vollständig auf das Gefühl des Hungers fokussiert, würden wir eher erwarten, dass sich die bildhafte Vorstellung eines »süßen Breies«, die der Kriegsgefangene vor seiner Todesnähe-Erfahrung hatte, zu einer Halluzination verdichtete. Aber dieses Bild, erzählt er, bricht plötzlich ab, und eine völlig unerwartete, zunächst sogar als unheimlich empfundene Erfahrung beginnt.
Der Bericht zeigt, wie das Bewusstsein oft die Wirklichkeit wahrnimmt, wenn es in einem veränderten Zustand schwingt: Es prüft die Realität, geführt vom rationalen Ich, und registriert in der sichtbaren Außenwelt keine Details, die es am Charakter der Wirklichkeit zweifeln lassen.

Innen und außen

Auch der nächste Zeuge hatte sein Todesnähe-Erlebnis in einer Zeit, in der die Öffentlichkeit nichts von der Existenz außerkörperlicher Erfahrungen wusste. Deshalb schwieg er lange darüber, aus Angst, in einer psychiatrischen Klinik eingesperrt zu werden. Er war Bürger der DDR, und alles begann damit, dass er eines Abends auf dem Weg nach Hause versehentlich in die Grenzanlagen geriet und von Soldaten angeschossen wurde.

Ich schwebte langsam, wie aus dem Körper heraus, in einer Spirale aufwärts und betrachtete die Szene von oben. Und ich sah die vier Soldaten und was sie gerade machten. Einer telefonierte an einem Telefonmast, zwei standen hinter mir und einer seitlich vor mir. Und ich konnte dann in die Umgebung schauen, die Grenzanlage anschauen, die Beleuchtungsanlagen, den ersten Zaun, den Sicherungszaun, den Grenzzaun und die ganze Umgebung. Ich habe Sonneberg von weitem gesehen und stieg dann langsam immer höher, in ein weißes Licht.[42]

Auch dieser Bericht ist heute nicht mehr nachprüfbar, aber es gibt ein Dokument, das bestätigt, wie der Schwerverletzte seine Erinnerung interpretierte, als er im Krankenhaus wieder zu Bewusstsein kam.
Er glaubte, in einem Hubschrauber geflogen zu sein, denn auch in seinem Weltbild war die Vorstellung, die Seele könne sich vom Körper lösen, nicht verankert. Ein Stasi-Mann, der ihn im Krankenhaus verhörte, vermerkt ein wenig ungehalten im Protokoll, der Verletzte habe behauptet, mit einem Hubschrauber ins Krankenhaus gebracht worden zu sein. Er habe ihm aber mitgeteilt, dies sei nicht richtig, er sei im Krankenwagen transportiert worden.

Die Reise des Holländers Mick Broekhuijsen in die Region jenseits der Lichtkugel haben wir schon ausführlich betrachtet. Jetzt sollten wir uns ansehen, wie dieses Erlebnis begann. Denn hier gibt es einige Begebenheiten, die sich vielleicht von Zeugen bestätigen lassen. Mick Broekhuijsen berichtet, wie sein Bewusstsein nach dem schweren Unfall erwachte:

Das Erste, an das ich mich erinnere, ist, dass ich da unten auf dem Boden lag. Ich schwebte etwa vier Meter über meinem Körper und erschrak: Das da unten bin ja ich. Da stand eine Frau, und ein Mann in grauer Hose und blauer Jacke war dabei, mir den Helm vom Kopf zu ziehen. Dann kam ein Rettungswagen angefahren, und da stiegen zwei Jungs aus, die ich kurz zuvor schon gesehen hatte, in dem Krankenhaus, in dem ich damals als Nachtpförtner arbeitete.
Als sie mit mir losfuhren, blieb ich die ganze Zeit in der Nähe, ich schwebte ungefähr zwei Meter über dem Krankenwagen und sah mich im Auto liegen, als ob das Dach durchsichtig wäre.
Im Krankenhaus legten sie mich auf einen Tisch zum Röntgen. Eine Schwester versuchte, mir die Kontaktlinsen herauszunehmen. Ich sagte ihr immer wieder: So geht das nicht, du machst das falsch. Aber sie hörte nicht auf mich, und die Kontaktlinsen gingen kaputt.[43]

Es dauerte mehrere Monate, bis der junge Mann Krankenhaus und Reha-Klinik wieder verlassen konnte. Die Fahrer des Krankenwagens hatten seine Beobachtungen bestätigt, auch die Situation in der Röntgenabteilung war offenbar richtig wiedergegeben. Wie der Unfall geschehen war, das hatte kein Zeuge beobachtet. Aber noch Jahre später erinnert sich eine Anwohnerin, die als Erste an die Unfallstelle kam, an jedes Detail. Sie berichtet, der junge Mann habe bewusstlos am Boden gelegen, mit geschlossenen Augen. Dann sei ein Mann gekommen und habe versucht, ihm den Helm abzunehmen. Sie war darüber beunruhigt, denn es sei ja bekannt, dass man Schwerverletzte nicht unnötig bewegen sollte, solange man nicht wisse, was geschehen sei. Dann sei die Ambulanz gekommen und habe den jungen Mann mitgenommen.

Mit geschlossenen Augen nahm der bewusstlose Broekhuijsen Personen und ihre Handlungen wahr, registrierte genau, was geschah. Kann es sein, dass seine Sinne vielleicht nicht vollständig ausgeschaltet waren? Er könnte die Berührungen noch gespürt, könnte Dialoge verstanden haben, tief im Gehirn, unterhalb der Schwelle jenes Bereichs seines Bewusstseins, der diese Informationen zuordnet. Und die Reste seines Ichs hätten dann aus der Bibliothek der Erinnerungen den Blick von oben rekonstruiert. Das ist möglich, aber nicht wahrscheinlich. Denn Mick Broekhuijsen hatte zu diesem Zeitpunkt ein schweres Schädel-Hirn-Trauma und lag im Koma, aus dem er erst nach 22 Tagen wieder erwachte. Von Koma-Patienten wissen wir, dass sie bisweilen zwar Dialoge verstehen können; aber sie setzen diese Informationen nicht in Bilder um, die an eine außerkörperliche Erfahrung erinnern.

Vielleicht aber haben wir nur noch nicht die Fähigkeiten des Gehirns ausreichend verstanden, könnten wir einwenden. Wäre es nicht denkbar, dass in einer lebensbedrohlichen körperlichen Krise das Gehirn zu Leistungen in der Lage ist, von denen wir sonst nicht einmal zu träumen wagen? Zu einer Folge präziser Wahrnehmungen, die mit der Wirklichkeit übereinstimmen, soweit wir das nachprüfen können, mit konstanten Bildern, aus ungewöhnlicher Perspektive registriert? Oder ist die komplexe Erfahrung vielleicht nur ein – wenn auch als Realität erlebter – Traum, sind alle verifizierbaren Beobachtungen nur Zufälle, weil sich die Situation an einem Unfallort und das Verhalten der Retter und der Krankenschwestern immer ähneln und der träumende Rest des sterbenden Bewusstseins die Abläufe deshalb leicht imaginieren kann?

Tatsächlich tauchen in den Bildern, die das schwebende Bewusstsein wahrnimmt, bisweilen Elemente auf, die in der Realität des Alltags keine Entsprechung haben. So blickte ein junger Mann nach einem schweren Autounfall von oben in den Rettungswagen, in dem sein lebloser Körper behandelt wurde. Er wunderte sich nicht über diese Wahrnehmung und empfand sie als völlig normal, so wie wir auch im Traum bizarre Erlebnisse nicht in Frage stellen. Das Bild erschien verzerrt, wie mit einem starken Weitwinkelobjektiv aufgenommen. Im Rettungswagen war sehr viel Platz, viel mehr als in Wirklichkeit, auch gab es ein Seitenfenster, das in der Realität nicht vorhanden war. Durch dieses Seitenfenster nahm er später die Häuser an der Straße wahr, in einer ihm völlig unbekannten Gegend der Stadt.

Tage später, nach dem Erwachen in der Klinik, schilderte der junge Mann dem Notarzt detailliert den Ablauf der Behandlung: Er erinnerte sich an ein Schubladenelement mit Instrumenten und an eine besondere Spritze, die der Assistent unter der Trage dem Arzt angereicht hatte, zuerst falsch, was der Arzt kritisierte. Der junge Mann konnte auch den Wortlaut dieses Dialogs wiedergeben und löste bei seinem Besucher am Krankenbett große Verwunderung aus. All das, was er schildere, könne er gar nicht gesehen haben, denn es habe außerhalb seines Blickfeldes stattgefunden, und außerdem sei er doch vollständig bewusstlos gewesen.

Aber nicht nur diese Beobachtungen entsprachen der Wirklichkeit - auch ein besonderes Haus, das der Patient während der Fahrt gesehen hatte, fand er später in der Alltagswirklichkeit wieder - genau an der Straße, durch die der Rettungswagen gefahren war.[44]
Dieses Detail ist besonders interessant, denn das Bewusstsein projizierte ein Fenster in die Seitenwand des Krankenwagens, ein Element, das es ja in Wirklichkeit nicht gab, das die Beobachtung des Hauses aber erst logisch erscheinen ließ. Veränderungen der Realität sagen also offenbar nichts über den Wirklichkeitscharakter der Wahrnehmungen insgesamt aus. Es ist eher so, als ob es dem Bewusstsein leichter fiele, außergewöhnliche Wahrnehmungen zu akzeptieren, wenn sie logisch und selbstverständlich erscheinen.
Vieles spricht dafür, dass diese besondere Reise in einen Grenzbereich führt, wo Innen und Außen keine Gegensätze mehr sind. Weil der völlige Zusammenbruch der Sinneswahrnehmung das Bewusstsein von der alltäglichen Welt trennt, öffnet sich plötzlich das Tor zu einer anderen Wahrnehmung, die der Seele entspricht. Vielleicht leben in diesem Bereich unterschiedliche Realitäten nebeneinander, die Wirklichkeit des Wachbewusstseins und die unendlichen Landschaften der anderen Welt.

Das schweigende Gehirn

Wenn Menschen in einer Todesnähe-Erfahrung das Gefühl haben, ihren Körper zu verlassen, was geschieht in diesem Augenblick im Gehirn? In Notfallsituationen tun die Helfer alles, um den Menschen am Leben zu erhalten.

Sie haben keine Zeit, die Elektroden für ein Elektroenzephalogramm anzulegen, das Aufschluss über diese Frage geben könnte. Wir können nur Rückschlüsse ziehen und annehmen, dass einige Minuten nach einem Herzstillstand die Hirnströme nachlassen und sich das Gehirn dem Tod nähert. Aber es gibt eine Patientin, von der alle Daten minutengenau vorliegen, auch die Messungen der Hirnströme. Es ist die Amerikanerin Pam Reynolds, deren Erlebnis an der Grenze des Todes wir schon betrachtet haben. Bevor wir uns ansehen, wie es begann, werfen wir einen Blick auf die besonderen Umstände der Operation. Sie zeigen, dass Pam Reynolds nach den Kriterien der modernen Medizin eigentlich tot war – für mehr als eine halbe Stunde. Und dieser Zustand war von den Ärzten beabsichtigt, ja sogar die Voraussetzung für das Gelingen einer schwierigen und zu diesem Zeitpunkt, im Jahr 1991, kaum erprobten Operation.

Pam Reynolds litt an einem Aneurisma, der Fehlbildung einer Arterie im Gehirn. Die Arterie hatte sich bereits so weit ausgedehnt, dass sie auf bestimmte Areale des Hirngewebes drückte und die Patientin unter schwerwiegenden Ausfällen zu leiden hatte. Eine Gehirnoperation war der einzige Weg, der Rettung versprach, aber die Bedingungen dafür waren nicht einfach.

Mindestens eine halbe Stunde lang durfte kein Blut im Körper zirkulieren, und das Gehirn musste vollständig ohne Blut sein. Nur dann würde dem Operationsteam ausreichend Zeit für den Eingriff bleiben. 30 Minuten sind eine lange Zeit, denn schon nach 8 Minuten beginnen die Gehirnzellen abzusterben, eine Rückkehr ins Leben ist kurze Zeit später nicht mehr möglich. Aber das Operationsteam in Phoenix/Arizona hatte eine Methode entwickelt,

die den Zeitpunkt der Zerstörung hinauszögerte: Der Körper musste in den Kälteschlaf – auf 15,5 Grad.
Um dies zu erreichen, wurde das Blut aus dem Körper geleitet und über ein Aggregat gekühlt. Von Anfang an überwachten die Ärzte die elektrische Hirnaktivität, auch das, was im Hirnstamm geschah. Denn der Hirnstamm, zuständig auch für die Wahrnehmung von Tönen, ist jener Bereich, der zuletzt abschaltet. Erst wenn der Hirnstamm keine messbaren Signale mehr sendet, ist Wahrnehmung im physischen Sinne vollständig ausgeschlossen.
Die Messung der Hirnstamm-Aktivität ist schwierig. Oberflächliche Elektroden können sie nicht erfassen. Das Operationsteam in Phoenix setzte deshalb zwei kleine Lautsprecher ins Ohr der Patientin, die eine dauernde Folge von klickenden Geräuschen übertrugen. Jeder Ton ergab einen Ausschlag auf dem Messgerät.
Zwei Stunden nach Einleitung der Narkose begann die erste Phase der Operation. Noch war die Körpertemperatur normal, das Blut noch nicht abgeleitet. Der Chirurg schaltete die Knochensäge ein und öffnete den Schädel. Genau in diesem Moment erwachte das Bewusstsein von Pam Reynolds, und sie nahm sich außerhalb des Körpers wahr.

Ich hörte einen Ton, sehr mechanisch. Er erinnerte mich irgendwie an einen Zahnarztbohrer. Der Ton zog mich, und schließlich schwebte ich oben aus meinem Kopf.
Je weiter ich mich vom Körper entfernte, umso deutlicher wurde der Ton. Und in diesem Zustand hatte ich eine extrem klare Sicht. Ich erinnere mich, dass ich verschiedene Dinge und viele Leute im Operationssaal wahrnahm. Ich war mir so bewusst wie nie zuvor in meinem Leben, und es war nicht wie normales Sehen. Es war heller, konzentrier-

ter und klarer. Ich dachte, dass sie mein Haar sehr eigentümlich rasiert hatten. Ich hatte erwartet, dass sie alles abschneiden würden, aber so war es nicht.
Dann nahm ich wahr, dass mein Arzt ein Instrument in der Hand hatte, die Knochensäge. Die machte dieses unangenehme Geräusch. Sie sah aus wie eine elektrische Zahnbürste. Und oben war ein Platz, da wurde die Schneide eingesetzt. Ich blickte nach unten und sah einen Kasten, darin lagen die verschiedenen Schneiden. Der Kasten erinnerte mich an den Werkzeugkasten meines Vaters, den er hatte, als ich noch ein Kind war. Er bewahrte die Einsätze für seine Ratsche darin auf.[45]

Das Operationsprotokoll vermerkt jeden Schritt dieses schwierigen und lebensgefährlichen Eingriffs, und wir können die Beobachtungen der Patientin mit den Aufzeichnungen der Ärzte vergleichen. Alle Erinnerungen stimmen mit der Realität überein, und ganz besonders waren die Ärzte später über die Beschreibung der ungewöhnlichen Knochensäge erstaunt. Das Instrument ist nur so wenigen Spezialisten bekannt, dass der Kardiologe und Todesnähe-Forscher Michael Sabom, als er von Pam Reynolds' Bericht hörte, den Fall als unglaubwürdig zu den Akten legen wollte. Eine Knochensäge, die an eine elektrische Zahnbürste erinnert? Ein Behälter für die Sägeblätter, der aussieht wie ein Kasten für die Einsätze einer Ratsche? Michael Sabom hatte in seiner klinischen Praxis nie von solchen Instrumenten gehört oder gelesen. Erst als er Fotos der Knochensäge und des Zubehörs sah, nahm er die Geschichte der Patientin ernst.
Tatsächlich erinnert die Säge mit ihrem dicken Griff und einem rechteckigen Aufsatz, in den die Schneiden einge-

setzt werden, in ihrer Silhouette an eine elektrische Zahnbürste, und der Kasten mit dem Zubehör hat genau die Größe und Form und die mit Vertiefungen für die Sägeblätter versehenen Einsätze wie herkömmliche Ratschenkästen aus dem Baumarkt. Eine verblüffend genaue Beschreibung, die nicht aus der Erinnerung der Patientin stammen konnte – zu neu waren die Instrumente, zu neu die Operationstechnik, um schon in Fernsehdokumentationen oder einer der vielen Krankenhaus-Serien gezeigt worden zu sein.

Die Grenzerfahrung der Patientin war noch nicht zu Ende, denn jetzt begann nach dem Protokoll die entscheidende Phase der Operation: Das Blut sollte aus der Vene und der Arterie des rechten Oberschenkels in das Kühlaggregat geleitet werden. Aber es gab unerwartete Schwierigkeiten. Pam Reynolds berichtet:

Ungefähr in der Zeit, als ich die Knochensäge wahrnahm, hörte ich eine weibliche Stimme. Und ich glaube, das war die Stimme meiner Kardiologin. Und die Stimme sagte, meine Venen und Arterien seien zu eng, um das Blut auszuleiten. Und mein Chirurg sagte ihr, sie solle beide Seiten benutzen.[46]

Im Operationsprotokoll ist dieser Dialog ausdrücklich vermerkt. Könnte Pam Reynolds die Worte noch verstanden haben, so wie bisweilen Menschen während Operationen einzelne Sätze der Ärzte hören? Die besondere Technik der Hirn-Aktivitäts-Messung schließt das aus. Denn in den Ohren der Patientin steckten die beiden erwähnten Lautsprecher und füllten das Gehör mit den klickenden Tönen. Ausgeschlossen, dass Pam Reynolds gleichzeitig einen speziel-

len Dialog hätte wahrnehmen und auch noch in ihrem Bewusstsein verarbeiten können.
Zur gleichen Zeit hatte der Chirurg bereits den Schädel geöffnet und legte das Gehirn frei, um das Aneurisma zu präparieren. Ein Operationssaal voller Geräusche, der Ton der Säge, das Pumpen der Herz-Lungen-Maschine, die Signale der Überwachungsmonitore, die kurzen Kommentare der Ärzte. Ein Geräuschteppich, überlagert von den Messtönen im Ohr der Patientin. Eine akustische Wahrnehmung auf herkömmlichem Weg scheint tatsächlich nicht möglich. Aber dennoch erinnert sich Pam Reynolds klar und deutlich auch an diese Phase der Operation, in der das Gehirn allerdings noch nicht vollständig ruhig gestellt war, wie die Hirnstromkurven zeigten.
Ist dies der medizinische Beweis für die Fähigkeit des Bewusstseins, sich kurzzeitig von der normalen Sinneswahrnehmung zu trennen? Auf welche Weise sieht und hört die reisende Seele dann, was in der Umgebung des Körpers geschieht?
Ist diese Fähigkeit an die besondere Situation in der Nähe des Todes gebunden oder machen Schamanen auf ihren Reisen in der mittleren Welt ähnliche Erfahrungen? Ob die Klarheit und Präzision der Wahrnehmung identisch ist, kann niemand entscheiden, denn jede dieser Reisen ist ein persönliches Erlebnis, und wir haben nur über die Vermittlung der Sprache daran teil. Sobald sich eine Erfahrung in Worten ausdrückt, verliert sie die Unschuld der unmittelbaren Wahrheit, denn jetzt sehen wir das Erlebnis in unseren eigenen Bildern, von den Worten der Erzählung zum Klingen gebracht. Ist das, was jetzt vor unserem inneren Auge entsteht, ein Abbild dessen, was der Erzähler erlebte, oder nur ein Zerrbild, nur unsere Interpretation? Dieses

Problem der Kommunikation müssen wir bedenken, wenn wir die Berichte von Menschen aus unterschiedlichen Kulturen und Zeiten vergleichen. Aber Annäherungen sind möglich, Vergleiche zulässig.

Wenn Schamanen und Reisende in der Nähe des Todes die Klarheit der Wahrnehmung beschreiben, das Leuchten der Bewohner jenseitiger Welten, auch das Gefühl, zu schweben und von oben eine Szene der Alltagswirklichkeit zu betrachten, dann sprechen sie offenbar von ähnlichen Erfahrungen. Der Zustand des Schwebens ist zu ungewöhnlich, als dass er von missverständlichen Worten verfälscht werden könnte. Auch das strahlende Licht und die extreme Klarheit der Wahrnehmung, die sich von der Alltagserfahrung offenbar so deutlich unterscheidet, ist nur im Grad der Intensität von der Interpretation des Zuhörers abhängig. So scheinen die Berichte von der Erfahrung außerhalb des Körpers einen besonderen, allen Menschen gemeinsamen Bereich der Seele zu beschreiben, den Moment, in dem sich Innen und Außen zu einer neuen Sicht der Wirklichkeit verbinden.

Die Geschichte der Amerikanerin ist noch nicht zu Ende. Wir haben die Fortsetzung zwar schon gehört, ihre Reise in das Licht, die Begegnung mit der Großmutter, der Flug durch jenseitige Landschaften. Aber jetzt sollten wir uns ansehen, was das Operationsprotokoll für diesen Zeitpunkt ihrer Reise vermerkt, in dem sie den Aufstieg in die ferneren Welten der nichtalltäglichen Wirklichkeit erlebte.

Vier Stunden sind inzwischen vergangen, seit die Narkose eingeleitet wurde. Längst ist das Blut ausgeleitet und wird gekühlt in den Körper zurückgepumpt. Die Temperatur sinkt. Bei 20 Grad setzt der Herzschlag aus, und nach und

nach erreicht die Temperatur den tiefsten Punkt, 15,5 Grad. Jetzt hat das Operationsteam eine halbe Stunde Zeit für den lebensrettenden Eingriff. Das Blut wird aus dem Kopf geleitet. Die Hirnstromkurven gehen auf null – auch der Hirnstamm sendet keine Signale mehr. Das Gehirn ist vollständig abgeschaltet.
Ist dies der Moment, in dem die Patientin ihre Reise fortsetzt? Dieser Teil ihres Berichts folgt an letzter Stelle, und da der Verlauf der Erzählung genau dem Ablauf des Operationsprotokolls entspricht, können wir kaum an der Reihenfolge zweifeln. Erreichte sie also die jenseitigen Welten, ohne dass ihr Gehirn aktiv war? Ist die Seele tatsächlich unabhängig vom Körper lebensfähig?

Der Ort des Jenseits

Der Fall Pam Reynolds zeigt, dass materialistische Erklärungen, die dem kritischen Verstand so nahe liegen, nicht immer greifen. Der Kardiologe Michael Sabom, einer der Gründer der IANDS, der Internationalen Assoziation für Nahtodes-Forschung, hebt die Bedeutung dieses genau protokollierten Erlebnisses hervor, das wie eine ungewöhnliche Versuchsanordnung anmutet, die alle denkbaren Einwände des Wachbewusstseins in die Schranken verweist:

Wir haben hier die medizinische Beobachtung und Messung genau in der Zeit, in der ein Todesnähe-Erlebnis stattfindet. Das ist eines der ersten Male, dass so etwas überhaupt geschah. Wir können nun hingehen und nachsehen: Wie war die Gehirnwellenaktivität, das EEG zu dieser Zeit, wir können uns alle anderen Parameter ansehen, die von den

Abläufen im physischen Körper aufgezeichnet wurden genau zu der Zeit, von der wir wissen, dass das Todesnähe-Erlebnis geschah. Das erlaubt uns, Fragen zu beantworten wie: Wird das Erlebnis durch einen Zusammenbruch im Temporallappen ausgelöst oder durch eine bestimmte Art elektrischer Aktivität im Gehirn? Die Antwort ist: Nein. Denn die Gehirnwellen waren flach und der Hirnstamm war inaktiv genau in der Zeit, in der das Todesnähe-Erlebnis ablief.[47]

Dieser seltene Fall mit seinen ungewöhnlichen Details liefert viele Indizien für die Fähigkeit des Bewusstseins, die Welt jenseits der Sinneswahrnehmung zu erleben. In einer Grenzsituation, mehr dem Tode nah als dem Leben, wenn Mediziner eigentlich den Zusammenbruch aller Gehirnfunktionen erwarten, kann der Geist vollständig wach sein, anwesend im Raum, bereit zu einem Flug in die andere Welt.

In den Forschungsinstituten der Welt suchen Wissenschaftler seit Jahrzehnten nach einer Erklärung, diskutieren biologische und psychologische Modelle, fahnden in den Synapsen des Gehirns nach dem Ort, an dem sich das Jenseits versteckt. Aber die Erklärungsmodelle greifen noch immer zu kurz, auch der von vielen Forschern favorisierte Gedanke, im Temporallappen des Gehirns liege der Ursprung für die Visionen der Sterbenden.

Bei der medizinischen Behandlung von Epilepsiepatienten hatten Ärzteteams herausgefunden, dass die elektrische Reizung des Temporallappens im Gehirn Gefühle und Bilder auslösen kann, wie sie auch in einer Todesnähe-Erfahrung vorkommen: das Schweben über dem Körper zum Beispiel, oder realistische Ausschnitte aus der persönlichen

Lebensgeschichte. Aber ein zusammenhängendes Bild ergaben diese kurzen Episoden nicht. Erst in der dramatischen Situation des Sterbens scheinen sich Bilder und Gefühle zu einer vollständigen Vision zu verdichten.

Die holländische Forschungsgruppe Merkawah deckte auf, dass es keine physiologischen Faktoren gibt, die mit Sicherheit eine Todesnähe-Erfahrung auslösen. In einer klinischen Studie an zehn Krankenhäusern, 1989 begonnen, wurden alle 344 Patienten befragt, die nach einem Herzinfarkt wieder belebt werden konnten. 18 Prozent konnten sich an eine Reise in das Grenzland des Todes erinnern. Die Studie war die erste ihrer Art, die nicht zurückblickte, sondern Patienten vom Augenblick ihrer Erfahrung an begleitete, und deshalb konnten die Forscher direkt überprüfen, wie die medizinischen Daten aussahen. Tatsächlich gab es keine physiologischen Unterschiede zwischen der Gruppe der Patienten, die eine Todesnähe-Erfahrung hatten, und der Gruppe, die sich an kein Erlebnis erinnerte. Damit sind alle Modelle widerlegt, die einfache Faktoren wie etwa Sauerstoffmangel als medizinische Erklärung anbieten.

Es bleibt aber die Frage, was sich im Gehirn abspielt, wenn das Bewusstsein in die Landschaften der Seele eintritt, aus welchen physiologischen Gründen auch immer.[48]

Ein Modell vermutet körpereigene Halluzinogene als chemischen Auslöser der Jenseitsreise. So wie Endorphine bei Verletzungen den Schmerz wegnehmen und tiefe Ruhe und Gelassenheit hervorrufen, könnten in der Nähe des Todes, aber auch bei schamanischen Reisen im Rhythmus der Trommel, bewusstseinsverändernde Substanzen im Körper ausgeschüttet werden. Diese Theorie ist nicht bewiesen, würde aber erklären, warum Todesnähe-Erfahrungen und die bewusste Reise ins Innere Land sich so sehr ähneln, wenn sie sich auch in der Tiefe des Erlebnisses unterscheiden.

Ein anderes Modell bringt Nervenzellen des Gehirns ins Spiel, die so genannte NMDA-Rezeptoren für die Übertragung neuronaler Signale nutzen. Weil diese Rezeptoren sehr langsam arbeiten, sind sie in der Lage, den Zeittakt des Gehirns zu verändern und zahlreiche Informationen aus dem Gedächtnisspeicher zusammenzufassen – die Bilder des Lebensrückblicks zum Beispiel. In der Nähe des Todes, der dem Gehirn keinen Handlungsspielraum mehr lässt, könnten diese sonst im Hintergrund versteckten Prozesse ins Bewusstsein treten. Aber auch diese Theorie erklärt nur einen kleinen Ausschnitt der komplexen Visionen in der Nähe des Todes.[49]

Selbst wenn es den Wissenschaftlern gelingen sollte, ein plausibles Modell zu entwickeln, das die Farbigkeit der Reise mit der Chemie des Gehirns verknüpft, bliebe die Frage nach der Wirklichkeit unberührt. Denn solange wir leben, entsprechen unseren Wahrnehmungen, Träumen, Phantasien und Visionen stets Entladungen des Gehirns, »neurophysiologische Korrelate«, wie die Forscher das nennen. Damit sich Bewusstsein im Körper zeigt, ist dies notwendig. Aber was sagt dieses Faktum über die Wirklichkeit? Hass und Liebe, Glück und Verzweiflung, die Schönheit eines Sonnenuntergangs oder das ängstigende Bild eines explodierenden Vulkans – allen Gefühlen und Wahrnehmungen entsprechen messbare Spuren im Gehirn. Sind sie deshalb nur Illusion?

Michael Schröter-Kunhardt, Arzt mit Schwerpunkt Neurologie und Psychiatrie, sieht die Todesnähe-Erfahrung als Höchstleistung des Gehirns. Dass sich in einer physiologisch dramatischen Situation zusammenhängende Szenen entwickeln, die eine jenseitige Existenz zeigen, ebenso vollständige Erinnerungen an das vergangene Leben und sehr häufig verifizierbare außersinnliche Wahrnehmungen, macht für ihn diese Erfahrung zu einer »Simulation« des Lebens nach dem Tod, die den Sterbenden auf eine Realität jenseits der körperlichen Existenz vorbereiten soll.[50]

Die Berichte der Rückkehrer von der Grenze des Todes führen unser Denken an einen Wendepunkt, denn offenbar gewinnt die Erfahrung des reisenden Bewusstseins an Bedeutung, je mehr sie sich dem Punkt ohne Wiederkehr nähert. Die Geschichte der Amerikanerin Pam Reynolds legt die Möglichkeit nahe, dass bewusstes Erleben selbst jenseits eines funktionierenden Gehirns denkbar ist, so wie es die Überlieferungen der alten Kulturen der Welt schon immer berichten.

Im Raum der Leere

Das letzte Beispiel führt uns noch einmal in die Situation eines medizinischen Notfalls und wird uns dann zeigen, wie sich aus dem Gefühl, den Körper zu verlassen, eine ganz besondere Erfahrung des Inneren Landes entwickeln kann. Es ist die Geschichte der Holländerin Annemieke Spaink, die während eines medizinischen Arzneimitteltests in einer Klinik in Amsterdam in einen lebensgefährlichen Zustand geriet. Die Patientin ist körperbehindert und auf den Rollstuhl angewiesen. Ihre Krankheit führt dazu, dass sich die Muskulatur verkrampft und es ihr unmöglich ist, sich auszustrecken. Das neue Medikament, das sie testen sollte, löst eine Erschlaffung der Muskeln aus. Kurze Zeit nach der Injektion kam es zu einem Zwischenfall. Die Patientin fühlte sich so schwach, dass sie nicht mehr in der Lage war, die Klingel zu drücken, um das Personal zu alarmieren. Die Atmung setzte aus, und sie verlor das Bewusstsein.

Ich wachte auf, als mich zwei Krankenschwestern auf einem Bett durch den Gang schoben, und sah mich selbst dort liegen, vom Kopf bis zu den Füßen. Die Menschen um mich herum waren in Panik, ich fragte mich, warum, denn mit mir war doch alles in Ordnung. Dann verschwand das Bild.
Das Nächste, was ich sah, war eine Szene im Reanimationsraum. Mein Neurologe gab mir eine Lumbalpunktionsspritze. Das ist eine Spritze in den Rücken. Normalerweise sieht man das nicht, und es hat mich sehr erstaunt, dass ich das jetzt sehen konnte. Außerdem waren meine Beine gestreckt, darüber war ich sehr verwundert, denn das konnte ich schon viele Jahre nicht mehr.
Dann war der Anästhesist da, den ich schon kannte. Die anderen Menschen im Raum kannte ich nicht, sie waren alle blau angezogen, wie das im Operationssaal üblich ist, und ich habe genau gesehen, wie sie alles an meinem Körper angebracht haben, unter anderem eine Nadel direkt in die Schlagader, um den Blutdruck messen zu können. Der Anästhesist sagte: Das geht nicht gut, sie atmet nicht. Wir müssen intubieren, müssen sie künstlich beatmen. Und ich habe mich die ganze Zeit aufgeregt, dass die Ärzte und Pfleger nur auf meinen Körper achteten. Mich haben sie nicht gesehen. Ich habe probiert, ihnen etwas zu sagen, aber ich konnte sie nicht erreichen. Dann probierte ich, sie zu berühren, aber ich ging quer durch sie durch. Ich ver-

suchte, jemandem auf die Schulter zu klopfen, aber meine Hand sackte durch seine Schulter.[51]

Alle Beobachtungen der Patientin stimmten mit der Wirklichkeit überein. Der Anästhesist erinnerte sich noch viele Jahre später genau an die Situation und konnte die Beobachtungen bestätigen, auch den Wortlaut dessen, was er gesagt hatte. Zwar hielt er es für medizinisch denkbar, dass die Patientin trotz ihrer Muskellähmung und obwohl der Atem seit geraumer Zeit ausgesetzt hatte, noch hören konnte, aber wie es möglich war, dass sie so viele Details sehen und erinnern konnte, wusste er sich nicht zu erklären. Wie schon erwähnt, setzt das Bewusstsein akustische Wahrnehmungen in Komazuständen üblicherweise nicht in Bilder um, jedenfalls nicht in Bilder, die mit dem tatsächlichen Ablauf des Ereignisses übereinstimmen. Annemieke Spaink hatte ein klassisches außerkörperliches Erlebnis, aber jetzt änderte sich plötzlich die Szenerie.

Dann kam ein Geräusch, wie ein Brausen. Ein Geräusch wie von Wind, der die Blätter der Pappeln bewegt. Noch einmal tauchte ich kurz wieder auf und sah meinen Körper. Mittlerweile waren noch mehr Ärzte da. Dann begann das Brausen wieder, aber jetzt viel heftiger und viel eindringlicher. Jeder im Reanimationsraum verschwamm, auch ich, und ich kam in eine Dunkelheit. In ein Nichts, es war Leere. Aber es war keine Leere, die beängstigend auf mich wirkte. Ich habe es nicht als bedrohlich erfahren. Es war eine Art Gefühl von Zeitlosigkeit, in der es kein Ende mehr gab. Ein Raum, in dem ich nichts berühren konnte. Mein erstes Gefühl war Erstaunen. Dies hier ist leer, dies ist nichts, ich bin selbst körperlich auch nirgends, ich bin materiell nicht mehr da. Das Brausen wurde langsam leiser, und dann war es absolut still.[52]

Die Reisende erreichte eine ferne Region des Inneren Landes, die wir bisher noch nicht betrachtet haben: die Leere, die Schwärze, das Nichts. Sie fand sich in einem Zustand, vor dem sich die meisten Menschen fürchten, denn dieses Bild kommt der Vorstellung von der endgültigen Auslöschung sehr nah. Wie wir noch sehen werden, hat dieser Zustand viele Entsprechungen in den Erlebnissen der Mystiker und in der Beschreibung der Bardo-Zustände des tibetischen Buddhismus. Es ist ein fortgeschrittener Zustand, der dem Zentrum der Seele zu entsprechen scheint, wo inmitten der gewaltigen Bewegung des Bewusstseins, erhellt von den Blitzen der Imagination, völlige Ruhe herrscht und eine Leere, in der alles gleichzeitig zu existieren scheint.
Annemieke Spaink blieb in dieser Leere völlig ruhig, sie war ohne Angst, aber sie fühlte sich in diesem Zustand auch nicht aufgehoben. Vielleicht blieb sie deshalb nicht dort gefangen, sondern ihre Erfahrung setzte sich fort. Sie spürte nämlich, dass sie ein Ziel hatte, wo sie hingehen wollte, und mit diesem Gefühl geriet etwas in ihrem Bewusstsein in Bewegung. Und je weiter sie kam, umso deutlicher wurde ihr, dass es ein Licht war.
Als sie dieses Licht erkannte, entfalteten sich viele klassische Elemente der Todesnähe-Erfahrung: der Lebensrückblick, die Begegnung mit leuchtenden Begleitern, die Führung durch strahlende Landschaften. Am Ende traf sie, befragt von ihren Begleitern, selbst die Entscheidung zur Rückkehr, und ihr Bewusstsein wachte im Körper auf. Sie wurde künstlich beatmet und war auf dem Weg zur Intensivstation.

Die Leere ist ein Element, das viele Menschen ängstigt, wenn sie sich darin erleben. Aber auch die Erfahrung, Bewusstsein und Körper getrennt zu sehen, können einzelne Menschen bisweilen als bedrohlich empfinden. Im Gegensatz zu vielen anderen, die diesen Zustand als befreiend und beglückend erleben oder die ihre Angst mit der Zeit verlieren, spüren sie eine wachsende Panik.

Die völlig realistische Wahrnehmung, ohne eigenes Zutun und gegen den eigenen Willen aus dem Körper zu schweben, ist tatsächlich eine dramatische Erfahrung. Wie auf einer Eisfläche gleitet das denkende Bewusstsein aus der Sicherheit des körperlichen Umrisses und spürt sich vollständig getrennt, wenn auch in einem Gefühl der Zugehörigkeit verbunden. Es ist deshalb eher verwunderlich, dass nur relativ wenige Menschen diesen Zustand als unangenehm und ängstigend erleben, denn es gibt kaum ein Bild, das in der Geistesgeschichte der Menschheit mehr für den Begriff des Todes stünde.

Seit tausenden von Jahren ist die Trennung von Körper und Bewusstsein oder von Körper und Seele ein Archetypus des Übergangs und damit des Todes. Auch Menschen, die sich als Atheisten sehen und am Ende des Lebens den unmittelbaren Wechsel in die Schwärze der Bewusstlosigkeit erwarten, haben dieses alte Bild in ihrem Gedächtnis gespeichert. Vor allem für sie ist es ein Symbol der bevorstehenden Auslöschung und oft mit großen Ängsten verbunden.

Es ist deshalb wichtig, auch diese Landschaften der Seele oder besser: die Gefühle, die sich mit vielen der bisher als positiv geschilderten Bilder verbinden können, genauer anzusehen.

Begegnung mit der Angst

Ob wir die Erfahrungen im Grenzland des Todes als beglückend oder als ängstigend erleben, entscheidet sich nicht immer sofort. Oft empfinden Menschen positive Gefühle, wenn sie sich selbst im Operationssaal oder an der Unfallstelle wahrnehmen, sie können auch den dunklen Bereich durchqueren und dabei mit Staunen und Ehrfurcht, vielleicht auch mit der Neugier eines Forschers, das Licht in der Ferne sehen und erwartungsvoll beobachten, wie es größer wird oder wie sie selbst sich mit hoher Geschwindigkeit diesem Bereich nähern.

Manchmal aber, aus Gründen, die in der individuellen Geschichte des Einzelnen zu liegen scheinen, glimmt ein Funken existenzieller Angst, der von einem Augenblick auf den anderen das Feuer der Panik entfachen kann. In diesem Moment erlebt der Reisende die Bilder seiner Seele als bedrohlich, eine vielleicht überwältigende Erfahrung der Machtlosigkeit, das Gefühl, für immer verloren zu sein. Und in diesen Welten haben die Worte »für immer« tatsächlich den Klang der Ewigkeit. Denn die Weiten der nichtalltäglichen Wirklichkeit kennen nicht den linearen Ablauf der Zeit, und deshalb haben sie weder Anfang noch Ende.

Für manche Reisende ist dies der Moment, in dem alte Vorstellungen der Hölle als greifbare Wahrheit erscheinen, Bilder wie aus den Gemälden alter Meister, die plötzlich kein Ausdruck mittelalterlicher Ängste mehr sind, sondern sichtbare Wahrheit. Andere erleben, wie ihre tiefsten existenziellen Zweifel bildhafte Gestalt annehmen, so als ob der trotzige Glaube an die völlige Sinnlosigkeit des Daseins sich in der Seele als zynische Kulisse spiegelte.

Wir haben die Landschaften der Angst erreicht, einen Bereich des Inneren Landes, über dem der Schleier eines undurchdringlichen Nebels liegt. Es ist der Teil unserer Karte, der die meisten weißen Flecken enthält, denn es gibt nur wenige Zeugnisse von Menschen, die diesen Bereich, wenn auch unfreiwillig, erkundeten.
Ihre Berichte sind widersprüchlich, aber eines ist den meisten gemeinsam, ganz gleich, in welche Bilder sich die Erfahrung kleidete: das Gefühl einer entsetzlichen Ausweglosigkeit. Diese Empfindung unterscheidet sich von der Erfahrung in der schamanischen Initiation: Wenn sich die Initianden geopfert, zerstückelt, von reißenden Tieren aufgefressen sehen, so ist dies nicht mit dem Gefühl verbunden, dieser Szene nie mehr zu entkommen. Irgendwo bleibt stets die Gewissheit präsent, nur ein Zwischenstadium zu erleben, durch die Opferung des körperlich erlebten Ich den Weg in die Unsterblichkeit und zur Kraft der anderen Wirklichkeit zu finden.
Ist es dieses Wissen, das die Schamanen auch schreckliche Erlebnisse ertragen und schließlich die schönen und friedvollen Bereiche des Inneren Landes erreichen lässt? Und wie ist es umgekehrt möglich, dass Menschen unserer Tage, die das Grenzland des Todes betreten, bisweilen Bilder von Tunnel, Licht und jenseitigen Begleitern mit dem Gefühl der Ausweglosigkeit verbinden?

Ein 64-jähriger Mann hatte nach einer lebensgefährlichen Operation eine schwere Infektion und verlor das Bewusstsein.

Als ich unter mich blickte, zog mich ein starker Wind in etwas, das aussah wie ein Trichter. Ich flog direkt in den

Strudel. Am Ende blendeten Lichter, und das kristallene Blitzen war unerträglich. Als ich mich diesem Punkt näherte, erreichte ich die Seitenwände und versuchte, mich zu stoppen und den Fall in den blitzenden Kristall zu verhindern.
Ich fühlte, dass ich nicht weitergehen wollte. Wenn da nur ein Weg wäre, wie ich erklären könnte, was geschah! Ich erinnere mich lebhaft daran, wie ich schrie: »Gott, ich bin nicht bereit; bitte hilf mir!« Ich erinnere mich, wie ein Arm aus dem Himmel hervorschoss und meine Hand griff, und in letzter Sekunde wurde ich davor bewahrt, in das Ende des Trichters zu fallen, wo die Lichter blitzten und die Hitze wirklich spürbar war.[53]

Die Bilder dieses Erlebnisses erscheinen wie eine verzerrte Spiegelung angenehmer Todesnähe-Erfahrungen: Statt zu schweben, fällt der Reisende, und vielleicht ist es dieses Gefühl, das ihm nicht die Wahl lässt, das Geschehen als angenehme Erfahrung einer veränderten Wirklichkeit anzunehmen. Ein Sturz, so scheint es, kann nur in die Vernichtung führen.
Die Seele ist ein wandelbares Wesen und vom Bewusstsein leicht zu beeinflussen: Wohin auch immer der Strahl des Bewusstseins leuchtet, dieser Bereich wird zur Wirklichkeit, und wenn der Weg erst einmal in einen Bereich der Angst führte, werden auch alle folgenden Bilder aus derselben Quelle gespeist. Das Licht ist dann nicht mehr weich, sondern blendend und unerträglich, und es beginnt zu blitzen, auch dies verheißt nichts Gutes.
Der Fokus des Bewusstseins hat den Charakter der inneren Wirklichkeit modelliert, und wir betreten eine gefährliche Region des Grenzlandes. Aber das Ich bleibt in seiner Panik

präsent und tut das Einzige, was ihm noch bleibt: Es bittet um Hilfe. Dieser Schritt ist offenbar eine der Möglichkeiten, dem Erlebnis des Ausgeliefertseins zu entkommen, denn mehrere Menschen mit beunruhigenden Erfahrungen haben davon berichtet.
Auch in der folgenden Geschichte, die eine Frau als sechsjähriges Kind während einer schweren Krankheit erlebte, spielt der Tunnel eine Rolle, und eine Begleiterin tritt auf, wie sie auch in vielen anderen Todesnähe-Erfahrungen erscheint. Aber der Tunnel hat von Anfang an einen ganz anderen Charakter, und auch die Begleiterin verhält sich unheimlich.

Diese Nacht wurde ich gegen meinen Willen von einer Frau mitgenommen, die ein langes, grünes, fließendes Kleid trug, im Stil des Mittelalters. Sie hielt mich in ihren Armen und trug mich einen langen, dunklen, grün-schimmeligen Tunnel mit schmutzigen Wänden hinunter, um mich flink irgendwo hinzubringen, wohin ich nicht wollte. Sie sprach mit mir ohne Worte und war ständig dabei, mir zu erklären, dass ich sterben müsste, und nichts könnte das verhindern, gleichgültig, wie sehr ich wünschte, nicht wegzugehen. Ich denke, das war der Grund, warum sie mich trug, denn ich weiß, ich wäre sonst sofort durch den Tunnel zurückgerannt.
Plötzlich hörten wir Glocken läuten in sehr, sehr weiter Ferne. Die Frau blieb stehen und wandte sich in diese Richtung, um zu hören.
Sie sagte mir, es habe eine Änderung gegeben und ich hätte nach alldem zurückzugehen. Sie zeigte kein Mitleid die ganze Zeit, sondern einfach eine förmliche, harte Haltung mir gegenüber. Dann trug sie mich zurück in mein Bett und

legte mich hinein. Ich rief ihr hinterher, aber sie lief schnell weg in den Tunnel.[54]

Das Erlebnis spielte sich in der Nacht ab und hatte traumartigen Charakter, aber das Kind konnte es genau von einem Traum unterscheiden. Auch wenn die Forschung heute weiß, dass den Todesnähe-Erfahrungen oft erschreckende, realistisch erscheinende Träume vorausgehen, die sich deutlich von der Klarheit und Tiefe einer klassischen Nahtod-Erfahrung unterscheiden, könnten die Übergänge doch fließend sein. In diesem Buch zeichnen wir deshalb Erlebnisse an der Grenze zum Traum dennoch in der Landkarte der nichtalltäglichen Wirklichkeit ein.

Die Schamanen in den Steppen der Arktis verwendeten viele Jahre darauf, ein möglichst umfassendes Bild des Inneren Landes zu gewinnen, durch Erkundungsreisen auch in die unbekannten Regionen. Nur wenn sie alle Gefahren kannten, wussten sie, wie sie Hindernisse schnell umgehen konnten, wenn es notwendig war, eine flüchtige Seele rechtzeitig aufzuspüren.

Auch für uns, die wir vielleicht nur ein wenig die Angst vor dem Unbekannten verlieren wollen, um mit mehr Hoffnung auf die eigene Reise gehen zu können, ist es wichtig, möglichst viel zu wissen. Wahrscheinlich sind große Bereiche im Grenzland des Todes von angenehmer Natur und wir können darauf vertrauen, mitfühlende Helfer zu finden, die uns an einen Ort geleiten, der uns gefällt. Aber wir wissen es nicht sicher, und deshalb sollten wir darauf gefasst sein, uns vielleicht für eine gewisse Zeit in einer ängstigenden Umgebung wieder zu finden. Sehen wir uns also genau an, wie die Menschen aus dieser schwierigen Situation entkamen.

Im Schamanismus würde der Todestraum des schwerkranken Kindes vielleicht als Widerschein eines Seelenraubes gedeutet, in dem der Hilfsgeist eines feindlichen Zauberers sich anschickt, die Lebensessenz eines Menschen zu entführen. So schnell wie möglich müsste der Schamane jetzt der Seele folgen und sie im Inneren Land aufspüren.
Aber die Vision des Kindes kommt auch ohne äußere Hilfe zu einem guten Ende: Die Frau in der mittelalterlichen Robe wird durch ein Glockensignal aufgehalten, fast scheint es, als ob sie voreilig gehandelt hätte, unabhängig von ihrem »Auftraggeber«. Sie gehorcht sofort und kehrt mit dem Kind zurück, ist auch am Ende nicht bereit, ihre Handlung zu erklären, und verschwindet wortlos und eilig im Tunnel.
Hier hatte das reisende Bewusstsein nur geringe Chancen einzugreifen. Aber vielleicht genügte schon der Wunsch, das sichere Wissen des Kindes, in dieser Szene, an diesem Ort nicht sein zu wollen, vielleicht half auch sein verzweifelter Versuch, mit der Frau darüber zu sprechen, dem Schicksal eine Wende zu geben, wenn schon nicht in eine schönere Landschaft zu gelangen, dann doch auf direktem Weg zurück in die alltägliche Wirklichkeit. Ein wenig erinnert die Frau an das alte Bild des Todes, der die sterbende Seele abholt und gegen den Willen des Menschen ins Jenseits zieht, teilnahmslos und gleichzeitig doch abhängig von einer höheren Macht.[55]

Fluchtwege

Betrachten wir jetzt ein anderes Beispiel, das uns zeigt, wie sich aus einer von vielen Menschen als angenehm empfundenen Situation durch die Beurteilung des kontrollierenden Ich eine ängstigende und verzweifelte Szenerie formen und wie es doch gelingen kann, diesem Horrorbild zu entkommen. Es ist die Erfahrung einer 27-jährigen Frau, die sie während der Geburt ihres dritten Kindes machte, als es zu schweren Komplikationen kam. Sie erlebte sich plötzlich außerhalb ihres Körpers und reagierte sofort panisch, als sie feststellte, dass sie alles detailgenau von einer Position unterhalb der Decke des Kreißsaales beobachten konnte.

Ich fand es so erschreckend, in der Lage zu sein, über alldem zu schweben. Und ich wollte meine Situation unter Kontrolle bekommen, aber ich war unfähig, irgendetwas zu tun, außer hilflos zuzusehen. Dann erlebte ich mich, wie ich durch einen Tunnel reiste, erst langsam, dann schneller.
Ich spürte, wie meine Angst immer größer wurde, während ich immer schneller auf einen Lichtpunkt am Ende des Tunnels zusteuerte. Der Gedanke kam, dass ich wahrscheinlich das erlebte, was wir »sterben« nennen. Ich beschloss, dass ich nicht weitergehen wollte, und ich versuchte, anzuhalten und mich umzudrehen, aber es nützte nichts. Ich konnte nichts kontrollieren, und der Lichtpunkt wurde größer und größer. Ich war völlig verängstigt, ich wollte nicht dort sein. Dann explodierte das Licht um mich herum.
Da waren Wesen in meiner Nähe, und sie bestätigten meine Gegenwart. Sie waren sehr amüsiert über mich. Sie akzeptierten mich völlig in ihrer Mitte und schienen sich kein bisschen darum zu kümmern, dass ich verwirrt war, dass ich unbedingt wissen wollte, wo ich war und wer mich auf diese Weise gekidnappt hatte. Bringt mich zurück, verdammt, bringt mich zurück! Langsam beruhigte ich mich.

So begann ich mit dieser unheimlichen Erfahrung zu gehen und wurde jetzt auch von den Wesen akzeptiert. Wir begannen mit einer Frage- und Antwort-Zeit. Ich sollte die Fragen stellen, und statt eine sprachliche Antwort zu erhalten, würden sie mir die Antwort zeigen. Wir bewegten uns ohne jede Mühe von Ort zu Ort, und ich lernte eine Menge.
Am Ende machten mir die Wesen klar, dass ich jetzt in den Kreißsaal zurückkehren könnte, und ich fand mich wieder in dem Tunnel oder einer Art Korridor.[56]

Diese Erfahrung zeigt, wie sich das Gefühl der Angst langsam aufbauen kann: Wenn die Sicherheit des Ich ins Wanken gerät, wenn die Eindrücke, die sich im Bewusstsein abzeichnen, zu sehr von dem abweichen, was das Wachbewusstsein zu akzeptieren bereit wäre, entsteht ein Unbehagen, dann eine leichte Beunruhigung, und je mehr dieses Gefühl in die Wahrnehmung fließt, umso mehr färbt es das Erlebnis selbst.
In jeder Bewusstseinsreise kann sich ein Gefühl der Panik einstellen, wenn sich das Ich mit aller Macht gegen die Erfahrung wehrt. Der Patientin in unserem Beispiel öffnete sich ein Ausweg, weil es ihr gelang, sich zu beruhigen. Es ist unklar, was sie tat, um ihre Gefühle gegenüber dem Erlebnis zu ändern. Möglicherweise half ihr die Umgebung dabei, denn nach der Explosion im Licht scheint sie in einen ruhigen, von keiner Bewegung gestörten Raum des Inneren Landes geraten zu sein.
Hat die Explosion, die ja nach der Vorstellung des Wachbewusstseins den Tod bedeuten könnte, die Bilder der ersten Phase dieser Erfahrung weggefegt? Ist das Vertrauen der Reisenden gewachsen, weil sie nach der Explosion immer noch existierte? Haben ihr die spöttischen Gedanken der

Wesen, die sie in ihrer Nähe wahrnahm, geholfen, ihre Lage weniger ernst zu nehmen als zuvor?
Das alles ist möglich und könnte zusammengespielt haben. Die Reisende jedenfalls war jetzt bereit, mit dem Erlebnis zu gehen, wie sie sagt. Die Aufgabe der Kontrolle, des Willens, die Entscheidungsfreiheit zu behalten, ist der Schlüssel zur Veränderung. Statt gegen das Erlebnis zu kämpfen, schwingt sie sich ein, und plötzlich verschwindet die Angst, und die Wesen, kurz zuvor noch bedrohlich, erweisen sich als hilfreich. Ein Dialog wird möglich, wenn auch die Bewohner dieser fremden Welt bestimmen, wie der Dialog zu führen ist. Die Reisende aber darf Fragen stellen, und sie erhält viele Antworten. Über den Inhalt dieser offenbar in Bildern geführten Kommunikation schweigt der Bericht, vielleicht, weil die Antworten zu sehr die persönliche Sphäre berührten.
Die Bewohner des Inneren Landes treten hier nicht als Verkörperungen von Verstorbenen auf wie in vielen klassischen Todesnähe-Erfahrungen, sie ähneln mehr den Hilfsgeistern der Schamanen, die ja auch sehr häufig eigenständige Individuen der anderen Wirklichkeit sind. Sie verhalten sich wie Erwachsene, die sich über die rührende Reaktion eines Kindes amüsieren, und ähnlich wie Erwachsene sind sie zu einer Erklärung bereit, aber selbstverständlich zu ihren Bedingungen.
Wie im Schamanismus zeigen sich die Geister als Wesen von großer Kraft und Eigenständigkeit, keineswegs als halbbewusste Verkörperungen versteckter Wünsche oder Erinnerungen der Reisenden, wie wir psychologisch vermuten könnten. Die Wesen der nichtalltäglichen Wirklichkeit sind nicht in jeder, aber in vieler Hinsicht größer als das wachbewusste Ich. Sie verfügen über Kenntnisse, die

wir uns im Alltag nicht vorstellen können, und sie strahlen die Sicherheit eines uralten Wissens aus.
Dies ist der Grund, warum sich die Schamanen aller Kulturen auf die Worte und Taten ihrer Hilfsgeister verlassen. Sie vertrauen darauf, dass diese Wesen an eine im Alltag verborgene Quelle der Kraft und der Erkenntnis angeschlossen sind, und diese Fähigkeiten machen sich die Heiler bei ihren Ritualen zunutze. Indem sie mit den Helfern des Inneren Landes verschmelzen und ihnen die Steuerung ihrer Handlungen überlassen, bringen sie die Kraft der jenseitigen Welten ins Diesseits und erreichen bisweilen wunderbare Veränderungen.
Die Schamanen geben also ihren Willen für einen gewissen Zeitraum auf und folgen nur der Erfahrung. Sobald sie die Steuerung vollständig übernehmen, sobald das Ich die Handlung wieder bestimmt, zieht sich die Kraft in das Innere Land zurück – und Heilung kann nicht mehr geschehen.

Sehen wir uns jetzt noch ein weiteres Beispiel an, das den Einfluss des rationalen Ich auf die Entwicklung der Reise zeigt. Es ist der Bericht eines Künstlers, der im Alter von 18 Jahren die Kontrolle über sein Auto verlor und in einen Bach raste. Er schlug mit dem Kopf gegen die Windschutzscheibe und verlor das Bewusstsein. Die Situation war in vielfacher Hinsicht lebensgefährlich, denn der Unfall geschah im Winter bei eisigen Temperaturen.
Der junge Mann fühlte, wie er seinen Körper verließ, und sah glasklar, was sich abspielte: Aus einer Position in einer Höhe von 25 bis 50 Metern, südlich der Unfallstelle, wie er genau beschreibt, nahm er wahr, wie eisiges Wasser das Auto füllte, in dem sein lebloser Körper lag. Er sah, wie die

Ambulanz kam und die Helfer versuchten, ihn aus dem Auto zu befreien und ins Krankenhaus zu bringen.

Ich fühlte die Wärme und die Freundlichkeit der Leute, die versuchten, mir zu helfen. Ich nahm ihr Mitleid und all die guten Gefühle wahr, die sie ausstrahlten. Und ebenso fühlte ich die Quelle all dieser Gutherzigkeit oder wie auch immer ich es ausdrücken soll. Sie war sehr kraftvoll, und ich hatte Angst vor ihr. So akzeptierte ich sie nicht. Ich sagte einfach: Nein. Ich war sehr unsicher ihr gegenüber, und ich fühlte mich unwohl. Deshalb wies ich sie zurück.
Und es war genau in diesem Moment, dass ich den Planeten verließ.
Ich fühlte und sah mich selbst weggehen, nach oben in die Luft, bis jenseits des Sonnensystems, jenseits der Galaxis, jenseits aller physischen Dinge. Zuerst dachte ich, ich sollte einfach mit dem Erlebnis gehen, sehen, wohin es führt, und ich blieb so ruhig, wie ich konnte, und dieser Teil davon war in Ordnung für eine Weile.
Aber dann vergingen die Stunden ohne jedes Gefühl, da war kein Schmerz, aber es war auch nicht heiß, nicht kalt, es gab kein Licht, keinen Geschmack, keinen Geruch, absolut kein Gefühl, nichts. Außer vielleicht der Tatsache, dass ich einen schwachen Eindruck hatte, mit einer extrem hohen Geschwindigkeit zu reisen. Und ich wusste, ich war dabei, die Erde zu verlassen und alles, was es gibt, alles, was die physische Welt ausmacht. In diesem Moment wurde es unerträglich für mich. Schrecklich, wenn die Zeit vergeht, und du hast kein Gefühl. Ich geriet in Panik und kämpfte und betete und tat alles, was mir einfiel, um zurückkehren zu können. Und ich kommunizierte mit einer Schwester von mir, die schon gestorben war. In diesem Moment kam ich

wieder in meinen Körper, und der war zu diesem Zeitpunkt schon ins Hospital gebracht worden.[57]

Es wäre falsch, die Nicht-Wahrnehmung in der Grenzenlosigkeit des Alls so zu verstehen, als ob das Ich für die Zurückweisung der »Quelle« nun bestraft würde. Es scheint eher so zu sein, dass in den Landschaften der Seele alle Impulse des Bewusstseins unmittelbar zu Bildern und Szenen werden. Die Abwehr des einen Bildes lässt sofort andere Bilder entstehen, die der inneren Haltung mehr entsprechen. Das weite Land jenseits des Wachbewusstseins ist äußerst wandelbar, aber die Bilder, in die es sich kleidet, sind keineswegs flüchtig, sondern können über längere Zeit unverändert bleiben.

Viele Stunden lang fühlt sich das Bewusstsein des Reisenden in das All geworfen, Tausende Milliarden Kilometer, Millionen Lichtjahre weit, in Räume nahe der Unendlichkeit. Diese Landschaften haben wir in den bisher dargestellten Berichten noch nicht gesehen, obwohl sie auch in vielen Erfahrungen des Grenzlandes vorkommen und meist als angenehm erlebt werden. Selten aber geht die Reise ohne Vorbereitung so weit wie in diesem Bericht. In der schamanischen Erfahrung dringt das Bewusstsein bisweilen in jene Bereiche vor, allerdings selten ohne Begleitung durch hilfreiche Geister und immer mit der Gewissheit sicherer Rückkehr.

Das Zeitempfinden in diesem Erlebnis unterscheidet sich deutlich vom Alltag, viele Stunden vergehen, obwohl in der alltäglichen Wirklichkeit ganz andere Abläufe herrschen. Auch Schamanen erleben oft Regionen völliger Zeitlosigkeit, erst nach ihrer Rückkehr stellt sich heraus, ob im alltäglichen Leben nur Minuten vergangen sind oder

viele Tage, wie manche ethnologische Berichte glaubhaft belegen.
Die Reise in das All scheint ohne Ziel und ohne Ende zu sein, eine ausweglose Situation, aber in diesem Moment beginnt der junge Mann zu beten, er bittet um Hilfe, und wie wir schon wissen, scheint dies eine wirkungsvolle Methode zu sein, mit verborgenen Kräften des Inneren Landes Kontakt aufzunehmen. Eine verstorbene Schwester, Bewohnerin dieser anderen Wirklichkeit, fühlt sich durch das Flehen ihres Bruders angezogen und beginnt, mit ihm zu kommunizieren.
Ob diese Erscheinung mit einem Bild verbunden war, schildert der Bericht nicht. Aber durch das innere Gespräch mit der Verstorbenen erfährt die Geschichte eine Wende: Das Bewusstsein kehrt schlagartig in den alltäglichen Zustand zurück, und der junge Mann findet sich wieder in seinem Körper.

Im Angesicht der Ewigkeit

Mehrere Berichte über ängstigende Erfahrungen belegen die Existenz eines beinahe abstrakten Raumes der Erkenntnis, in dem der Tanz des Lebens als Wahngebilde erscheint. In einer Umkehrung des Alltagsbewusstseins, das Erscheinungen jenseits der sichtbaren Wirklichkeit gerne als Halluzination beiseite legt, um die Sicherheit des Ich nicht zu erschüttern, treten in diesen Reisen bisweilen auch Wesen auf, die das Leben insgesamt, alle Erscheinungen, Ideen, Gefühle und Gedanken, selbst die Liebe, als Ausdruck einer vollständigen Halluzination darstellen. Natürlich wehrt sich das Bewusstsein gegen diese Erkenntnis, die es im Kern vernichtet.

Denn wenn alles, was denkbar ist, nichts als Illusion ist, wenn also in Wahrheit nichts existiert, dann hat auch das Ich nie gelebt, war schon vernichtet, bevor es seiner selbst bewusst wurde.

Auf den ersten Blick erinnert die Erfahrung an die Philosophie des Buddhismus, in dem ja die Erkenntnis, das materielle Leben sei in Wahrheit Illusion, von zentraler Bedeutung ist. Aber die in tiefer Meditation gefühlte Wahrheit hat nichts mit den Berichten der Rückkehrer von der Grenze des Todes zu tun, von denen hier die Rede ist, denn im inneren Wissen der Meditierenden wartet nicht Verzweiflung, sondern Erleuchtung.

Zwei von drei der in einer amerikanischen Studie berichteten Begegnungen mit der Nicht-Existenz des Seins traten unter Einfluss von Anästhetika auf, eine während mehrtägiger unerträglicher Schmerzen. Alle drei Erfahrungen standen in Zusammenhang mit Geburtskomplikationen, was möglicherweise auf einen physiologischen Auslöser hinweist. Aber selbst wenn chemische Mittel die Richtung der Reise bestimmt haben sollten oder die besondere Erfahrung der Geburt einen entscheidenden Einfluss hatte, so zeigen die Bilder doch einen Bereich des Inneren Landes, den wir genauer betrachten müssen, wenn wir ein umfassendes Bild der nichtalltäglichen Wirklichkeit zeichnen wollen.

Der erste Bericht schildert die Erfahrung einer 24-jährigen Frau. Die Patientin verlor das Bewusstsein und sah sich im nächsten Augenblick in einem engen Fluss dahintreiben, auf eine alte, bogenförmige Brücke zu. Sie wusste, dass sie im Schatten der Brücke sterben würde, und sie wollte sterben. Sie fühlte sich dabei zunächst sehr ruhig, und so trat sie in den Schatten ein.

Ich war im Himmel, aber das war nicht länger ein friedvolles Gefühl; es war zur reinen Hölle geworden. Ich war ein Licht geworden draußen in den himmlischen Regionen, und ich weinte, aber kein Ton ging von mir aus. Ich trudelte herum und weinte. Ich realisierte, dass dies die Ewigkeit war für die gesamte Menschheit. Ich war die gesamte Menschheit geworden, und das war es nun, was für immer sein würde. Ich kann die Emotionen, die ich fühlte, nicht in Worten ausdrücken. Ich fühlte die Ruhe, das Weinen ausgenommen, in meinem ganzen Körper, der nicht länger ein Körper, sondern ein kleiner Lichtball geworden war. Ich fühlte die Einsamkeit, bis auf die Wahrnehmung, dass ich die gesamte Menschheit war. Ich fühlte die Leere des Raumes, die unermessliche Weite des Universums, wo es nur mich gab, einen kleinen, weinenden Ball aus Licht.[58]

Die beiden anderen Berichte in der Studie betonen den Gedanken der Nicht-Existenz, schildern das Leben als Simulation. In Wahrheit habe die Sterbende nie existiert, es sei ihr nur erlaubt gewesen, es zu erfinden, alle Erinnerungen, alle Begegnungen seien nur Halluzinationen. Diese Erkenntnis wurde von Wesen übermittelt, die in den Räumen der Leere zu leben schienen. Einen Fluchtweg aus dieser Erfahrung fanden die Frauen nicht – irgendwann ging die Reise von selbst zu Ende.

Was muss das Bewusstsein tun, um nicht Gefangener eines unerträglichen Zustandes zu bleiben? In jedem Fall öffnet sich kein Ausgang, solange sich das rationale Ich auf eine Diskussion mit den transpersonalen Welten einlässt. In diesem Zustand haben die Bilder und Wesen der nichtalltäglichen Wirklichkeit eine Macht wie die Landschaften des Alltags: Sie erscheinen als unwandelbare Wirklichkeit.

So wie es wenig sinnvoll ist, sich gegen die Existenz einer Felswand aufzulehnen, so wenig nützt es dem reisenden Bewusstsein, die Existenz jenseitiger Welten zu leugnen. In der nichtalltäglichen Wirklichkeit gelten deren eigene Gesetze, und es scheint nur die vielleicht demütige Annahme des Erlebnisses paradoxerweise eine Veränderung zu ermöglichen. Wenn der Geist die Landschaften der Seele verändern möchte, kann er es nur im Einklang mit den inneren Bildern, nicht gegen sie.

In der Initiation der Schamanen ist die Selbstopferung in der Zerstückelung der Schlüssel zur Kraft, jeder Kampf gegen die Mächte des Inneren Landes würde in dieser Phase, in der noch keine Hilfsgeister den Schamanen begleiten, die Initiation beenden und die Anstrengung vieler Monate und Jahre zunichte machen. Der Kampf gegen die bildhafte Verkörperung der Kraft ist nur zu gewinnen, wenn die Reisenden akzeptieren, dass er nicht zu gewinnen ist. Ohne Vorbereitung, ohne das Wissen um diese Möglichkeit, hat das Bewusstsein kaum Chancen, ängstigenden Erfahrungen zu entkommen, wie wir an diesen Beispielen sehen können.

Betrachten wir noch etwas genauer, wie sich die Erfahrungen der Reisenden in dieser verlorenen Region des Inneren Landes unterscheiden. Im ersten Beispiel nahm sich das Bewusstsein als Lichtball wahr, der gleichzeitig das individuelle Ich und die ganze Menschheit war. Generationen von Mystikern aller Religionen haben diese Verschmelzung herbeigesehnt, und viele haben sie als Erleuchtung erfahren. Warum erlebte die junge Frau das Gefühl der tiefen Verbindung mit allen Menschen als Horrorvision? Einer der Grün-

de könnte sein, dass diese Erfahrung sich derart grundlegend von allem unterscheidet, was menschliches Erleben ausmacht, dass es dem ungeübten Geist unmöglich erscheint, darin einen Weg ins Innere der Seele zu erkennen.
In der zweiten Erfahrung berichtet eine Frau, sie habe gespürt, dass die unendliche Leere mit blinkenden Kreisen angefüllt war, die höhnische Gedanken aussendeten. Sie beschreibt diese nichtmenschlichen Figuren als abstrakte Wesen, wie Teile eines Uhrwerks, die bildhafte Verkörperung eines Gedankens. Die junge Frau, die sich in dieser Szene erlebte, verloren in der Ewigkeit, stieß sechs Jahre später auf ein Buch, in dem sie ein getreues Abbild ihrer Vision fand. Erst jetzt erkannte sie, dass sie in der Unendlichkeit des Inneren Landes die Yin-Yang-Symbole des Ostens gesehen hatte, die ihr bis dahin unbekannt gewesen waren.
In den Bildern der anderen Wirklichkeit können also auch Archetypen der Menschheit auftauchen, die den Reisenden völlig fremd sind. Im Inneren Land existieren sie offenbar unabhängig von der Kultur, zu der sie gehören. Wenn auch viele Bilder, die vor dem Auge der individuellen Seele erscheinen, durch den Filter der eigenen Vergangenheit und der eigenen Kultur gesehen werden, so schließt dies nicht Verbindungen zu anderen Vergangenheiten und fremden Kulturen aus, denn im transpersonalen Raum nähern wir uns offenbar einem Zentrum, in dem alle Individualität eingebettet ist.
In der dritten Erfahrung berichtet eine Frau, sie habe sich wie in einem Zirkel von Bestrafungen erlebt, ohne einen Grund dafür zu erkennen. Höhnische Stimmen quälten sie und kündigten immer neue, ängstigende Visionen an, eine Szene, die an die alte Vorstellung der Hölle erinnert, unter

der so viele Jahrhunderte lang Generationen von Menschen litten.
Es ist nicht ausgeschlossen, dass sich die Wesen der nichtalltäglichen Wirklichkeit an die alten Gedanken klammern, die als Urängste in der Tiefe unseres Ich eingesperrt liegen. Ist das Gefühl der Schuld, ist die Angst vor Strafe und Vernichtung der Grund, warum sich die flüchtigen Landschaften der Seele in manchen Visionen in dunkle Bilder hüllen? Dies würde bedeuten, dass wir uns rechtzeitig den Ängsten stellen müssten, um in der Nähe des Todes mit freiem Blick in das Innere Land blicken und seine Bilder annehmen zu können.
Dies ist keine Gewissheit, nur eine Vermutung, die aber von den Vorstellungen alter mystischer Orden und auch mancher Schamanen gestützt wird. Sie fordern eine lebenslange Beschäftigung mit der persönlichen Vergangenheit, das sichere Wissen um die Kräfte, aus denen sich das Ich formte, und auch das Wissen um die Wünsche und vor allem die Ziele des verborgenen Selbst. Wer nach und nach ein Meister der individuellen Seele wird, hätte dann die Fähigkeit, in den Landschaften des Jenseits sich selbst zu erkennen und sich dann mit den Bildern zu verbinden, ohne sich darin zu verlieren.
Einen ähnlichen Gedanken hat auch die Psychotherapie seit den Tagen Sigmund Freuds entwickelt. Alle therapeutischen Schulen fordern die Lehranalyse, um den Analytiker aus der Verstrickung mit den seelischen Spuren der persönlichen Vergangenheit zu lösen und den freien Blick auf die Geschichten der Patienten zu ermöglichen. Aber anders als in der Therapie gefordert, geht es hier nicht darum, das Ich vor dem unkontrollierten Einbruch des Unbewussten zu schützen oder dem Unbewussten Bilder zur Stärkung

des Ichs zu entreißen, sondern um die Aufgabe der Kontrolle und den Rückzug in die Position eines Beobachters, der die andere Wirklichkeit akzeptiert, wie sie ist, und dabei vollständig klar bleibt.
Castanedas Don Juan drückte dies mehrfach in dem Paradoxon des absichtslosen Beabsichtigens aus, und dies ist sicher eine der schwierigsten Übungen für die reisende Seele.
Tatsächlich liegt auch in den als angenehm empfundenen Reisen in der Nähe des Todes ohne die Kenntnis der persönlichen Geschichte eine Gefahr, denn leicht können sich unbekannte Wünsche des sterbenden Ich mit der Wahrheit nichtalltäglicher Welten mischen, so als ob das Ich im letzten Moment einen Anker in diese Welten werfen würde, um sich nicht zu verlieren. Aber das Ich muss seine Herrschaft aufgeben, wenn das Bewusstsein im Inneren Land die wirklich wichtigen Regionen erreichen möchte. Sonst ist, wie wir gesehen haben, die Gefahr groß, sich in den Räumen düsterer Leere zu verirren.

Sind Zeugnisse von ängstigenden Erfahrungen so selten, weil es nur wenige Menschen wagen, von Landschaften der Verzweiflung und des Horrors zu erzählen? Werden diese Erfahrungen vielleicht schneller vergessen, weil das Bewusstsein die Erinnerung an die dunkle Seite der Welt nur schwer ertragen kann? Oder sind Reisen in diese Landschaften tatsächlich die Ausnahme, weil sie nur im Grenzgebiet liegen, während in der wirklichen Nähe des Todes die Regionen des Lichts zu finden sind?

Wir werden später auf diese Fragen zurückkommen, wenn wir einen Blick in die Zwischenwelten werfen, in die das

Bewusstsein geraten kann, bevor es in das Erlebnis der Todesnähe eintritt. Die Wissenschaftler haben diese Zwischenwelten Oneiroide genannt, traumähnliche Visionen, und es gibt ernst zu nehmende Gründe, die ängstigenden Erlebnisse, von denen wir gesprochen haben, eher in diesem Gebiet anzusiedeln. Für unser Ziel, das Innere Land möglichst vollständig zu betrachten, macht es aber (wie schon gesagt) keinen wesentlichen Unterschied, ob wir der Angst vor oder während der Todesnähe-Erfahrung begegnen. Es ist wichtig, diese Region zu kennen, um ruhiger zu sein, wenn wir uns zu welchem Zeitpunkt auch immer dort finden sollten.

Eine neue Sicht der Welt

Wenn Menschen von der Begegnung mit dem Tod ins Leben zurückkehren, können nur wenige so weiterleben wie bisher. Die meisten fühlen sich aus den Koordinaten ihres Weltbildes gerissen, auch dann, wenn sie sich schon früher als gläubige Menschen sahen, denn die Landschaften in der Nähe des Todes scheinen den Vorstellungen der Religionen nicht allzu sehr zu entsprechen, auch wenn bisweilen Figuren auftauchen, die an biblische Gestalten oder – in anderen Kulturen – an Götter und Geister erinnern, die aus der Überlieferung vertraut sind.

Besonders schwer ist die Rückkehr ins alltägliche Bewusstsein für Menschen, die bisher nur für wirklich hielten, was sie im Alltag begreifen, also anfassen und mit ihren Sinnen fühlen konnten.

Es ist deshalb nicht verwunderlich, dass vor allem Menschen mit einer atheistischen Erziehung ihre Erlebnisse in

der Nähe des Todes auch dann als ängstigend empfinden, wenn sie in die Zone der Ruhe, der Liebe und des Lichts eintreten. In einer repräsentativen soziologischen Untersuchung wurde das besonders deutlich: Weniger als 30 Prozent der Menschen aus dem Westen Deutschlands empfanden während der Erfahrung ein »schreckliches Gefühl«, aber mehr als doppelt so viele aus dem Osten Deutschlands, genau 60 Prozent. Und dabei hatten nur 10 Prozent der Ostdeutschen eine »Welt böser Mächte« betreten (gegenüber fast 17 Prozent im Westen). Beiden Gruppen war eine Fülle von Erlebnissen gemeinsam, wie sie sich in vielen Todesnähe-Erfahrungen zeigen, ihre Wertung des Erlebnisses aber unterschied sich grundlegend.[59]
Wir dürfen wohl davon ausgehen, dass viele der in der früheren DDR aufgewachsenen Menschen seit ihrer Kindheit von spirituellen Erfahrungen, selbst von einem verschütteten Glauben, abgeschnitten waren. In einem Umfeld, das religiöse Gefühle ablehnt, kann sich nur schwer eine Offenheit für die subtilen Ebenen der anderen Wirklichkeit entwickeln. So steht in der Todesnähe-Erfahrung dieser Menschen der tiefe Glaube an die materielle Welt als einzig wirkliche wie eine fest gefügte Mauer im Bewusstsein und hindert die Seele an der Rückkehr in ihre eigene vielfarbige Wirklichkeit.

Menschen, die ihre Erfahrung als schrecklich einstufen, haben sicher größere Schwierigkeiten, sich im Alltag wieder zurechtzufinden, als Reisende, denen ihre Vision Momente des Glücks und ein neues Verständnis der Welt schenkten. Über die Folgen ängstigender Erlebnisse gibt es keine Untersuchung, die über das Anekdotische hinausginge. Aber zwei mögliche Konsequenzen werden bisweilen berichtet: Man-

che Rückkehrer wenden sich traditionellen Glaubensgemeinschaften zu und versuchen, in ihren Regeln den Halt zu finden, den sie so plötzlich verloren haben. Die biblische Vorstellung von Himmel, Hölle und Fegefeuer scheint sich ihnen in ihrer Erfahrung zu bestätigen, und so hoffen sie, durch einen veränderten Lebenswandel den düsteren Regionen am Ende ihres Lebens zu entgehen.
Andere freunden sich mit dem Gedanken an, unter Halluzinationen gelitten zu haben, und sie hoffen, dem Weg in einen neuen Albtraum zu entgehen, indem sie die Erfahrung in Bereiche ihrer Seele schieben, die dem Bewusstsein nur selten zugänglich sind.
Eine dritte Gruppe kehrt verwandelt aus dem Grenzland des Todes zurück, ohne dass eine tiefe, existenzielle Angst ihre Schritte lenken würde. Ihre Haltung, die einfach akzeptiert, was ist, hilft der Rückkehr der Seele wahrscheinlich am meisten, denn sie lässt den Dingen freien Lauf, lässt die Bilder wirken, ohne ihre Richtung zu verändern. In der Wirklichkeit der Seele erzeugt Angst neue Angst, und wer gegen die Erinnerungen des Schreckens kämpft, hält den Schrecken am Leben.

Die Schamanen der alten Zeit setzten sich, wie wir gesehen haben, auch ängstigenden Erfahrungen immer wieder aus, und gerade dadurch gewannen sie die Freiheit. Wenn sie in den dunklen Bereich eintraten, hatten sie die Gewissheit der hellen Regionen immer vor Augen, und dies gab ihrer Reise die Sicherheit eines glücklichen Ausgangs.

Die meisten Rückkehrer von der Grenze des Todes erlebten ihre Reise als tiefe mystische Erfahrung. Sie hatten einen Blick in Welten geworfen, in denen sich die Unendlichkeit spiegelt, in der die Zeit keine Bedeutung mehr hat, in der die Archetypen der Menschheit sich zum Tanz des Lebens versammeln. Sie empfanden das Gefühl, den Körper zu verlassen, als angenehm und erfüllend, und im Licht begegneten sie dem Sinn, der hinter der sichtbaren Existenz des Alltags verborgen scheint.

Diese Erfahrung ist gleichbedeutend mit einer Initiation, auch wenn die wenigsten diesen Begriff verwenden würden. Aber was könnte die Kette von Veränderungen besser beschreiben als dieses Wort, das für die Geburt eines neuen Schamanen steht, der ja auch verändert, mit neuen Fähigkeiten und mit einer Aufgabe für die Gemeinschaft zurückkehrt, nicht mit dem Auftrag zu missionieren, sondern zu helfen.

Nicht anders erleben viele Rückkehrer aus dem Grenzland ihr »Leben nach dem Tod«: Sie haben das Gefühl, die wirkliche Bedeutung des Seins gesehen und verstanden zu haben, und viele versuchen, dieses Wissen an andere weiterzugeben. Wenn sie es tief genug erfahren haben, verzichten sie darauf, über die Bilder der Seele zu debattieren, sondern geben stattdessen ein Beispiel im Alltag, vor allem in den Konflikten und existenziellen Wendepunkten des Lebens. Indem sie so ihr Wissen aus der nichtalltäglichen Wirklichkeit ins Diesseits tragen, handeln sie wie ein Schamane, der helfende Kräfte des Inneren Landes in den Alltag bringt.

Für viele aber ist diese ruhige Haltung nicht möglich, weil sie zu wenig über sich selbst wissen, über die Wünsche des Ich und die vielleicht widerstreitenden Ziele des Selbst. So geraten sie in schwere Konflikte mit ihren Partnern und Freunden. Die Begegnung mit dem Urgrund des Seins macht sie kompromisslos, sie folgen ihrem Gefühl mehr als zuvor, vor allem dem der Liebe. Viele verlieren die Toleranz für das Oberflächliche, weil sie gelernt haben, dass die Zeit in der Verkörperung des Alltags kurz und deshalb nicht ein einziger Tag zu verlieren ist. Auf Menschen, die ihnen nahe stehen, können sie bisweilen hart wirken, aber dies ist keine Härte, wie sie das kompromisslose Ich vertritt, sondern eine Härte des Wissens.

Wer durch das Lebenspanorama ging, weiß, dass die gefeierten Erfolge des Alltags, die schillernden Karrieren, die glanzvollen Aufstiege, auch die demütigenden Niederlagen, am Ende des Lebens keine entscheidende Rolle spielen, sondern die Beziehungen zu den Menschen, die Offenheit für die Bedürfnisse des Selbst und die tieferen Wünsche der Seele. Dies bedeutet nicht eine Abkehr vom Alltag und seinen Anforderungen, nur eine neue Gewichtung. Nicht Ruhm und Macht, sondern Klarheit und Liebe sind die verborgenen Ziele der Existenz. Und diese Ziele sind überall zu verwirklichen, ganz gleich, an welchen Ort wir uns gestellt sehen.

Manche Reisende empfinden ihre Todesnähe-Erfahrung als schwere Bürde, denn die Rückkehr ins Alltagsleben fiel ihnen besonders schwer. Die Begegnung mit dem alles wissenden Licht machte es ihnen nicht eben leicht, in die Welt des Nicht-Wissens zurückzukehren. Gleichzeitig, so schildert es Dorothea Rau-Lembke, deren Geschichte wir schon gehört haben, kann die Reise ins Grenzland des Todes eine harte, durch nichts zu übertreffende Lernerfahrung sein. Mit der Macht eines Jahrmillionen alten Wissens warf das Licht die Reisende aus der gewohnten Bahn und zwang sie auf einen unerwarteten Weg. Es ließ sie eintauchen in eine Tiefe der Erkenntnis, die sie bis zum

Ende ihres Lebens nicht vollständig wird erfassen können. Die junge Frau war plötzlich im Besitz von klaren Erinnerungen, die ihr das Leben, auch das Denken und Fühlen ihrer Freunde und Verwandten, in großer, oft unangenehmer Klarheit zeigten.

Viele Jahre lebte sie in der Sehnsucht nach dem Ort des Jenseits, in dem sie sich vollständig aufgehoben fühlte, gleichzeitig wusste sie, dass sie ihr Leben auf dieser Welt leben musste, denn genau deshalb ist sie von der Grenze des Todes zurückgekehrt. In dieser Zerrissenheit ging sie ihren Weg in einer Zeit, in der ihre Freunde die Annehmlichkeiten des Alltags genossen, ohne sich über die Zukunft mehr Gedanken zu machen, als es für Menschen in jungen Jahren nötig ist. Sie dagegen musste ihren Alltag mit dem Wissen um die Tiefe der Wirklichkeit meistern, eine Aufgabe, die unendlich viel Kraft kostete. So können auch Erfahrungen, die mit wunderbaren Gefühlen verbunden waren, zu einer Bürde werden.

In den wissenschaftlichen Untersuchungen der Todesnähe-Erfahrung haben Forscher immer wieder nach den Veränderungen gefragt, von denen so viele Rückkehrer berichten. Sie fanden heraus, dass die Menschen jetzt mit einer neuen Sicht der Wirklichkeit lebten. Während sie vor ihrer Erfahrung den Tod fürchteten, hatten sie nun die Angst verloren, denn der Tod war für sie nicht mehr eine unbekannte, drohende Gefahr, sondern ein Ereignis, das ihnen widerfahren war und dessen Folgen sie deshalb aus eigener Anschauung kannten. Die Reise in das Grenzland war offenbar kein Traum, denn die Bilder bewahrten den Glanz absoluter Wirklichkeit nicht nur während der Reise, sondern auch danach. Selbst Jahrzehnte später standen die Szenen auf der Leinwand der Erinnerungen wie ein Ereignis, das eben geschehen war und das die Reisenden mit den Augen des Wachbewusstseins wahrgenommen hatten. Mehr noch, sie spürten eine besondere Qualität der Wirklichkeit, die das Erlebnis in der Nähe des Todes realer erscheinen ließ als die Wirklichkeit des Alltags. Die Farben, die Konturen, die Lebendigkeit der Landschaften und die Handlungen und Botschaften der in ihnen lebenden Menschen und Geister ließen keinen Zweifel daran.

Obwohl die Erinnerung den Rückkehrern sagte, dass der Tod keineswegs das Ende bedeutet, sondern den Eingang in eine Welt des Wissens und der Liebe öffnet, behielt das diesseitige Leben aber einen großen Wert für diese Menschen, mehr noch, es schien noch wertvoller als zuvor. Denn offenbar brachte die Begegnung mit dem Tod auch ein inneres Wissen um den Sinn dieser Existenz, wenn sich auch die Werte verschoben, die viele Rückkehrer diesem Leben beimaßen. Jetzt war die Liebe in der Tiefe ihrer Bedeutung das wichtigste Ziel, auch das Interesse an Spiritualität, an der Beschäftigung mit dem Grund des Daseins. Viele Menschen erlebten plötzlich die Natur als wertvolle Gabe, die sie doch in den Jahren vor ihrem Erlebnis kaum wahrgenommen und noch weniger geschätzt hatten. Die materiellen Dinge des Lebens, der Wunsch nach Besitz und Reichtum, wurden immer weniger wichtig, die Beziehungen zu den Menschen gewannen an Bedeutung.

Die transparente Mauer

Wenn Menschen in die letzte Phase ihres Lebens eintreten, verändert sich die Fähigkeit der Seele, die Wirklichkeit wahrzunehmen. So kann es geschehen, dass die Mauer, mit der sich das Innere Land vor dem Wachbewusstsein verbirgt, plötzlich transparent erscheint und von großer Leichtigkeit, wie ein zarter Vorhang, der den Blick auf ferne Landschaften freigibt. Dann bedarf es nur eines kurzen Momentes der Konzentration, um aus der Welt des Alltags in die Wirklichkeit der Vision zu wechseln. Selten geschieht dies mit Absicht, es ist eher so, als ob die Bewohner der anderen Wirklichkeit ihre Fähigkeit verloren hätten, sich vor dem menschlichen Auge zu verbergen. So erscheinen sie in der Ferne wie hinter einem dünnen Vorhang, oder sie betreten unmittelbar das Krankenzimmer. Wenn Geister von Verstorbenen oder (seltener) religiöse Figuren erscheinen, dann empfinden die Schwerkranken diese Wesen meist als Boten des herannahenden Todes, ganz gleich, in welcher Kultur sie leben. Manche Menschen wünschen diese Erscheinungen herbei und empfangen sie mit offenen Armen, andere fühlen sich von Todesangst berührt und bitten die Geister, sie zu verschonen.

Aus der Sicht der Schamanen überlagern sich in solchen Momenten die Welten: Die Wirklichkeit des Inneren Landes verschmilzt mit der Realität des Alltags zu einem konstanten Bild. Für die Schamanen ist dies ein erwünschter Zustand, denn in der Verbindung mit der Welt jenseits des Alltags suchen sie die Kraft für ihre Patienten. Deshalb ist es für sie selbstverständlich, für eine gewisse, mit der Macht des Bewusstseins beabsichtigte Zeit, in beiden Welten zu leben, die alltägliche Umgebung zu sehen und gleichzeitig die sonst unsichtbaren Geister. So nehmen sie, wenn sie sich darauf einstellen, die Seelen der Verstorbenen wahr. In manchen Gruppen der indigenen Völker galt es als Voraussetzung, im Schamanismus unterrichtet zu werden, dass der Novize dem sehenden Lehrer seine Fähigkeit nachweisen konnte, die wandernden Seelen der Toten oder die Manifestationen anderer Geister des Inneren Landes zu erkennen.

Gleichzeitig in beiden Welten gegenwärtig zu sein, ist eine schwierige und fortgeschrittene Übung, wenn nicht eine besondere Begabung den Geist von Anfang an beweglich hält. Deshalb fällt es vielen leichter, mit geschlossenen Augen den Kontakt zu den Wesen aufzunehmen, die sich jenseits des Sichtbaren in einem Raum aufhalten, noch leichter, einer offenkundigen Präsenz nur mit dem Gefühl nachzuspüren.

Wenn wir uns der Grenze des Todes nähern, auch in jenen Wochen, Tagen oder Stunden, die wir noch bei vollem Bewusstsein verbringen, scheint diese verborgene Fähigkeit aber bei vielen Menschen in die Gegenwart zu treten. Zunächst reagieren die Kranken vielleicht mit Verwunderung, manchmal auch mit Verärgerung, dass Freunde oder Familienmitglieder, die am Krankenbett weilen, die Erscheinungen offenbar nicht wahrnehmen. Später kann es sein, dass sie mit freundlicher Milde registrieren, dass nur sie allein in der Lage sind, die Gegenwart anderer Kräfte zu sehen, in klaren farbigen Bildern und offenbar auch im richtigen Größenverhältnis zum Raum und den in ihm anwesenden »alltäglichen« Personen.

Oft treten die Erscheinungen von Verstorbenen oder von religiösen Figuren aber nur einmal auf, für wenige Sekunden oder Minuten, seltener auch für einen längeren Zeitraum. Es sind dies die Momente, die von den Sterbenden als Begegnung mit den Botschaftern des Todes verstanden werden. Solche Begegnungen sind sehr häufig, wie vor allem Krankenschwestern berichten, die ja auch in den technisierten Kliniken unserer Zeit noch in engerem Kontakt mit den Patienten stehen. Ist dieser Moment, in dem sich zwei Welten begegnen, die Schnittstelle zwischen Leben und Tod? Was können wir von dieser Verbindung für unser Verständnis des Inneren Landes lernen?

In einer umfangreichen Untersuchung haben sich Karlis Osis und Erlendur Haraldsson bereits 1977 mit den Erscheinungen im Krankenzimmer beschäftigt, die sie »Sterbebett-Visionen« nannten.[60] Das Besondere an dieser Studie war, dass sie viele hundert Berichte aus amerikanischen Kliniken mit Interviews verglich, die in indischen Krankenhäusern geführt worden waren. So konnten die Autoren die Frage prüfen, ob sich die Erscheinungen in Bilder kleiden, die den unterschiedlichen Kulturen entstammen, oder ob sie unabhängig von den kulturellen Prägungen der Patienten sind.

Tatsächlich ergab die Studie nur geringe Unterschiede der Kulturen. Beide Patientengruppen sahen zunächst einmal vor allem Figuren, seltener Landschaften. Das ist nicht verwunderlich, denn die Erscheinungen überlagerten ja meist das Bild des Krankenzimmers und schienen die Alltagsumgebung als Bühne ihres Auftritts zu nutzen. Deshalb wohl wurden sie übereinstimmend als Boten einer anderen Welt verstanden, die gekommen waren, die Patienten abzuholen. Fast alle Sterbenden erlebten die Begegnung als beglückend, sie gerieten in eine freudige Hochstimmung und fühlten Heiterkeit und Frieden. Einzelne Patienten, vor allem aus der indischen Gruppe, zeigten aber auch Angst, denn sie waren noch nicht bereit, das diesseitige Leben zu verlassen. So erlebten sie den Auftritt der Todesboten eher als erschreckend. Bisweilen aber vermittelten die Erscheinungen auch ein Bild der vollständigen Heilung: Sie teilten dem Patienten mit, dass seine Zeit noch nicht gekommen

sei und er deshalb ins Leben zurückkehren werde. Diese Menschen wurden alle wieder gesund.
Die meisten Patienten, auch diejenigen, die das Erscheinen der Boten als Beweis für den herannahenden Tod werteten, fühlten eine deutliche Veränderung nach diesem Erlebnis, oft verschwanden auch Schmerzen und Depressionen. Von wenigen Ausnahmen abgesehen, waren die Menschen nach der Begegnung bereit zu gehen und wehrten sich nicht mehr gegen das Herannahen des Todes. Die plötzliche Wahrnehmung einer völlig real erscheinenden anderen Welt und der in ihr lebenden Geister scheint dem Ich zweifelsfrei die Wirklichkeit einer anderen Existenz zu vermitteln.
Es steht uns nicht zu, diese heilenden Bilder aus der eingeschränkten Sicht des alltäglichen Bewusstseins zu sezieren. Zu tief gehend sind die Veränderungen, die Sterbende nach der Begegnung mit den Besuchern aus dem Inneren Land erleben. In der schwierigen Phase am Ende des Lebens scheint sich vielen ein Ausweg aus dem Dilemma unserer Zeit zu öffnen, das den alten Glauben an eine andere Wirklichkeit hinter der anerkannten Gewissheit ihrer Nichtexistenz verbirgt: Im Moment des Sterbens erfährt das kritische Ich vielleicht zum ersten Mal die Kraft einer verborgenen Welt, die es lange für irreal gehalten haben mag, für ein Produkt der Phantasie und verzweifelter Wunschträume. Die Begegnung mit den Todesboten ist eine sinnstiftende, verändernde Erfahrung.

Eine 16-jährige Amerikanerin, die aus dem Koma erwachte, sprach bei klarem Bewusstsein mit ihrem Arzt, wie die Studie berichtet. Die Sterbende teilte ihm mit, sie sei zu schwach, um aufzustehen. Der Arzt half ihr, und in diesem Moment sagte sie: »Ich sehe ihn – ich sehe ihn – ich komme.« Unmittelbar nach dieser Begegnung starb sie, wie der Arzt voller Verwunderung erklärte, »mit strahlendem Gesicht, voll Freude und geradezu frohlockend«.

Eine indische Patientin, die fest mit ihrer Genesung gerechnet hatte, wandte sich plötzlich an die Krankenschwester in ihrem Zimmer und sagte ihr völlig ohne Angst, sie sei jetzt im Begriff zu sterben. Dabei machte sie einen glücklichen Eindruck und zeigte keinerlei Angst. »Meine Mutter ruft mich gerade«, erklärte sie dann. »Ich gehe jetzt in das Reich Gottes ein.« Kurze Zeit später starb sie.

Manche Patienten unterhalten sich auch eine längere Zeit mit den Erscheinungen, und oft sind die Sterbenden selbstkritisch genug, um den Zweifel der Ärzte oder anderer Besucher am Krankenbett zu verstehen. Ein Arzt berichtet, wie ein 70-jähriger herzkranker Mann, den er zu Hause betreute, plötzlich an ihm vorbei zu einer unsichtbaren Figur sprach. Der Patient erkannte sie als seine verstorbene Frau und begann mit ihr zu scherzen, sie möge ihm doch ein paar von den frischen Tomaten von der rückwärtigen Veranda holen. Dann wandte er sich zu seinem Arzt und erklärte ihm die Situation. »Vermutlich denken Sie, ich sei nicht ganz richtig im Kopf, aber ich sah sie tatsächlich.« Der Arzt betont im Interview, der Patient sei bei vollem Bewusstsein gewesen, habe kein Fieber gehabt und auch keine schmerzstillenden Mittel erhalten.

In seltenen Fällen treten auch physikalische Phänomene auf, wie eine indische Krankenschwester berichtete. Ein etwa 50-jähriger Mann, der an einer Lungentuberkulose litt, blickte plötzlich auf eine Treppe, die aus seinem Raum in ein oberes Stockwerk führte, und sagte: »Schaut, die Engel kommen die Treppe herunter. Das Glas ist heruntergefallen und zerbrochen.«

Alle, die sich im Raum befanden, sahen zur Treppe hin, wo auf einer Stufe ein Trinkglas stand. Plötzlich, so berichtet die Zeugin, sei das Glas ohne erkennbare Ursache in tausend Stücke zersprungen. Es sei nicht gefallen, sondern einfach »explodiert«. Sonst nahmen die Menschen im Raum nichts wahr. Genau in diesem Moment starb der Patient – und in seinem Gesicht lag ein glücklicher Ausdruck. Der Mann habe keine Beruhigungsmittel erhalten, gab die Krankenschwester zu Protokoll, er habe nur leichtes Fieber gehabt und sei bei vollem Bewusstsein gewesen.[61]
Dieses seltsame physikalische Phänomen ist eine ungewöhnliche Synchronizität, die bei den Beobachtern einen tiefen Eindruck hinterließ. Ganz gleich, ob wir solchen Vorkommnissen eine Bedeutung beimessen oder sie für einen Zufall halten: Die Visionen am Sterbebett führen zu so deutlichen Veränderungen im Verhalten der Patienten, dass sich die meisten Zeugen, die ihre Erfahrungen zu Protokoll gaben, sehr verwundert zeigten. Für die Seele der Sterbenden waren die Erscheinungen offenkundige Realität, für sie war von einer Sekunde auf die andere die Grenze verschwunden, die das Innere Land von der äußeren Wirklichkeit trennt.

Wie in den klassischen Todesnähe-Erfahrungen scheinen die Bilder der Seele auch in den Sterbebett-Visionen häufig unerwartet, ja überraschend zu sein. Menschen, die in ihrem Leben den Glaubensgrundsätzen einer Religionsgemeinschaft gefolgt waren, fanden ihre grundlegenden Überzeugungen in der Vision nur selten bestätigt.
Christen spürten in ihren Visionen niemals die Drohung eines Gerichts mit der Gefahr der möglichen Verdammnis, auch spielte der Begriff der Erlösung von der Sünde keine

Rolle. Die jenseitigen Figuren waren stets voller Wohlwollen und vermittelten eine freudige Atmosphäre.

Hindus nahmen keine Visionen der in den Veden dargestellten himmlischen Regionen wahr, auch kam die Vereinigung mit Brahma, dem formlosen Aspekt des Göttlichen, nicht zur Sprache, ebenso wenig die Vorstellung der Reinkarnation. Allerdings traten bei ihnen häufiger religiöse Figuren auf als Erscheinungen Verstorbener, bei den Amerikanern war das umgekehrt. In beiden Gruppen kam die Begegnung mit religiösen Figuren aber sehr oft völlig unerwartet, weil die meisten Patienten zuvor keine besondere Beziehung zu diesen archetypischen Bildern hatten. Jetzt aber nahmen sie diese göttlichen Erscheinungen wahr und erlebten sie vom Hauch des Geheimnisvollen umweht. Wenn die Erscheinungen verschwunden waren, fühlten sich die Sterbenden von tiefer Freude erfüllt.

Wenn sich das Innere Land so deutlich und klar mit den Konturen der Alltagswelt verbindet, können wir die Frage nach der Gegenwart jenseitiger Regionen neu beantworten. Das Innere Land scheint kein entfernter Ort zu sein, den wir erst nach einer langen Reise erreichen, die Landschaften der Seele breiten sich offenbar dort aus, wo wir uns befinden. Es kommt darauf an, das Bewusstsein in diese Räume zu lenken, den Fokus des inneren Auges auf diese Regionen einzustellen. Wie in den dreidimensionalen Computerbildern, die ihre verborgene Schönheit erst enthüllen, wenn wir mit unseren Augen über das flirrende Muster wandern und gleichsam durch die vordergründige Zeichnung blicken, scheint sich das Innere Land erst zu zeigen, wenn wir uns einer neuen Art der Wahrnehmung öffnen.

Die Schamanen des alten Weges wussten das schon immer, deshalb waren sie in der Lage, jederzeit den Kontakt zu ihren Helfern aufzunehmen, auch ohne die Reise in die oberen und unteren Welten anzutreten. Die Richtungen scheinen eher ein Mittel des Ich zu sein, die Ebenen jederzeit und willentlich zu trennen, das Diesseits vom Jenseits klar zu unterscheiden. Weil wir Reisen stets als Veränderung im Raum erleben, ist auch der Weg in die andere Wirklichkeit sicherer, wenn wir ihn bewusst über die Imagination eines Weges antreten. Aber solche Hilfsmittel braucht der geübte Reisende nicht mehr, und am Ende des Lebens scheint uns dies wie von selbst zuzufallen.

Jenseitsreisen

Die Visionen der Mönche

Seit dem 6. Jahrhundert zeichneten Mönche in den christlichen Klöstern Geschichten von Reisen ins Jenseits auf. Bisweilen ähneln diese Berichte den Beschreibungen moderner Rückkehrer von der Grenze des Todes auf erstaunliche Weise, vor allem aber scheinen sich die Autoren der Texte mit nahezu wissenschaftlichem Interesse den Erzählungen genähert zu haben. Die Mönche wollten keine Heiligengeschichten erzählen, sie gaben offenbar wieder, was ihnen ihre Informanten berichteten. Dabei hielten sie oft eine Distanz wie in modernen Büchern über Todesnähe-Erfahrungen, sie verwendeten die indirekte Rede und distanzierten sich dadurch in gewisser Weise vom Inhalt der Berichte. Oft schimmert in den Texten auch ein Erstaunen über die Visionen durch, auch werden bisweilen die von Zeugen beschriebenen äußeren Umstände dieser spirituellen Erlebnisse geschildert, eine moderne, beinahe skeptische Art der Annäherung an die Erfahrungen der Reisenden.

Papst Gregor der Große, ein kluger Stratege der Christianisierung, der im 6. Jahrhundert seine Missionare anwies, den heidnischen Stämmen nicht alle Traditionen wegzunehmen, sondern das Christentum durch vorsichtige Annäherung, gleichsam aus den alten Ritualen heraus in die Köpfe und vor allem die Seelen zu pflanzen, ließ eine große Sammlung visionärer Geschichten aufzeichnen. Viele der Berichte aus dem frühen Mittelalter stammen aus dieser Tradition. Aber auch in späteren Jahrhunderten gab es immer wieder einzelne Mönche, die Berichte von Jenseitsreisen sammelten. Sie unterscheiden sich in einem wichtigen Punkt von den Sammlungen unserer Tage: Viel häufiger als heute ist von ängstigenden Erlebnissen die Rede, von höllischen Visionen, von Dämonen, die darauf warten, die Seele des Sterbenden zu rauben.

Die Angst vor der Strafe für den Lebenswandel auf Erden beherrschte das mittelalterliche Denken, der Glaube an die Hölle und die ewige Verdammnis, Doktrin der Kirche, hatte die Unsicherheit und das Grauen in den Herzen der Gläubigen verankert. Sind die vielen Höllenvisionen in den Berichten der Mönche ein Beleg dafür, dass es tatsächlich mehr ängstigende Bilder in den Reisen des Mittelalters gab? Oder betonten die Kleriker diesen Teil der Berichte besonders, weil sie auf das Mittel der Angst setzten, um die Gläubigen zu lenken?

Tatsächlich erinnern sich aber auch viele Rückkehrer an die lichten Welten des Inneren Landes, an paradiesische Visionen und freundliche Geister, meist in der Gestalt von Engeln. Und wie heute hatten auch damals viele Menschen Probleme, sich aus der Erinnerung an die Schönheit der anderen Welt zu lösen, wie heute erschien ihnen die Wirklichkeit des Alltagsbewusstseins als Rücksturz in eine Schattenwelt. Der Subprior des englischen Klosters Eynsham berichtet 1196, wie der Mönch Edmund nach zweitägigem Koma erwachte und laut den Verlust der jenseitigen Welt beklagte, die ihn mit unvorstellbarer Freude erfüllt hatte. Ähnlich erlebte es die Mystikerin Juliana von Norwich, die ihr Erlebnis 1373 selbst aufzeichnete.

Auch in den mittelalterlichen Visionen empfanden manche Reisende das Bild des Inneren Landes als Ausdruck einer größeren, umfassenderen Wahrheit. Die Erzählung eines

Mönches des englischen Klosters Wenlock, aufgezeichnet von dem Missionar Bonifatius (672–754), kleidet das Erlebnis in Bilder, die sich um eine Übersetzung dieser besonderen Wahrnehmung in die Sprache des Alltags bemühen:

Er sagte nämlich, dass er durch den Schmerz der heftigen Krankheit plötzlich der leiblichen Schwere entledigt gewesen sei. Und das sei vergleichsweise am ehesten so, wie wenn die Augen eines sehenden und wachen Menschen mit einem völlig dichten Tuch verschleiert wurden, und das Tuch plötzlich weggenommen werde, und dann alles klar wäre, was vordem ungeschaut und verschleiert und unbekannt war. So sei ihm, als der Schleier seines irdischen Fleisches fiel, die ganze Welt insgesamt vor seinen Blicken gewesen. Und nach seinem Austritt aus dem Körper hätten ihn Engel von so intensiver Klarheit und Helle empfangen, dass er sie wegen der allzu großen Helligkeit überhaupt nicht anschauen konnte. Sie sangen mit fröhlichen und harmonischen Stimmen und erhoben ihn hoch in die Luft.[62]

Die Ähnlichkeit mit den Berichten moderner Rückkehrer ist unübersehbar, fast modern wirkt die Erzählung des Mönches in der Überlieferung des Missionars. Bonifatius bleibt distanziert, kennzeichnet die Geschichte als Zitat. In späteren Aufzeichnungen legten manche Priester besonderen Wert auf die Beschreibung der Begleitumstände, auf ihre eigene äußere Beobachtung und die anderer Zeugen, bevor sie das innere Gesicht des Rückkehrers schilderten. Der Bericht über die Vision eines 13-jährigen Jungen namens Orm ist ein Beispiel dafür. Im November 1125, schreibt ein Priester, schien der Junge nach wochenlanger schwerer

Krankheit zu sterben, sein Körper sei starr und kalt geworden wie ein Leichnam. Erst nach 18 Tagen sei er wieder zum Leben erwacht und habe berichtet, er sei einem »verehrungswürdigen Mann« in »schimmernder Kleidung« begegnet, der ihn durch jenseitige Sphären geführt habe.

Wie sehen die Landschaften der Seele in den Reisen des Mittelalters aus? Folgen wir den Visionären zunächst in die lichten Regionen des Inneren Landes, das die meisten als oberhalb der Erde gelegen erlebten, denn die Bewegung in diese Bereiche der Seele wurde stets als Schweben in die Höhen des Himmels überliefert.

Dieses Bild, auch wenn es keineswegs als wörtliche Beschreibung in der Alltagswirklichkeit verstanden werden muss, ist Ausdruck einer inneren Realität. Wenn das Körperempfinden schwindet, nimmt sich das Bewusstsein als leicht und schwebend wahr, die taumelnde Schwerelosigkeit einer Feder, die im Aufwind nach oben gerissen und dabei Kräften unterworfen wird, die kein Ich mehr beherrschen kann.

In manchen Berichten schreiben die Reisenden Engeln die Kraft zu, ihre Seele in die Höhe zu tragen, ein Bild, das auch Schamanen kennen, die bisweilen von ihren helfenden Geistern in die oberen Welten entrückt werden oder die auf dem Rücken ihrer Krafttiere an die Orte jenseits des Wachbewusstseins fliegen.

Bischof Gregor von Tours (538–594) zeichnete einen Bericht des Salvius von Albi auf, der den Aufstieg so erlebte:

Von zwei Engeln wurde ich in die Himmelshöhe erhoben, so dass ich nicht nur diese schmutzige Welt, sondern auch Sonne und Mond, Wolken und Sterne unter meinen Füßen zu haben meinte. Dann wurde ich durch ein Tor, heller als dieses Licht, in jene Wohnstatt hineingeführt, in der der ganze Boden wie von Gold und Silber strahlte – ein unaussprechliches Licht, eine unbeschreibliche Weite! Durch eine riesige Menschenmenge gelangten wir an einen Ort, über dem eine Wolke hing, heller als jedes Licht, und eine Stimme ging von dieser Wolke aus ...[63]

In dieser lichten Landschaft treffen die Jenseitsreisenden auf Bereiche, in denen paradiesische Gärten liegen. Mitte des 7. Jahrhunderts schilderte ein kleiner Junge namens Augustus aus Mérida in Spanien die jenseitige Welt als blumenbedeckten, farbigen, von Insignien des Reichtums und der Schönheit ausgezeichneten Ort:

Ich war an einem wunderbaren Ort, wo es viele duftende Blumen gab, ganz grünes Gras, Rosen und Lilien, und viele Kronen von Edelgestein und Gold, unzählbare Seidentücher, und ein milder Hauch erfrischte mit kühlem Wehen alles.[64]

Die besondere Kraft der Farben heben viele Menschen hervor, die das Innere Land durchstreiften. Wir sind dieser Wahrnehmung schon in den Erzählungen der alten Schamanen und der modernen Rückkehrer von der Grenze des Todes begegnet. Das Gras ist eben nicht einfach nur grün wie in der Wirklichkeit des Alltags, sondern von besonderer Intensität. Wenn auch Kinder dies hervorheben, denen die Beobachtung innerer Zustände nicht eigen ist, zeigt sich darin eine besondere Wahrheit, die allen Reisen in die nichtalltägliche Wirklichkeit gemeinsam zu sein scheint. Auch wenn wir dort irdischen Erinnerungen vergleichbare

Landschaften finden, sind sie doch von besonderer Farbigkeit und erhellt von dem überirdischen Licht, von dem nahezu alle Rückkehrer berichten.
Dieses Leuchten scheint eine grundlegende Konstante des Inneren Landes zu sein, wenn auch nicht der düsteren Regionen, so doch der Sphären, in denen die Begegnung mit dem umfassenden Wissen und der unaussprechlichen Liebe stattfindet.
In den mittelalterlichen Visionen ist oft auch von gewaltigen Städten die Rede, wie sie schon in der Offenbarung des Johannes, einer der großen Visionen der Menschheitsgeschichte, beschrieben werden. 1189 erlebte der holsteinische Bauer Gottschalk diese Stadt als freien Ort, der jedem zugänglich ist, im Gegensatz zu den engen mittelalterlichen Städten, die stets von hohen Mauern eingeschlossen waren und deren Tore streng bewacht wurden:

Er sah etwas wie eine in einem flachen Feld gelegene Stadt von so unendlicher Länge und Breite, dass er ihr Ende, wiewohl er doch über viele Meilen hinblicken konnte, keineswegs auszumachen vermochte. Und für diejenigen, die eintreten wollten, war die Stadt allenthalben zugänglich, allenthalben offen. Ihre Bürger spazierten entweder frohlockend in Herrlichkeit auf ihren Straßen oder ruhten fröhlich auf Bänken in ihren Räumen. Wie aber jene Stadt selbst ohne Ende war, so war auch die Menge ihrer Einwohner zahllos.[65]

Die Weite und die Freiheit dieser jenseitigen Welt erschien den Sterbenden als der verheißene Himmel des Christentums, aber dieses Paradies gewannen sie nicht auf einfachem Weg. Viele Rückkehrer berichten, dass sie durch Ebenen der Hölle geführt wurden, bevor ihnen ihre Begleiter

die lichten Ebenen des Inneren Landes öffneten. Manche erreichten diese Sphären nicht und sahen nur die Prüfungen der Hölle, bildhafte Verkörperungen der Angst vor Bestrafung, unter der so viele Menschen in jenen Zeiten litten.
Wie wir gesehen haben, sind diese Regionen für die reisende Seele aber nicht minder real als die Landschaften des Lichtes, und deshalb sollten wir uns auch in der Betrachtung der alten Schriften diesen Bildern öffnen und einige weiße Flecken in der Landkarte der anderen Welt durch die Ebenen des Schreckens ersetzen, so wie es Schamanen tun, die alle Bereiche des Inneren Landes erkunden.

Ars moriendi – die Kunst des Sterbens

Schon im Moment des Sterbens, wenn sich das Bewusstsein ausdehnt und gleichzeitig die Wirklichkeit des Wachbewusstseins und die Bilder der Seele wahrnimmt, fühlten sich viele Menschen des Mittelalters von den Geistern der Dunkelheit bedroht. Im Laufe der Jahrhunderte entwickelten die Mönche deshalb Anweisungen für einen guten Tod, ars moriendi, die Kunst des Sterbens. Ein Teil der frühen Texte enthält Gedanken, die den schamanischen Vorstellungen und den philosophischen Überlegungen des Ostens ähneln: Schon zu Lebzeiten sei es notwendig, sich der Endlichkeit zu stellen. Weil der Tod gewiss sei, müsse der Mensch stets so leben, als ob der nächste Augenblick der letzte sein könnte. Die Klarheit des Bewusstseins, wie sie aus dieser Haltung erwächst, galt als gute Voraussetzung, ruhig und im Einklang mit dem göttlichen Gesetz zu sterben.[66]

In manchen dieser Schriften, die wir als christliche Totenbücher ansehen können, fanden Priester auch direkte Anweisungen für den Umgang mit Sterbenden. In späteren Zeiten, als schwere Seuchen ganze Landstriche entvölkerten, wurden die ursprünglich lateinischen Texte in die Volkssprachen übersetzt, denn es gab nicht genügend Priester, um allen Sterbenden beizustehen. Die Bücher erörterten pastorale Fragen, beschrieben aber auch die unterschiedlichen Bewusstseinszustände, denen Menschen in der Phase des Übergangs begegnen können. Und sie bereiteten auf die verschiedenen Stationen der Reise vor, schilderten also die Landschaften des Jenseits. Es ist offenkundig, dass diesen Texten Erfahrungen in der Nähe des Todes zugrunde lagen, wie sie in den Klöstern aufgezeichnet wurden.

Eine der berühmtesten Visionen des Mittelalters, die das Denken vieler Menschen beeinflusst haben dürfte, wird von dem irischen Ritter Tundal berichtet, aufgezeichnet 1149 von einem schriftkundigen Freund:

Als meine Seele sich des Körpers entledigte und erkannte, dass er tot war, begann sie, sich im Bewusstsein ihrer Schuld zu ängstigen, und wusste nicht, was sie tun sollte. Sie wollte zu ihrem Körper zurückkehren, konnte aber nicht hinein. Dann wollte sie hinweg, aber überall begann sie sich zu fürchten. Weinend, heulend und zitternd erblickte sie endlich die so große Menge der unreinen Geister zu sich kommen, die sich alle gegen sie wandten und mit ihren Zähnen gegen sie knirschten.[67]

Der Bericht des Ritters zeigt, dass die Erwartung der Seele eine nicht geringe Rolle für die Richtung der Reise spielt.

Die Seele begann sich im Bewusstsein ihrer Schuld zu ängstigen, erzählt er, und in diesem Moment tauchten die Dämonen der Nacht auf und stürzten sich auf sie. Ganz ähnlich wie in den dunklen Visionen unserer Tage ist es die Angst, die das reisende Bewusstsein in eine ausweglose Situation bringt. Zahlreiche Visionen des Mittelalters beschwören diesen Moment, in dem die schützende, verdrängende Mauer des Ich zusammenbricht und den Dämonen der Seele den Weg ins Bewusstsein öffnet.

Die Angreifer aus dem Inneren Land sind von erschreckender Realität, albtraumhafte Wesen, keine Schimären aus dem Reich der Phantasie, sondern Geister, die das Innere Land bevölkern, nicht nur die Regionen der individuellen Seele, sondern die Bereiche, in denen die Bilder des Individuums im Meer kollektiver Erinnerungen leuchten. Diese Landschaften scheinen subjektiv und objektiv zugleich, denn sie folgen den persönlichen Ängsten ebenso wie den Überlieferungen ganzer Kulturen und den überpersönlichen Reichen, in denen sich alle Kulturen und Zeiten zu begegnen scheinen.

Es ist so, als ob die einstürzenden Mauern, die im Alltag die Wahrnehmung einer vielfach gefalteten Wirklichkeit verhindern, jetzt den Blick auf ein verwirrendes Reich erlaubten, in dem andere Gesetze herrschen. Und als ob die fliegende Seele nun, ihrem inneren Zustand entsprechend, für Wesen dieser Welten anziehend erschiene.

So erlebte der Ritter Tundal die Geister des Inneren Landes als gnadenlose, rächende Wesen:

Die Bestie saß über einem Sumpf aus gefrorenem Eis. Sie verschlang alle Seelen, die sie finden konnte, und nachdem sie in ihrem Bauch vernichtet worden waren, gebar sie sie in den Sumpf aus gefrorenem Eis, und dort wurden sie wiederum zur Qual erneuert. Es hatten aber die Bestien, die geboren wurden, glühende Eisenköpfe und schärfste Schnäbel, mit denen sie die Leiber, wo sie herauskamen, zerfetzten. An ihren Schwänzen hatten sie viele Stacheln, die, wie Haken zurückgebogen, die Seelen, aus denen sie herauskamen, zerstachen.[68]

Diese grauenhafte Vision zeigte einen Bereich der Hölle, in der sündhafte Mönche und Nonnen bestraft wurden, wie Tundal berichtet. Seine Erzählung gehört zu den am meisten verbreiteten Jenseitsreisen des Mittelalters und trug so zu jenem Klima der Angst bei, das leicht neue Albträume hervorbringt. Die Darstellung höllischer Wesen an den gotischen Kathedralen Europas zeugen noch heute davon – warnende Skulpturen, die viele reisende Seelen auf den Weg in die dunklen Bereiche des Inneren Landes gezwungen haben dürften.
Eine Landschaft der Angst, in der alle Kräfte der Natur sich gegen die Seelen der Verstorbenen wenden, erlebte 1189 auch der holsteinische Bauer Gottschalk, dem diese Ebenen neben den Schönheiten des Jenseits wie zur Warnung gezeigt wurden:

Da war aber ein Land, das Dornen und Stacheln hervorbrachte, eine öde Heide nämlich von der Breite von zwei Meilen, ganz starrend von feinen und unbiegsamen, ganz spitzen Stacheln, so wie eine Flachshechel. Diese Heide schien nämlich die, die über sie hinweggehen sollten, schon bald zerfleischen zu wollen und sich, um dies zu erreichen, gegen die Näherkommenden zu verhärten und zuzuspitzen. Wenn sie ob der durchbohrten Füße hinstürzend irgendein

Glied, das jenen Dornen ausgesetzt war, auch nur einen Moment aus dieser Folter herausziehen wollten, weil es von unerträglichem Schmerz gepeinigt wurde, setzten sie ein anderes der Marter aus, ähnlich zerfleischt zu werden. Und wenn sie aufstanden und versuchten weiterzukommen, brachen sie mit bei jedem Schritt durchbohrten Füßen von neuem zusammen ...[69]

Auch dieser Bereich ist nur ein Ausschnitt der jenseitigen Welt, aber der Bauer beschreibt die »Ebene der Dornen« äußerst präzise, mit genauer Angabe der Breite, ein Zeichen für die Klarheit, in der sich das Innere Land oft zeigt, überschaubar und messbar wie die Regionen des Alltags.

Die Reisenden des Mittelalters berichteten zwar häufiger von diesen düsteren Sphären, als es die Rückkehrer unserer Tage tun, erlebten aber oft gleichzeitig auch die paradiesischen Bereiche, nach denen sie sich später so sehr sehnten, wie viele alte Berichte vermerken. Es waren die Mystiker des christlichen Mittelalters, die sich aufmachten, diese Regionen zu suchen. Wie die Schamanen alter Traditionen gingen diese Visionäre einen Weg, das Tor zur zweiten Wirklichkeit willentlich zu öffnen, indem sie paradoxerweise ihren Willen aufgaben. So erreichten sie das Land jenseits der Sprache.

Die Anderswelt der Druiden

Die ursprüngliche keltische Religion existiert nicht mehr, sie ist in den Wandlungen der Jahrhunderte verschwunden. Aber die alten Bilder jener Zeiten vor dem Sieg der rö-

mischen Philosophie und des Christentums schimmern in den Aufzeichnungen der Eroberer und in den Geschichten und Sagen wie Splitter eines zerbrochenen Spiegels, der die Welt hinter unserem Blickfeld reflektiert. Was dort für kurze Momente aufblitzt, lässt erahnen, wie sich die Wirklichkeit der Seele in jenen Zeiten dargestellt haben mag.
Die Priester der keltischen Religion, die Druiden, gaben ihr Wissen nur mündlich weiter wie die Schamanen aller Kontinente, denn die Fähigkeit, verborgene Regionen der Wirklichkeit zu erreichen, wächst nach dieser alten Vorstellung nur im Zwiegespräch, das den Schüler dort empfängt, wo er steht, und ihn langsam auf einen persönlichen Weg führt, zu seinem Eingang in das Innere Land. Die Visionssuche war nach der Überlieferung der Kelten Aufgabe jedes Menschen, überliefert in den Geschichten von der Suche nach dem Heiligen Gral. Es galt, sich der Aufgabe des Menschseins zu stellen und den Weg des diesseitigen Lebens zu gehen, dabei aber nicht die anderen Wirklichkeiten zu vergessen, die gleichsam an jedem Ort gegenwärtig waren für das Auge des Wissenden, verborgen aber für alle Menschen, die nicht gelernt hatten, die zweifach gefaltete Realität zu verstehen.
Die Regionen jenseits des alltäglichen Wachbewusstseins wurden »Anderswelt« genannt, weil in ihnen die Gesetze der Zeitlosigkeit und der Schönheit herrschen. Vor Ankunft des Christentums scheint es im keltischen Denken den Begriff der Sünde nicht gegeben zu haben. So finden sich in den Sagen und Legenden, die das alte Wissen der Druiden, wenn auch nur in Bruchstücken, für künftige Generationen bewahren, keine Landschaften, die den mittelalterlichen Höllenvisionen gleichen, wohl aber paradiesische Bilder.

Durchaus könnten die alten Überlieferungen auch das Bild christlicher Reisender beeinflusst haben, wurden doch viele Visionen der frühen christlichen Zeit in irischen und englischen Klöstern aufgezeichnet, wo der Geist keltischen Denkens noch nicht vollständig verschwunden war. Es wird auch erzählt, dass manche Druiden sich zu Priestern weihen ließen, einerseits um das alte Wissen in die neue Zeit zu retten, andererseits auch, weil sich die Vorstellung des christlichen Paradieses durchaus mit den Bildern der Anderswelt deckte. Vor allem aber entsprach die christliche Idee einer unsterblichen Seele, die nach dem Tod in der Welt des Jenseits weiterexistierte, völlig der Vorstellung der Druiden.

Die römische Philosophie dagegen neigte in jener Zeit eher agnostischen Vorstellungen zu oder entwickelte die Vorstellung eines Ortes der Schatten, in dem die Seelen der Verstorbenen in ewiger Dämmerung vegetieren, ein düsteres Bild, das in der griechischen Tradition gewachsen war. Der Hades oder Orcus war ein Land, in dem die Bewusstheit seiner Bewohner schwand, ein Land ohne Entwicklung und ohne Wissen. Bisweilen erlebten die Seelen dort Strafen, die heute an die ewige Verdammnis der christlichen oder islamischen Tradition erinnern, aber diese Bilder sind eher selten. Die Unterwelt gleicht einer Höhle, in der sich die Persönlichkeiten der Verstorbenen in der Dunkelheit verlieren, eine Welt, die mit den von den Reisenden aller Jahrhunderte beschriebenen lichten Weiten des Inneren Landes wenig zu tun hat.

Die Priester der Kelten führten mit den römischen Eroberern offene Gespräche (wenn sie auch das Geheimnis ihrer Philosophie nicht vollständig enthüllten), und so finden wir bei Cäsar oder Lucanus Bemerkungen über die Lehren der Druiden, die uns einen (durch das Unverständnis eines sich überlegen fühlenden Geistes der Sieger gefärbten) Eindruck vermitteln. Cäsar glaubte nämlich, die keltische Lehre, die Seelen seien unsterblich, müsse ein Trick der Druiden sein, der den Kriegern die Angst vor dem Tod nehmen sollte. Lucanus beschreibt voller Erstaunen eine den römischen Ideen einer düsteren Unterwelt entgegengesetzte Vorstellung: Nach dem Tod herrsche nach Ansicht der Kelten weiterhin *»der gleiche Geist, nur in einem anderen Körper und einer anderen Welt«.*[70]

Ist die Anderswelt nur nach dem Tod erreichbar, oder gibt es auch im Leben einen Weg in diese Regionen? Offenbar fanden die Druiden Möglichkeiten, das Tor zu öffnen, denn zahlreiche alte Texte lassen erahnen, dass keltische Reisende das Innere Land betraten und ähnliche Regionen erreichten wie die traditionellen Schamanen, deren Geschichten wir schon gehört haben.

Für die Druiden gab es aber keinen Weg, der nach oben oder nach unten führte, keine Schichtung der Wirklichkeiten in unterschiedliche Ebenen. Vielmehr scheinen in ihrer Erfahrung diesseitige und jenseitige Landschaften unmittelbar miteinander verbunden zu sein. Sie liegen unter den Feenhügeln Irlands oder in den Nebeln verborgener Inseln, nicht weit entfernt von den Küsten des Festlandes. Manchmal aber öffnet sich auch mitten im Diesseits der Eingang in die andere Welt, in ein paralleles Reich der Zeitlosigkeit und der Vollkommenheit.

In bestimmten Momenten des Jahreszyklus, etwa in der Nacht des 1. November, wenn das Fest Samhain den Beginn des neuen Jahres anzeigt, in dem die Winteraussaat schon den Sieg über die dunkle Zeit verheißt, öffnet sich der Vorhang, und die Geister kommen in die alltägliche

Wirklichkeit.[71] Ebenso fällt es in diesen Augenblicken leicht, einen Blick in die Landschaften der Anderswelt zu werfen, wie überhaupt die Stunden des Wechsels vom Tag in die Nacht, die Zeiten des Zwielichts, in der Vorstellung der Druiden die Tore zur Anderswelt einen Spalt weit öffnen.

Wie sieht aber nun das Innere Land in der Erfahrung der Druiden aus? Da es keine Sammlungen von Berichten gibt, die den Reisen der alten keltischen Seher Gestalt verleihen, sind wir auf die Bilder der Sagen angewiesen. Die Landschaften, denen wir dort begegnen, ähneln so sehr den Reiseberichten der Schamanen, dass wir in ihnen die Wirklichkeit des Inneren Landes erkennen.

Die Anderswelt wird Avalon oder Emain Ablach genannt, eine Insel ohne Raum und Zeit. Wer sie als Sterblicher betritt und ohne Kenntnis ihrer Gesetze dort verweilt, kann sich seiner glücklichen Rückkehr nicht sicher sein. Das Epos von der Meerfahrt des Bran schildert, wie die Rückkehrer von Emain Ablach an den Gestaden der irischen Küste landen und dort feststellen, dass inzwischen zwei Jahrhunderte vergangen sind – eine tödliche Entdeckung für einen der Gefährten des Bran, denn als er den Boden Irlands berührt, zerfällt er augenblicklich zu Asche.[72]

Aber selten nur wollen die Menschen, denen es gelang, die ferne nahe Insel der Seele zu erreichen, in die alltägliche Wirklichkeit zurückkehren. Wie die Menschen unserer Tage, die das Land des Lichts oft nur gegen ihren Willen verlassen und dann lange Jahre den Verlust dieser Welt betrauern, scheint die Insel Avalon für die Reisenden der keltischen Zeit ein Ort des Glücks und der Erkenntnis gewesen zu sein, an dem es möglich war, sich der Wissenschaft und der Philosophie zu widmen, wie es in alten Texten heißt.

So berichten auch heutige Reisende von Regionen des Inneren Landes, deren Bewohner sich mit den alten Fragen der Wirklichkeit und des Sinns beschäftigen, wenn sie nicht direkt in Bereiche gelangen, die unmittelbaren Zugang zum Wissen aller Zeiten erlauben. Dieses plötzliche Wissen, in dem sich alle Informationen des Universums in einem einzigen Gedanken zu verdichten scheinen, ist in der alltäglichen Wirklichkeit kaum in Worte zu fassen, und so sprechen viele von einem Land, das sich der sprachlichen Erklärung vollständig entzieht.
In den Überlieferungen, die das alte Wissen der Druiden spiegeln, ist das Innere Land voller Bilder einer intakten Natur, in dem bisweilen der blühende Lebensbaum erscheint wie in den Visionen des Lakota Black Elk oder in der Todesnähe-Erfahrung des Holländers Mick Broekhuijsen. In der Meerfahrt des Bran heißt es:

Es gibt eine Insel in weiter Ferne; um sie herum der prächtigen Rosse des Meeres herrlicher Lauf gegen die schäumenden Wogen; eine Verzückung dem Auge, dehnt sich glorreich die Ebene, auf der die Heere sich regen im Spiel. Anmutige Erde, gespannt über die Jahrhunderte der Welt, über die sich Blumen breiten ohne Zahl. Drauf steht ein alter Baum in Blüten, in seinen Wipfeln rufen die Vögel die Stunden. Unbekannt die Klage oder der Verrat, der so bekannt ist auf der kultivierten Erde; nicht Schnödes oder Schroffes gibt es hier, stattdessen dringt sanfte Musik ans Ohr. Weder Leid, noch Trauer, weder Tod, noch Krankheit oder Siechtum, daran erkennt man Emain, die Insel; selten wurde ein solches Wunder geschaut. Schönheit einer Erde voller Zauber, unvergleichlich sind ihre Nebel. Reichtümer, Schätze aller Art birgt dies stille Land, fri-

sche Pracht, die von sanfter Musik widerhallt bei herrlichstem Wein.[73]

Die Insel der Wunder liegt im Nebel verborgen wie eine Wirklichkeit, die gegenwärtig ist und dennoch nicht sichtbar, bis das Auge den Nebel durchdringt. Dann erscheint Avalon, das Land der Seele, in dem sich die Vorstellung des Glücks in leuchtenden Bildern zeigt. Der Held Cuchulainn schildert es in einer alten Überlieferung so:

Mit kühnem Schritt habe ich ein Land betreten, das voller Wunder war und doch vertraut. Am Portal des Schlosses wächst ein Baum; nicht ungefällig ist die Harmonie, die ihm entströmt, ein Baum von Silber, darin die Sonne funkelt; goldgleich ist sein Glanz. Dreimal zwanzig Bäume wachsen da; ihre Wipfel berühren sich und berühren sich wiederum nicht; dreimal hundert Männer ernährt ein jeder Baum mit seiner vielgestaltigen, doch simplen Frucht ...[74]

Auch hier begegnen wir wieder dem strahlenden Licht, das die Bilder dieser Überlieferung mit den Erzählungen der Reisenden aller Orte und Zeiten verbindet. Die Anderswelt der Kelten ist eine Region des Inneren Landes, die nah an den Bereichen liegt, in denen sich die Schamanen und die modernen Rückkehrer von der Grenze des Todes bewegen.
In unserer Zeit unternehmen Menschen überall auf der Welt den Versuch, die Weisheit der keltischen Überlieferung neu zu entdecken. Manche Gruppen, vor allem in Großbritannien, können auf eine mehrere hundert Jahre alte Tradition zurückblicken. Die Begründer solcher Orden beriefen sich auf mündliche Überlieferungen, eine endlose

Kette, die bis in die Zeit der Kelten zurückreichen soll. Auch wenn diese Behauptung heute nicht mehr nachprüfbar ist, so können wir doch in alten schriftlichen Quellen und vor allem in den »Volkserzählungen« Elemente alter Rituale und verborgene Teile des philosophischen Gedankengebäudes der Druiden entdecken. Wissenschaftlich gibt es für die Authentizität keinen Beweis, deshalb erproben die modernen Forscher auf den Spuren der Ahnen die Überlieferungen im Experiment.

Als am Glauberg nicht weit von Frankfurt Ende des 20. Jahrhunderts ein bedeutendes Fürstengrab aus dem 5. Jahrhundert v. Chr. freigelegt wurde, entdeckten die Archäologen eine monumentale Figur, die wohl auf dem Grabhügel gestanden hatte. Das steinerne Monument zeigt einen Mann, der in der entspannten meditativen Haltung eines fernöstlichen Meisters steht, mit leicht gebeugten Knien. Eine Hand liegt auf dem Solarplexus, die andere im Bereich des Herzens. Der Blick ist wie in die Ferne gerichtet. In genau dieser Haltung war auch der Tote bestattet, in einem mit reichem Goldschmuck ausgestatteten Grab. Die Körperhaltung des Toten und der monumentalen Figur zeigt sich in vielen Skulpturen der Hallstattkultur aus dieser frühen Zeit.

Die amerikanische Religionspsychologin Felicitas Goodman hat mit Studenten über viele Jahre Körperhaltungen experimentell erprobt, wie sie in Höhlenzeichnungen oder archaischen Skulpturen überliefert sind. Die Untersuchungen zeigten, dass die unterschiedlichen Haltungen helfen können, in Verbindung mit akustischen Mitteln, etwa einer Rassel, das Bewusstsein zielgenau zu verändern. Die Figur vom Glauberger Fürstengrab scheint danach den Weg ins Totenreich zu weisen: ein versteinertes Monument der

Trance, die bildhafte Anweisung für einen Weg, das Tor zur Anderswelt zu öffnen.[75]

Das Totenbuch der Tibeter

Wenn wir uns nun den Landschaften der buddhistischen Tradition zuwenden, dann betreten wir nicht nur neue Bereiche des Inneren Landes, sondern begegnen auch einer ganz anderen Sicht der Wirklichkeit. Die Vorstellungen des tibetischen Buddhismus ähneln nämlich in mancher Hinsicht dem Denken der modernen Wissenschaft, sogar jener Strömung, die alle Bilder des reisenden Bewusstseins als Spiegelungen von Wünschen und Ängsten und damit als subjektive Erfahrungen eines vom materiellen Gehirn simulierten Geistes verstehen. Aber die Bilder in der Nähe des Todes sind im Verständnis der tibetischen Weisen mehr als letzte Lebenszeichen eines sterbenden Gehirns. Sie sind wechselnde Stadien des reisenden Bewusstseins, das sich selbst begegnet.

Das Totenbuch der Tibeter wurde im 8. Jahrhundert geschrieben, eine Sammlung von Lehren, die zuvor wohl mündlich weitergegeben worden waren. Eine Besonderheit dieses Textes liegt in der Art, wie und wann er gelesen werden soll. Auch wenn er schon im Leben dazu dient, die Landschaften des Todes näher kennen zu lernen, ist er doch vor allem für den Moment des Sterbens gedacht, sogar für die Zeit nach dem physischen Tod. Tatsächlich soll er von einem spirituellen Meister oder Freund am Sterbebett vorgelesen werden, wenn sich das Bewusstsein offenkundig aus dem Körper zurückzieht und eine direkte Kommunikation nicht mehr möglich ist. Die tibetisch-buddhistische

Tradition geht davon aus, dass der Geist des Sterbenden in dieser Zeit noch im Raum anwesend und bereit ist, sich von der Kraft des Wortes leiten zu lassen. Der tibetische Titel lautet »Bardo Thödol Chemno«, und das bedeutet »Große Befreiung durch Hören im Bardo«.

Der Zustand, in den das Bewusstsein eintritt, wenn die körperlichen Bindungen nachlassen, wird Bardo genannt. Es ist ein Zwischenzustand, irgendwo zwischen Leben und Tod. Aber auch spätere Stadien, selbst der vollständige körperliche Tod, gelten noch als Zwischenzustände, in denen die reisende Seele am Scheideweg zwischen Befreiung und Wiedergeburt steht. Die alten Texte sollen dem Sterbenden helfen, das Bewusstsein stabil zu halten und so in jedem Augenblick zu begreifen, was geschieht. Denn offenbar neigt die Seele in der existenziellen Bedrohung des Todes dazu, die Klarheit zu verlieren, abzugleiten in eine Schattenwelt des Unbewussten, und damit zum Spielball der Kräfte des Lebens und des Todes zu werden. In der tibetischen Vorstellung führt diese Bewusstseinstrübung unweigerlich zu einer Wiedergeburt, die eine entwickelte Seele verhindern möchte, denn sie strebt nach der Erleuchtung.

Das Bardo Thödol, so weit es vom Denken der Schamanen entfernt scheint, hat doch seine Wurzeln in einer Sicht der Wirklichkeit, die an die Welten der Schamanen des alten Weges erinnert, gleichzeitig aber auch an die Erfahrungen moderner Rückkehrer von der Grenze des Todes. In den Texten spielen nämlich Lichterscheinungen eine besondere Rolle, Lichter verschiedener Färbung, die dem Sterbenden in den Phasen des Todes nacheinander erscheinen, wenn sich die Lebenskraft nach und nach aus dem Körper zurückzieht. Am wichtigsten ist ein weißes, strahlendes Licht, dem der Sterbende sehr schnell begegnet: Es wird das Klare

Licht des Todes genannt, und dieses Licht gilt den Lamas als Aufleuchten der Natur des Geistes, ein Bild der Seele für den Urgrund des Seins, in dem alle denkbare Erfahrung und alles denkbare Leben verborgen liegt, sowohl das schon geschehene als auch das zukünftige.

Dieses Licht ist also Ziel und Leitstrahl zugleich, und für einen kurzen Moment hat die Seele die Möglichkeit, ihr wirkliches Wesen zu erkennen, also sich selbst als Teil des Ganzen zu begreifen. Wenn dieser Moment ungenutzt verstreicht, was den meisten Sterbenden geschieht, denn nur wenige haben die Konzentration auf das Ziel der Erleuchtung fest im Bewusstsein verankert, tritt das Bewusstsein ein in die Landschaften der nichtalltäglichen Wirklichkeit. Diese Landschaften erinnern an die Regionen, in denen die Schamanen reisen, und deshalb dürfen wir zu Recht davon sprechen, dass die tibetische Vorstellung vom Sterben auch in den Erfahrungen der Schamanen wurzelt.

Der alte spirituelle Weg der Bön-Religion, die vor dem Sieg des Buddhismus das Denken der Tibeter bestimmte, war eine schamanische Sicht der Welt. Dieser Weg führte in ein ganzes Universum von jenseitigen Landschaften, die von zahllosen Geistern bewohnt waren. Ein Teil dieser Welten verband sich mit der neuen Philosophie. Noch heute sind im tibetischen Buddhismus Rituale der alten Zeit gegenwärtig, auch das große Staatsorakel, vom Dalai Lama in schwierigen Fragen angerufen, erinnert daran. In einem schamanischen Trancetanz gibt das Orakel Antworten, die es aus den Regionen der anderen Wirklichkeit holt, oder mit den Worten der Tibeter: aus dem Bardo, dem Zwischenreich, das nicht nur im Moment des Todes existiert, sondern jederzeit die sichtbare Wirklichkeit umschließt wie die Anderswelt der Kelten.

Die beiden wichtigsten Regionen, die sich vor dem Auge des reisenden Bewusstseins öffnen, werden von zornigen und friedvollen Gottheiten bewohnt. Die tibetische Tradition sieht die überwältigende Wirklichkeit dieser zentralen Bereiche des Inneren Landes als großes Problem, denn jetzt besteht die Gefahr, dass sich das Bewusstsein in diesen Landschaften verliert und so zum Spielball fremder Kräfte wird. Das Innere Land ist aus dieser Sicht gleichzeitig formbar und überwältigend. Es verändert sich mit den Wünschen und Ängsten des Reisenden und lässt ihm doch keine Möglichkeit zu entkommen. Es ist dieser Zustand, dem die tibetischen Lamas, die buddhistischen Lehrer, entrinnen wollen: Das Land der zornigen und der friedvollen Gottheiten, sagen sie, sei keineswegs ein fester Bereich einer jenseitigen Welt, sondern nur eine Schöpfung des Bewusstseins, das sich jetzt schutzlos in den weiten Räumen der eigenen Seele bewegt, denn kein Körper erlaubt mehr den Rückzug in die stabile Welt der dreidimensionalen Wirklichkeit. Jeder Gedanke, jede Hoffnung und jede Furcht werden zu Bergen, Tälern, Flüssen und Meeren, vor allem aber zu mächtigen Geistwesen, die den Weg weisen oder mit unüberwindlicher Macht versperren.
Tatsächlich ist in den Texten des Totenbuches vor allem von den Bewohnern jener Welten die Rede, weniger von den bildhaften Räumen, in denen die Begegnung stattfindet. Alles scheint sich in gewaltigen Ebenen des Lichts abzuspielen, aus denen sich die Geister zu sichtbaren Wesen formen, in Mandala-Mustern geordnet. Ihre Kraft ist so gewaltig, dass sie das Bewusstein ins Wanken bringen und den Blick auf niedrigere Bereiche des Seins lenken können. Das Bardo Thödol will dem Bewusstsein des Sterbenden helfen, diesen und andere Zustände als Spiegelung der

Seele zu erkennen. Nur in diesem Augenblick ist die Befreiung möglich. Sobald das Bewusstsein aber in Angst oder grenzenloser Ehrfurcht die Wesen des Inneren Landes und die vorher und nachher sich zeigenden Erscheinungen als äußere Wirklichkeit wahrnimmt, sinkt es in die Dunkelheit des Vergessens.

Für unsere Betrachtung ist dieser Gedanke von großer Wichtigkeit. Er hilft uns, die Erfahrungen der traditionellen Schamanen und der Rückkehrer von der Grenze des Todes in neuem Licht zu sehen.

Die Berichte ängstigender Todesnähe-Erlebnisse haben uns gezeigt, wie wichtig die Klarheit des Bewusstseins für die Richtung und den Charakter der Reise sein kann. Im Land der Seele gibt es nicht dieselbe Stabilität wie in der alltäglichen Wirklichkeit, innere Bilder können zu Begegnungen mit Geistern oder Landschaften werden, die wie eine äußere Wirklichkeit erscheinen. Je mehr sich aber das reisende Bewusstsein ins Zentrum der Allumfassenden Seele bewegt, wo sich die Erfahrungen vieler Jahrtausende in einem gewaltigen Gemälde lebender Gedanken zeigen, umso mehr scheinen den Reisenden auch Wesen zu begegnen, die nicht mehr ihrer individuellen Seele entspringen, wohl aber der Entwicklung ihrer Persönlichkeit entsprechen.

Ganz gleich, ob wir der tibetischen Vorstellung folgen, dass alle Erscheinungen vor allem Projektionen der eigenen Seele sind, oder ob wir individuelle Schöpfungen von Begegnungen mit den kollektiven Welten der Allumfassenden Seele unterscheiden: Der Zustand unseres Bewusstseins, das diese Räume ausleuchtet, hat großen Einfluss auf die Bilder, in denen sich das Innere Land zeigt, vor allem aber auf den Charakter seiner Bewohner.

Für die Schamanen des alten Weges war dieser Gedanke nicht Bestandteil der Lehre. Sie versuchten, den Gefahren ins Auge zu blicken, um sie zu meistern oder sie, wenn notwendig, leichter umgehen zu können, nahmen die Erscheinungen aber gleichwohl als Wirklichkeit an. Ihre helfenden Geister geleiteten sie sicher ans Ziel, und so können wir die Verbindung der Schamanen mit ihren Helfern, die Verschmelzung mit den Geistern der nichtalltäglichen Wirklichkeit, auch als eine archaische Methode verstehen, das Bewusstsein in den fremden und vielleicht bedrohlichen Bereichen des Inneren Landes aufrechtzuerhalten. Denn die Verbindung mit Wesen, die vor allem in diesen Regionen zu Hause sind, gaben den Schamanen die Sicherheit, selbst für eine gewisse Zeit Bewohner dieses Landes zu sein. Indem sie die Kontrolle durch das Ich aufgaben, behielten sie die Klarheit ihres Bewusstseins und waren so in der Lage, ihre Aufgabe zu erfüllen.
Eine wichtige Lehre aus dem tibetischen Totenbuch ist der Gedanke, dass sich die Seele schon im Leben mit dem vertraut machen sollte, was ihr im Tod begegnen könnte. Von besonderer Bedeutung ist dabei die Frage, ob es möglich ist, das klare Bewusstsein ungebrochen aufrechtzuerhalten, um sich nicht in der überwältigenden Vielfalt der anderen Welt zu verlieren.
Die Tibeter versuchten deshalb, schon in den Reichen der allnächtlichen Träume die Klarheit des Geistes zu üben, indem sie bei vollem Bewusstsein aus dem Wachzustand in die Bilder der Nacht wechselten. In solchen Momenten, nach Jahren regelmäßiger Übung, fand sich das Bewusstsein in Landschaften, die den Bereichen jenseits des Todes ähneln, denn natürlich ist der Schlaf dem Tod verwandt, beide Zustände werfen die Seele in sich selbst zurück. Es ist

aber nur eine Verwandtschaft und nicht mehr, und neben Ähnlichkeiten gibt es auch große Unterschiede im Erleben, wie wir noch sehen werden, wenn wir im nächsten Kapitel an der Küstenlinie der Träume landen.
Für die Praktizierenden des tibetischen Buddhismus ist das Ziel die Vereinigung mit dem klaren Licht, das wohl aus dem Zentrum der Allumfassenden Seele strahlt. In den Reisen der Schamanen sind es kleinere und größere Aufgaben im Dienst der Gemeinschaft, in der sie leben, auch die Geleitung Verstorbener. Wenn Schamanen eine Seele begleiten, die sich in die Weiten des Inneren Landes aufmacht, verweilen sie aber nicht im Wachbewusstsein wie die spirituellen Begleiter der Tibeter, die am Sterbebett laut rezitierend die Landkarten der anderen Welt beschreiben, sondern gehen selbst auf die Reise in die Landschaften der Seele. So werden sie zu Begleitern, die den Sterbenden in die Bardo-Zustände folgen und ihnen helfen, den unverständlichen oder ängstigenden Bildern mit klarem Bewusstsein zu begegnen.

Der Weg der Schamanen, die Praktiken der Tibeter, die Visionen der mittelalterlichen christlichen Mönche und die viel älteren Erfahrungen der keltischen Druiden sind nur Beispiele für die Jahrtausende alte Begegnung mit dem Mysterium des Todes. Menschen aller Kulturen fanden ihren eigenen Weg ins Zentrum des Geheimnisses. Im taoistischen China oder im antiken Ägypten, aber auch in den lange vergangenen Hochkulturen Mittel- und Südamerikas existierten philosophische Vorstellungen und Riten, die beide Welten miteinander verbanden, das Diesseits und das Jenseits. Im antiken Griechenland scheinen mehr Menschen als in anderen Kulturen den Zugang zur persönlichen Erfahrung gefunden zu haben: Im Heiligtum von Eleusis gingen sie – wie Wissenschaftler heute vermuten – unter Einsatz halluzinogener Substanzen auf die Reise in die Welt hinter dem Schein.[76] Platons berühmtes Höhlengleichnis, nach dem die Wirklichkeit unseres Alltags nur ein Schattenbild ist, das ein verborgenes Licht aus der eigentlichen Wirklichkeit auf die dunklen Wände einer Höhle wirft, ist wohl entstanden, nachdem der Philosoph in die eleusischen Mysterien eingeweiht worden war. Was er dort fand, galt als das größte Geheimnis des Seins, es war verboten, die Wahrheit an Nicht-Eingeweihte weiterzugeben. Aber das Gleichnis lässt uns erahnen, wohin Platon gereist war: ins Zentrum des Inneren Landes, wo sich die Welt jenseits der Sprache erklärt.

Küstenlinie der Träume

Die Klarheit der Nacht

Wenn wir uns schlafen legen, sinkt das Bewusstsein nach geraumer Zeit in eine Zone des Vergessens. Aus diesem Zustand, der als völlige Zeitlosigkeit erscheint, also gleichsam wenige Sekunden umfassen könnte wie die Ewigkeit, erwacht ein verwandeltes Bewusstsein in den Landschaften der Seele. Das Besondere dieses allnächtlichen Zustandes ist die Gewissheit des Träumenden, eine unbezweifelbare Realität zu erleben. Im verwirrenden Wechsel der Bilder sieht das träumende Ich nicht Luftspiegelungen der in sich ruhenden Seele, sondern die Wirklichkeit, eine beruhigende oder ängstigende, von Freude oder Schrecken erfüllte Realität. Keinen Moment befällt das Bewusstsein ein Zweifel, so wie auch im Alltag, wenn wir uns in der Realität des Wachbewusstseins bewegen, niemand die Wirklichkeit der Landschaften und Personen in Frage stellt.
Im Augenblick des Erwachens erst erkennt das wieder erstarkende Ich die zauberhafte Verwandlung der Nacht. So lernen wir, uns im Alltag von den Landschaften der Seele abzugrenzen, die Erfahrungen der Träume von der anerkannten Wirklichkeit zu unterscheiden. Vielleicht machen wir uns, gestützt vom Wissen der Psychologie, in bestimmten Phasen unseres Lebens auf die Suche nach der Bedeutung unserer nächtlichen Reisen, aber wir sind selten bereit, mehr in ihnen zu sehen als symbolische Verkleidungen vergangener Erfahrungen, verborgener Wünsche, Ängste und Hoffnungen. Und doch ist dies schon viel,

denn wie wir wissen, drängt sich häufig das vergessene Selbst mit seinen Plänen und Bedürfnissen auf dem Weg der Träume in das Bewusstsein der Menschen.
Die Landschaften der Nacht sind Teil einer Insel, die dem Kontinent des Inneren Landes vorgelagert ist, vom großen Massiv des Festlandes durch eine Meerenge getrennt, aber dennoch in Sichtweite und deshalb wie ein Brückenkopf auf dem Weg in die ferneren Bereiche der Seele. Die Küstenlinie dieser Insel verändert häufig ihr Gesicht, deshalb können wir keine Sicherheit erwarten, wenn wir den Strand betreten oder die Steilküste erklimmen.
Bisweilen aber geraten wir, ohne es zu wissen, auch in den Reisen der Nacht in Regionen des Festlandes, also in Bereiche größerer Dichte und Klarheit. Solche Erfahrungen werten wir später gerne als freundliche Gaben des Unbewussten, als Ausdruck unserer ungezügelten Phantasie, auch als persönliche Leistung unseres kreativen Geistes. Manchmal, wenn die Traumbilder Wissen schenken, das uns im Wachen nicht zur Verfügung stand, seien es Kenntnisse über unbekannte Orte oder Personen oder auch Voraussagen, die Ereignisse in der Zukunft betreffen und sich vielleicht später bewahrheiten, sind wir für einen Moment erstaunt, beglückt oder beunruhigt, aber wir sehen darin vor allem das Wirken des Zufalls.
Die meisten Menschen lernen im Laufe des Lebens, ihre Träume zu missachten, und so fallen die Bilder der Nacht dem Vergessen anheim, schon bevor sie das Wachbewusstsein erreichen. Dennoch entgehen wir ihrer Wirkung nicht, denn wenn das Bewusstsein in der Seele reist, erlebt es ihre Wirklichkeit, und dies bleibt niemals ohne Folgen.
Die Insel der nächtlichen Träume liegt nur einen Steinwurf von den Gestaden einer zweiten Insel entfernt, die dem In-

neren Land unmittelbar vorgelagert ist. Diese zweite Insel liegt so nah am Festland, dass es leicht möglich ist, durch das seichte Wasser die Küste dieses gewaltigen Kontinentes zu erreichen. Aus diesem Grund haben Reisende aller Zeiten und Kulturen Techniken entwickelt, das Bewusstsein aus den Träumen der Nacht auf diese besondere Insel zu führen und den Traumzustand zu erkennen.

Vielleicht sollten wir diesen Ort der Seele »Insel der leuchtenden Träume« nennen, denn sobald wir in diesen Landschaften erwachen, finden wir uns in einer Umgebung, die nicht mehr mit den gewöhnlichen Szenen der Nacht zu vergleichen ist. Forscher des 20. Jahrhunderts sprechen von »luziden Träumen« oder von »Klarträumen«, denn die Bilder sind von ungeheurer Klarheit und Farbenkraft. Darin ähneln sie jenseitigen Landschaften, aber in vielem unterscheiden sie sich auch von dem, was Schamanen und vor allem die Rückkehrer von der Grenze des Todes berichten.

Der wichtigste Unterschied liegt darin, dass die luziden Träume von großer Individualität sind. Wir erkennen in ihnen kein Muster, das die Erlebnisse des einen Träumers mit denen eines anderen vergleichbar machen könnte. So unterschiedlich die Erfahrungen der Menschen im Alltag, so unterschiedlich sind auch die Landschaften ihrer Klarträume.

Wenn Schamanen das Innere Land erkunden, finden sie häufig Bereiche, in denen sich auch andere Reisende auskennen, so als ob jede Tradition denselben Wegen folgte und deshalb auch in vergleichbaren Regionen ankäme. Im Laufe der Jahre verändern sich die Landschaften, ein wenig oder auch umfassend, wie auch in der alltäglichen Wirklichkeit ältere Menschen ein Gebiet, das sie einst gut kannten, bisweilen kaum noch wieder erkennen, wenn sie nach

Jahrzehnten auf den Spuren ihrer Erinnerung noch einmal an die Orte ihrer Vergangenheit zurückkehren.
Dennoch ist es selten, dass sich das Innere Land vollständig verändert, geübte Reisende finden immer wieder den Weg und erreichen ihr Ziel.
In der Todesnähe-Erfahrung scheinen die Bilder noch stabiler zu sein, so als ob mit schwindender Festigkeit des Alltags die Wirklichkeit der Seele sich zu festen Bezugspunkten verdichtete. Diese Bilder drücken sich in Landschaften aus, die im Licht der unterschiedlichen Kulturen schimmern, aber sie haben doch viele Gemeinsamkeiten, ein Muster der Seele, das auf einen Bereich verweist, der mehr im Überpersönlichen liegt.
So bewegen wir uns, wenn wir in die Bilder der Nacht eintauchen, im Bereich der individuellen Seele, im Klartraum aber erreichen wir einen Ort, an dem persönliche Symbole schon die Welt der Archetypen berühren, wo kollektive Erinnerungen sich mit der individuellen Geschichte mischen. Wenn wir nun weiter gehen in das Innere Land, wird der Widerschein der eigenen Vergangenheit geringer, und wir treffen die Wesen des gemeinsamen großen Traums der Menschheit.
Häufig wechseln Reisende zwischen den Inseln und dem Festland, ohne es zu wollen, weil das Bewusstsein jenseits des Alltags äußerst wandelbar ist und von großer Leichtigkeit, so dass es schon zarte Winde von der Richtung abbringen können, eine Feder in den Luftströmungen der Seele.
Im Zustand des Schlafs wiegt es am leichtesten und ist deshalb nicht in der Lage, den Weg zu bestimmen. Im Klartraum aber, und dies ist sein Geheimnis, gewinnt es an Gewicht und kann mit den Bildern der Seele in einen Dialog treten.

Die tibetischen Weisen versuchen diesen Zustand zu erreichen, indem sie einen Teil ihres Ich am Einschlafen hindern, um das Bewusstsein, vor allem die Erinnerungen an das, was ihre Persönlichkeit ausmacht, über den dunklen Bereich des Vergessens zu geleiten, der in der ersten Phase des Schlafes die Verbindung zum Alltag löscht. Dieses lichtlose Tal ist der Grund, warum ein im Wachbewusstsein gefasster Beschluss, das denkende Ich nicht aufzugeben, so selten bis in die Szenen der Nacht reicht. In der Vorstellung der Tibeter wiederholt sich diese Erfahrung im Augenblick des Todes, wenn das Bewusstsein die Verbindung zum vergangenen Leben verliert und deshalb nicht erkennt, wie Ängste und Wünsche die Wesen des Inneren Landes anziehen oder, wie die Tibeter glauben, erst erschaffen.
Jede Nacht hat der Schüler des Buddhismus die Möglichkeit, sich auf diesen entscheidenden Moment vorzubereiten, indem er das Bewusstsein des Tages in die Landschaften der Nacht hinüberrettet.
Auch die Schamanen experimentieren mit dieser Technik, und ihr Ziel ist, einen weiteren Zugang ins Innere Land zu finden. Das Tal des dunklen Vergessens zu durchqueren, ohne das Licht zu verlieren, ist eine schwierige Übung. Deshalb ersannen die alten Meister andere Methoden, die Insel der klaren Träume zu erreichen. Sie versuchten, in den Träumen der Nacht zu erwachen und das Bewusstsein dann in diesem besonderen Zustand zu halten. Die berühmteste Technik schildert Carlos Castaneda, dem sein Lehrer Don Juan riet, in der Nacht seine Hände zu suchen. Indem sich der Schüler im Alltag auf diese Aufgabe konzentrierte, schulte er sein Bewusstsein, dies auch in den Träumen zu tun. Betrachtete er, nach vielleicht Monaten täglicher Übung, eines Nachts im Traum seine Hände,

konnte es geschehen, dass sich dem Bewusstsein blitzartig der Charakter der Wirklichkeit offenbarte. Das Ich kehrte zurück aus dem Vergessen, und mit ihm alle Erinnerungen und gleichzeitig die Gewissheit, in einem Traum zu sein. In solchen Momenten verwandelt sich die Szene, eine ungeheure Klarheit und Farbigkeit erhellt die Landschaften der Seele. Noch immer betrachtet das Bewusstsein ein persönliches Bild, aber jetzt ist der Weg frei, mit wenigen Schritten das Festland zu erreichen.

Kundschafter der Wissenschaft

Die meisten Menschen unserer Tage, die einen solchen Zustand der Klarheit erreichen, manchmal spontan, meist nach langer Übung, begnügen sich damit, ihren persönlichen Wünschen Gestalt zu verleihen. Sie verändern die Szenerien, sie experimentieren mit der Fähigkeit zu fliegen oder Wände zu durchdringen, Gegner abzuwehren und vielleicht zu verwandeln, wie es Zauberer und Hexen im Märchen tun. All das ist im Klartraum möglich, und das bei vollständiger Bewusstheit. Seit diese Fähigkeit des Geistes, einen bis dahin wenigen Meistern vorbehaltenen Raum der Seele zu betreten, von Forschern des Westens entdeckt wurde, schickten sie Kundschafter auf die neu entdeckte Insel, die bisher vor allem Schamanen regelmäßig besucht hatten. Während die Abgesandten der Wissenschaft die Insel der leuchtenden Träume betraten, hielten sie über elektrische Leitungen Kontakt zu den Versuchsleitern im Schlaflabor. Im EEG entdeckten die Forscher andere Kurven, als sie gewöhnliche Träume auslösen, und so gelang es ihnen, mit äußeren Messungen zu beweisen, dass im Innern etwas Besonderes geschah. Auf

ihren Expeditionen nahmen die Kundschafter Kontakt auf zu den Bewohnern jener Insel, und sie stellten fest, dass diese Wesen über einen eigenen Willen und eine eigene Geschichte verfügten. Die Forscher gingen sogar so weit, die Fähigkeiten dieser Wesen zu testen, indem sie ihnen Rechenaufgaben stellten. Die Kundschafter stellten fest, dass sich die Bewohner der Insel mit diesen Aufgaben schwer taten. Dagegen waren sie zum Beispiel in der Lage, wunderbare Gedichte zu schaffen, ein Beleg für ihre ungewöhnliche Phantasie.
Nach und nach lernten die Expeditionsteilnehmer, während ihres Aufenthalts auf der Insel der klaren Träume mit der Forschungsleitung im Labor Kontakt zu halten. Über Augenbewegungen teilten sie den Wissenschaftlern mit, ob sie am Ziel angekommen waren, und so war es zum ersten Mal möglich, aus einem veränderten Bewusstseinszustand heraus mit Menschen im Wachbewusstsein zu kommunizieren, ohne die Traumbilder zu zerstören.

Zu allen Zeiten haben Reisende ins Innere Land die Insel der klaren Träume als Startplatz in die Landschaften der Seele genutzt. Um diesen Weg zu gehen, sind besondere Vorkehrungen notwendig, auch ist es hilfreich, sich dem Traumtor in die Anderswelt in einer ruhigen, das Geheimnis respektierenden Haltung zu nähern. Carlo Zumstein schildert in einem Buch diesen »schamanischen Weg des Träumens«.[77]
Einerseits können Reisen in diese Regionen helfen, die Wandelbarkeit der Wirklichkeit besser zu verstehen, andererseits ist es aus diesem besonderen Zustand heraus auch möglich, unmittelbar Zugang zur Weisheit des Inneren Landes zu erhalten. So bedienen sich viele Schamanen dieses Eingangs,

um Hilfe für ihre Klienten zu suchen. Und nicht wenige Schamanen auch unserer Tage erhalten wichtige Botschaften in ihren Träumen, selbst in den Träumen der ersten Insel, in die nun ihrerseits Botschafter des Inneren Landes vordringen. Denn so wie die Menschen Kundschafter in die anderen Welten schicken, nutzen die Bewohner des Inneren Landes bisweilen den Weg in umgekehrter Richtung, wenn sie einzelnen Menschen wichtige Nachrichten übermitteln wollen, auch um ihnen den Weg der Schamanen zu weisen, eine Initiation im Traum also.

Wenn es gelingt, mit diesen Helfern aus der nichtalltäglichen Wirklichkeit ein Abkommen zu schließen (und das ist auch im Traum möglich), gelangt das überpersönliche Wissen des Inneren Landes auf direktem Weg ins Bewusstsein, eine Kommunikation der Seele mit sich selbst.

An der Grenze des Todes allerdings erlebt das Bewusstsein eine andere Wirklichkeit als in den luziden Träumen. Das Gefühl, den Körper zu verlassen und den Landschaften des Jenseits zu begegnen, ist von solcher Macht, dass kein Zweifel möglich scheint. Die Rückkehrer können deshalb ihre Traumerlebnisse, selbst die ihrer luziden Träume, ohne den Schatten eines Zweifels von ihren Erfahrungen im Grenzland unterscheiden.

Bisweilen allerdings sind auch in den leuchtenden Träumen eindrucksvolle Erfahrungen von Wirklichkeit möglich, die sich im Alltag überprüfen lassen: Wahrnehmungen von Orten, Personen und Gegenständen, die ohne Abstriche der Realität des Wachbewusstseins entsprechen. Dann wiederum können sich in diesen Reisen, die meist dort beginnen, wo der Körper des Träumers liegt, auch Objekte zeigen, die sich später als Abgesandte der Erinnerung erweisen: ein Stuhl vielleicht, der früher einmal an dieser

Stelle stand, oder ein wertvolles Schmuckstück, das wir inzwischen an einem anderen Ort aufbewahren. Weil dies geschehen kann, halten viele Wissenschaftler die Erfahrung, den Körper zu verlassen, nur für eine Simulation des schlafenden Geistes, der aus der Schatzkammer der Erinnerungen ein fast naturgetreues Abbild der Alltagswirklichkeit schafft. An den kleinen Fehlern, sagen diese Forscher, erkennen wir das Trugbild der Seele.

Vielleicht aber überlagern sich in solchen Bildern nur unterschiedliche Ebenen der Wirklichkeit. In der Nacht ist die Verbindung zur Alltagsrealität schwächer, und so können Bilder naher und ferner Bereiche der Seele im Bewusstsein sichtbar werden. In der besonderen Erfahrung, den Körper zu verlassen, könnten sich also Wahrnehmungen aus den Räumen des Alltags mit Bildern von den Küstenlinien des Inneren Landes mischen.

Vielleicht aber ist das Gefühl, den Körper zu verlassen, auch ein besonderer Zustand der Seele. Dafür spricht eine Untersuchung des amerikanischen Psychologen Charles Tart, der im Schlaflabor die Fähigkeit einer Träumerin testete, Körper und Seele willentlich zu trennen. Die Aufgabe der Reisenden bestand darin, eine vierstellige Zahlenkombination zu lesen, die auf einem Brett weit oberhalb des Bettes deponiert worden war. Weder die Träumerin noch der Versuchsleiter kannten die Zahl, denn sie wurde blind aus einem verschlossenen Umschlag gezogen.

Während der außerkörperlichen Reisen dieser ungewöhnlich begabten Frau wurden ganz andere Hirnstromkurven gemessen als in gewöhnlichen oder in luziden Träumen, ein Beleg dafür, dass außerkörperliche Erfahrungen nicht identisch sind mit den Träumen der Nacht, auch nicht mit den leuchtenden.

Drei Nächte lang hatte die Versuchsperson keinen Erfolg, wenn sie auch berichtete, den Körper verlassen zu haben. Aber sie fand sich stets in anderen Räumen und schaffte es nicht, sich zu dem Brett zu denken, auf dem das Papier mit der Zahlenkombination lag. Diese Erfahrung ist nicht ungewöhnlich für diesen Zustand, denn offenbar ist er nicht vollständig zu steuern. Die Seele hält immer Überraschungen bereit, wenn wir uns in ihre Räume begeben.
In der vierten und letzten Nacht der Versuchsreihe gelang es der Reisenden, die Zahlenkombination zu lesen, und was sie angab, war korrekt.[78]
Nach den strengen Kriterien der Wissenschaft reicht dieser Treffer nicht aus, um die Besonderheit der Erfahrung zu beweisen, auch wenn die Wahrscheinlichkeit, die Zahl zufällig zu erraten, verschwindend gering ist. Aber solche Versuche sind nicht leicht zu wiederholen, es scheint so zu sein, als ob sich die tieferen Schichten der Seele der Fixierung durch das Wachbewusstsein entziehen und die Ergebnisse meist unscharf werden, wenn wir versuchen, sie in die Sicherheit wissenschaftlicher Koordinaten zu zwingen.

Die Insel der gefangenen Träume

Es gibt noch eine weitere Insel, die dem Inneren Land vorgelagert ist, und dieser Ort kann unheimlich erscheinen und voller verborgener Schrecken. Gleichzeitig ist er offenbar von anderen Räumen der Wirklichkeit nicht zu unterscheiden, denn Reisende, die sich auf diese Insel verirren, haben auch nach der Rückkehr in den Alltag große Schwierigkeiten, die Traumgestalt ihrer inneren Bilder zu akzeptieren.

Wir können dieses Eiland die Insel der gefangenen Träume nennen, ein Zwischenreich, das Wachheit, Klarheit und Vision mit den bizarren Bildern gewöhnlicher Albträume zu einem Panorama der Verwirrung mischt. Die Wissenschaft nennt diese Träume Oneiroide, was traumähnliches Erleben bedeutet, vom griechischen Wort Oneiros abgeleitet. Das Oneiroid gilt als fiktive Wirklichkeit, wird also Halluzinationen gleichgesetzt, weil die Bilder in diesem Zustand offenbar persönliche Schöpfungen sind, die dennoch von geradezu greifbarer Realität zu sein scheinen.

Oneiroide kommen vor allem während schwerer körperlicher Krisen vor, also dann, wenn das Bewusstsein auf eine Todesnähe-Erfahrung zusteuert. Manche Forscher machen keinen Unterschied zwischen diesen besonderen Träumen und den Erlebnissen in wirklicher Todesnähe, und deshalb neigen sie auch dazu, das positive Modell zu kritisieren, wie es vor allem amerikanische Forscher vorlegten, als sie die Erlebnisse von Menschen in der Nähe des Todes entdeckten.

Wie wir schon gesehen haben, gibt es auch ängstigende Erfahrungen, die Sterbende offenkundig erfahren, aber viel häufiger bewegt sich das Bewusstsein in den lichten Räumen freudvoller jenseitiger Landschaften, wenn es das Grenzland betritt.

Für manche Reisende, die unfreiwillig ins Innere Land aufbrechen, ist die Insel der gefangenen Träume aber eine erste Station auf ihrem Weg. Vielen gelingt es nicht, diese Insel wieder zu verlassen und weiterzugehen, sie bleiben in den Bildern ihrer Visionen gefangen, bis sie zurückkehren dürfen in die trügerische Sicherheit des Wachbewusstseins. Die Übergänge von den oneiroiden Sequenzen zu echten Todesnähe-Erfahrungen scheinen aber fließend zu sein.

Auf der Insel der gefangenen Träume finden sich Schwerkranke manchmal in Szenen des Krieges, oft in ausweglosen Situationen, umgeben von Ausbrüchen unkontrollierter Gewalt. Oder sie gleiten in Bilder, die reale Erlebnisse des unmittelbaren Alltags, etwa die Behandlung im Krankenhaus, in düsteren Metaphern der Angst ausdrücken: So glaubte ein Patient, er schwebe mit seinem Bett in einem leeren Aufzugsschacht. Jeden Moment erwartete er, in die Tiefe des Schachtes zu stürzen und dort zu sterben.
Bisweilen flüchtet das Bewusstsein auch in Bilder, die eine Heilung herbeiwünschen, aber es spürt unmittelbar, dass dieser Wunsch scheitern wird, ein Erlebnis der Hoffnungslosigkeit: Eine Krankenschwester trat in einer Vision an das Bett des Patienten und füllte einen Haufen Knochen in den kranken Körper. Beiläufig teilte sie dem Patienten mit, die Knochen würden schon ihren Weg finden, und dann ließ sie das verzweifelte Ich allein zurück. Ein Bild, das an die Zerstückelung in den Initiationen der alten Schamanen erinnert, ohne aber zu einem guten Ende zu kommen, denn der Körper wurde nicht mehr »zusammengesetzt«.
Häufig überlagern sich Bilder der Alltagswirklichkeit mit farbigen Szenen surrealer Welten, und die Menschen der unmittelbaren Umgebung treten in diesen Visionen in neuen Rollen auf: Mitglieder des Pflegeteams, berichtet eine Frau, wurden zu Folterknechten und spielten ihre Rolle in einer fremden Umgebung, so als ob die Patientin an einen anderen Ort gebracht worden wäre. Die Szene erschien vollständig real, und auch nach der Rückkehr in die Alltagswirklichkeit stand sie fotografisch genau mit allen Einzelheiten im Gedächtnis.
Ein anderer Reisender erlebte als Beobachter das Sterben eines Menschen im Krankenhaus, aber das Bild, das er sah,

zeigte kein wirkliches Ereignis: Die Sterbende war eine russische Fürstin, eine Figur aus einer anderen Zeit. Die Szene erschien in einer späteren Vision noch einmal, aber in anderem Arrangement: in der Aufbahrungshalle eines Friedhofs, so wie auch gewöhnliche Träume bisweilen dasselbe Motiv nacheinander in unterschiedlichem Gewand zeigen.

Nicht alle Sequenzen dieser bizarren Visionen sind ängstigend, manchmal zeigen sich auch hoffnungsvolle Bilder: Eine Frau sah nach einer Reihe unheimlicher Szenen plötzlich zwei Schwalbennester – für sie ein Zeichen, dass ihr großer Wunsch, eines Tages Kinder zu haben, in Erfüllung gehen würde. Manchmal berichten Patienten auch, sich von oben gesehen zu haben, also getrennt vom physischen Körper, aber meist erleben sie ihre Vision aus der »normalen« Perspektive, die der Wahrnehmung im Wachbewusstsein entspricht.

Die Insel der gefangenen Träume gibt ihren Besuchern keine Antwort auf die Frage nach dem Sinn, die in der Todesnähe-Erfahrung eine so große Rolle spielt. Dort finden die Rückkehrer Szenen, die Leben und Tod in einen größeren, bedeutungsvollen Zusammenhang stellen, eine Reise zu den Quellen des Wissens. Hier aber warten keine Antworten, sondern Rätsel, die den Geist in Verwirrung stürzen.

Die Insel der gefangenen Träume arrangiert bizarre Erlebnisse, die oft zu keinem Ende kommen und einerseits als Blöcke nebeneinander stehen, andererseits auch ineinander überzufließen scheinen. Weil sich die Patienten so sehr mit den Erlebnissen im Krankenhaus und mit den dort agierenden Personen verbinden, verlieren sie oft das Gefühl für die Zeit. Es ist nicht die Zeitlosigkeit, wie sie im Zentrum der Seele, in der Nähe des Lichtes, erscheinen

kann, sondern eher eine Dehnung der Zeit, das Gefühl einer langen Gefangenschaft. Die Reisenden glauben, viele Tage lang in den Visionen gewesen zu sein, und manchmal gleiten sie tatsächlich immer wieder in neue Bilder, kehren aber auch für eine gewisse Zeit wieder in die Alltagswirklichkeit zurück, bis sich die Umgebung des Krankenzimmers in neuen Visionen verwandelt.
Tatsächlich können die Traumbilder auch direkt die Realität im Krankenzimmer überlagern, so wie in den Sterbebett-Erlebnissen. Aber die Oneiroide zeigen selten Visionen verstorbener Verwandter oder hilfreicher Geister, sondern geben den Besuchern im Raum eine neue Rolle, verändern in einem Trugbild das Äußere der Menschen und lassen Dialoge hörbar werden, die tatsächlich nicht stattfanden, obwohl sie als vollständig real in der Erinnerung stehen.
Neben neutralen oder positiven Szenen kreisen die Gedanken des schöpferischen Bewusstseins auf der Insel der gefangenen Träume vor allem um die Krankheit und die Gefahr des Todes. Wenn das Ich weitgehend stabil bleibt und nicht eine Sekunde an der Wirklichkeit der Bilder zweifelt, dann findet es ähnlich wie in den ängstigenden Todesnähe-Erfahrungen keinen Fluchtweg aus den albtraumartigen Szenen.
Manchmal aber wird das Bewusstsein in einer bestimmten Phase, auf die es keinen Einfluss zu haben scheint, plötzlich über die Meerenge auf den Kontinent des Inneren Landes entrückt, und dann kann sich eine Todesnähe-Erfahrung entwickeln, die der Seele in die Wirklichkeit ferner Welten folgt. Manche Todesnähe-Forscher betrachten die klassische Erfahrung an der Grenze des Todes deshalb als eine Sonderform des Oneiroids, gleichsam als den sinnerfüllten Kern einer besonderen Erfahrung des Geistes.

Dieser Gedanke würde allerdings nahe legen, dass der Geist im Licht des Bewusstseins stets die Räume der Angst durchqueren muss, bevor er die leuchtenden Höhen der anderen Welt erreicht. Vieles spricht aber dafür, dass es auf den Weg ankommt und auf die Klarheit des Bewusstseins und dass geübte Reisende die Insel der gefangenen Träume umgehen, zumindest aber schnell den Weg zum Festland finden können.

Für eine Landkarte der anderen Wirklichkeit ist es deshalb sinnvoll, das Innere Land von seinen vorgelagerten Inseln zu unterscheiden, auch von der Insel der gefangenen Träume, die so leicht mit dem Festland verwechselt wird, weil ihre Landschaften einen besonderen Charakter der Wirklichkeit haben und weil die klare Luft dieses Eilandes alle Konturen scharf erscheinen lässt, weshalb das reisende Bewusstsein keine Möglichkeit findet, den trügerischen Charakter der Bilder zu erkennen.

Wir müssen uns der Tatsache bewusst sein, dass wir in diese Welt geraten können, und dann ist es besonders wichtig, die Klarheit des Bewusstseins zu bewahren und die lichten Weiten des Inneren Landes zu erinnern, um so die Flucht von der Insel der gefangenen Träume zu ermöglichen. Die Schamanen des alten Weges haben sie offenbar meist umgangen, denn in den Berichten ihrer Reisen und Initiationen finden sich wenige Hinweise auf diesen düsteren Bereich. Aber die Insel existiert, und deshalb sollten wir uns darauf vorbereiten, auch dieses Land zu durchqueren, wenn uns der Zustand unserer Seele einmal dort ins Bewusstsein entlassen sollte.

Flügel der Wahrnehmung

Das Licht der heiligen Pflanzen

Die Pioniere der Ethnologie fanden in ihren kühnen Reisen auf den Flügeln halluzinogener Drogen den Eingang in die Welt der Märchen, in denen Tiere sprechen, auch die Pflanzen, bisweilen die Erde insgesamt, in denen Geister den alten Kampf zwischen Gut und Böse fechten und Menschen sich in jede beliebige Form verwandeln können. Was diese Bilder von den Märchen unterschied, war aber ihre unmittelbare Wirkung: Denn die Schamanen der tropischen Länder, die ihr Wissen über halluzinogene Pflanzen vor den christlichen Eroberern verborgen hatten, waren in der Lage, aus den Märchenlandschaften ihrer Visionen heraus zu heilen, und Ähnliches vollbrachten nun auch die Pioniere der Ethnologie. Weil die heiligen Pflanzen der Indianer diese unmittelbare Wirkung haben, konnte sich ein offener Geist auch nicht dem Gedanken entziehen, der Welt im Licht der Zaubertränke eine eigene Wirklichkeit zuzugestehen. Wenn die Schamanen des Regenwaldes heilten, tauchten sie vollständig ein in das Reich der Magie. Und so, schreibt Michael Harner, fanden sie den verborgenen, den spirituellen Grund einer Krankheit, wenn nicht auf einer Reise in die Tiefen des Inneren Landes, dann in einem Ritual, das die Helfer der nichtalltäglichen Wirklichkeit in die mittlere Welt rief. So verzauberte der Schamane seine Wahrnehmung, um mehr zu sehen, als sein körperliches Auge vermochte, wie es die Jivaro taten, das »Volk des heiligen Wasserfalls«.

Er hatte das Ayahuasca getrunken, und jetzt sang er leise und sanft. Allmählich erschienen zarte Linien und Muster in der Dunkelheit, und die schrille Musik der Hilfsgeister hüllte ihn ein. Die Macht des Zaubertranks nährte sie. Er rief, und sie kamen. Als erste erschien Pangi, die Anaconda, und umwand seinen Kopf, verwandelt in eine Krone aus Gold. Dann erschien Wampang, der gewaltige Schmetterling, schwebte über seiner Schulter und sang zu ihm mit der Stimme seiner Flügel. Schlangen, Spinnen, Vögel und Fledermäuse tanzten in der Luft über ihm. Auf seinen Armen erschienen tausend Augen, während seine Geisthelfer ausschwärmten, um die Nacht nach Feinden abzusuchen. Das Geräusch des stürzenden Wassers füllte sein Gehör, und während er das Donnern wahrnahm, wusste er, dass er die Kraft von Tsungi besaß, des ersten Schamanen. Jetzt konnte er sehen. Jetzt konnte er die Wahrheit finden. Er starrte auf den Bauch des kranken Mannes. Langsam wurde die Haut transparent wie das seichte Wasser eines Gebirgsbaches, und er sah darin, sich windend, Makanchi, die Giftschlange, die ein feindlicher Zauberer geschickt hatte. Der wirkliche Grund für die Krankheit war gefunden.[79]

Michael Harner, der schon bei seiner ersten Reise mit Hilfe der Ayahuasca-Liane an die Grenzen unserer alltäglichen Vereinbarung über die Wirklichkeit gestoßen war, wandte sich nach seinen Forschungen im Regenwald der europäischen Tradition zu, denn aus den Zeiten der Hexenverfolgung lagen zu viele Dokumente vor, um nicht einen wahren Kern der Zauberergeschichten zu vermuten. Und so entdeckten er und im Laufe der Jahre immer mehr Forscher auch in der Vergangenheit des Westens Indizien für den Gebrauch halluzinogener Pflanzen, Belladonna und

Datura etwa, um nur zwei der bekanntesten zu nennen. Die Hexen und Zauberer des Mittelalters und der frühen Neuzeit brauten Getränke, die ihnen den magischen Flug ins Innere Land erlaubten, und nicht wenige Darstellungen aus alten Zeiten zeigen Reisende, die sich im Flug in Tiere verwandeln, das Bild fliegender Schamanen also, die mit ihren Hilfsgeistern verschmelzen.

Heute wissen wir, dass eines der stärksten Halluzinogene, das die Natur hervorgebracht hat, auch in Europa vertreten ist, ein unscheinbarer Pilz, der sich besonders auf den Weiden vermehrt, im Dung der Kühe. Wir können also vermuten, dass er sich ausbreitete, als die Gesellschaften der Sammlerinnen und der Jäger sesshaft wurden, also schon vor Jahrtausenden. Es ist nicht ohne Ironie, dass dieses alte Wissen auf dem Umweg über eine vom Fortschritt des Westens vergessene Region Mexikos den Weg zurück nach Europa fand. Diese Wiederkehr des alten Wissens ist mit dem Namen der Mazateken-Heilerin Maria Sabina verbunden. In Mexiko nämlich wird seit präkolumbianischen Zeiten ein Pilz der psilocybinhaltigen Gattung für die Heilung der Kranken genutzt. Dieser Pilz war den Menschen heilig.

Es gibt weltweit zahlreiche Arten der Psilocybe. Sie enthalten unterschiedliche Mengen des Wirkstoffes Psilocybin. Die in Mitteleuropa verbreitete Art trägt den Namen *psilocybe semilanceata.*

Als die Geschichte der Maria Sabina im Westen bekannt wurde, reisten Drogentouristen aus aller Welt, vor allem aus den nahe gelegenen USA, in das Dorf der Schamanin und gaben vor, auf der Suche nach Gott zu sein. Sie verletzten die Tradition dieser indianischen Gemeinschaft und brachten die heiligen Pilze in Verruf.

Heute, viele Jahre nach diesen Ereignissen, ist das Wissen über die Wirkung des »Fleisches der Götter« oder der »Kinder«, wie die Indianer die Pilze nennen, einer von vielen Namen, die Ehrfurcht oder freundliche Verbundenheit ausdrücken, in unsere Zeit gerettet. Manche Gruppen auch in Europa nutzen ihn wieder in der alten Weise, als Eingang in die weiten Landschaften der Seele.

Psychotrope Pflanzen sind Lebewesen, und sie fordern ihr Recht. Bisweilen scheint es, als ob sie einen eigenen Willen hätten, als ob sie nicht zuließen, nur Schlüssel zu einem der Tore zu sein, die ins Innere Land führen. Es ist eher so, als ob in der Verbindung mit dem Menschen, der seine Reise antritt, auch der Geist der Pflanze geweckt würde, ein mächtiger Verbündeter, aber auch ein Wesen, das selbst Entscheidungen trifft. Wenn der Reisende seinen Weg ins Innere Land allein bestimmen will, wenn er die Bilder seiner Seele gegen den Willen der Pflanze zu steuern versucht, dann kann die Szenerie verschwimmen, können sich Höhlen in gewaltige Hallen verwandeln, und der Tunnel in die unteren Welten mag endlos erscheinen. Tatsächlich muss sich das steuernde Ich zurücknehmen und wie in der Todesnähe-Erfahrung den Bildern folgen, die sich vor seinem Auge öffnen. Die heiligen Pilze katapultieren das Bewusstsein manchmal in einen entlegenen Bereich des Inneren Landes, und dies kann so schnell gehen, dass sich unmittelbar die fernen Räume der Seele öffnen. Offenbar gelingt es den Reisenden erst nach langer Übung, ein vorher festgelegtes Ziel zu erreichen, etwa die Suche nach einer verschwundenen Seele oder auch nach der Ursache einer Krankheit.

Im Schamanismus ist dies aber der eigentliche Sinn jeder Reise, außer vielleicht in den Ritualen der Initiation, wenn junge Frauen oder Männer den Raum der Kindheit verlassen und in das Haus der Erwachsenen ziehen. In diesen Zeiten schreibt es die Tradition vieler archaischer Gemeinschaften vor, die Initianden mit der Welt hinter dem äußeren Schein in Verbindung zu bringen oder besser: die ursprüngliche Verbindung mit der nichtalltäglichen Wirklichkeit wiederherzustellen, die in den Jahren der Kindheit noch bestanden hatte. So begegnen viele junge Menschen den Geistern des Inneren Landes, auch wenn sie später nicht den Weg der Schamanen gehen.

Wenn Menschen unserer Zivilisation heute halluzinogene Pflanzen nutzen, um den Eingang ins Innere Land leichter zu finden, dann tun sie es fast immer auf der Suche nach dem Sinn des Lebens oder der Begegnung mit dem Numinosen, wie C.G. Jung sagen könnte.[80] Maria Sabina blieb bis zum Ende ihres Lebens verwundert über diese Haltung. Sie sagte, ihr Volk habe sich stets mit den »heiligen Kindern« verbunden, weil Menschen krank waren und geheilt werden mussten. Der Glaube an eine andere Wirklichkeit war ihr so selbstverständlich und durch persönliche Anschauung bestätigt, dass sie sich nicht vorstellen konnte, durch das Tor der Pilze zur Anschauung Gottes zu gehen. Gott existierte, und mit ihm die Welt der Geister und die Wohngebiete der Toten.

Zentrum des Zyklons

Längst haben Wissenschaftler aller Fachrichtungen die heiligen Pilze erforscht, ihre Wirkstoffe synthetisiert und die Gabe des Wirkstoffes Psilocybin in Psychotherapien eingebunden. Diese neuen Methoden des Westens, wie etwa die psycholytische Therapie, beabsichtigen nicht die Heilung körperlicher Gebrechen, sondern eine Lösung schwerwiegender seelischer Konflikte. Im letzten Grund aber fördern sie die Suche nach dem Sinn, ein in unserer Zivilisation bedeutsamer Anlass, das Innere Land zu betreten. Denn der Mythos der Moderne suggeriert der fragenden Seele eine mechanistische Welt ohne festen Boden, der uns Sicherheit geben könnte.

Wer den Sinn des Lebens sucht, wird von Wissenschaftlern und Philosophen der Neuzeit, vor allem aber von den Vertretern der materialistischen Hirnforschung, an einen Abgrund gestellt, der sich in der Unendlichkeit verliert. Der Glaube an die Sinnlosigkeit des biologischen Zufalls ist zwar nicht weniger metaphysisch als das Vertrauen in eine Wirklichkeit jenseits des Sichtbaren, kleidet sich aber in das Trugbild der Vernunft. Die Priester des Rationalen singen das Hohelied des Wachbewusstseins und sprechen dabei gleichzeitig dem Ich seine Existenz ab, denn sie sehen in ihm nur eine Simulation des Gehirns, die sich im Kampf um die Vorherrschaft auf diesem Planeten als nützlich erwiesen hat. So nehmen sie der Seele das Recht, ihre eigenen Bilder als Wirklichkeit zu akzeptieren. Diese Botschaft der Wissenschaft stürzt das Selbst in Verzweiflung, denn es weiß um die weiten Landschaften jenseits des Wachbewusstseins.

Die Angst des manipulierten Ich, sich der Lächerlichkeit preiszugeben, schneidet das Bewusstsein vom Strom des Lebendigen ab, der aus dem Kern der Seele fließt. Eine Krankheit, die aus dieser Trennung erwachsen kann, ist die Depression, eine andere hat mit Ängsten zu tun, die sich bis zur Panik steigern können. Das Gefühl, in der Leere einer sinnlosen Existenz dem dunklen Ende entgegenzudämmern, könnte die Ursache zahlreicher Konflikte der Gesellschaft sein. Umgekehrt führt die Verzweiflung, wie sie das düstere Weltbild der materialistischen Wissenschaft hervorbringt, auch zum Anwachsen dubioser Erweckungsbewegungen oder zur Verbindung vieler Menschen mit den zahllosen Sekten des Westens. Denn in der Sicherheit unantastbarer Glaubenssätze versucht das Ich, der Angst vor endgültiger Vernichtung zu entkommen.

In diesem Umfeld kann die Begegnung mit der Weisheit des Inneren Landes heilsam sein, und die heiligen Pilze wie auch andere halluzinogene Substanzen sind dann wie ein Licht in der Dunkelheit.

Aber welche Landschaften können wir entdecken, wenn wir uns von wissenden Pflanzen ein Tor öffnen lassen?

Es sind andere Bereiche des Kontinents, auf dem sich das Innere Land erstreckt, aber wenn wir das Land der Halluzinogene genauer betrachten, finden wir auch hier bekannte Landschaften, die vertrauten Umrisse schon erstiegener Gipfel oder die grünen Täler, in denen sich das menschliche Bewusstsein mit der Kraft der Tiere und Pflanzen so leicht verbindet. Tatsächlich sind die psychotropen Gewächse machtvolle Helfer auf der Suche nach dem Zentrum des Seins, aber sie bieten auch keine Abkürzung. Wohl ist es möglich, sehr schnell in entfernte Regionen vorzustoßen, aber dies scheint stets abhängig zu sein von der Entwicklung des Selbst, von seiner Fähigkeit, die Bilder des Inneren Landes zu begreifen. Wer ohne Vorbereitung auf die Reise geht oder fahrlässig das Tor öffnet, um eine schnelle Erfahrung zu suchen, kann sich in den Weiten des Alls verirren und für Äonen in der Angst vor der Auflösung gefangen bleiben.[81]

Wie die Schamanen des alten Weges, die oft Jahre benötigten, um den verborgenen Eingang zu finden, und noch mehr Jahre, um mit einem kleinen Teil des Inneren Landes vertraut zu werden, sind auch die Reisenden im Licht der Halluzinogene nur erfolgreich, wenn sie langsam gehen und voller Ehrfurcht. Denn es kommt weniger darauf an, alle Bereiche genau zu kennen, eher geht es darum, von den verborgenen Gesetzen dieses Landes zu wissen und seine Bewohner zu achten, auch in Kontakt mit den Wesen zu treten, die sich schon immer dort aufgehalten haben, und am Ende bereit zu sein, Bereiche jenseits der Vorstellungskraft zu betreten.

Unser Wachbewusstsein denkt in beschränkten Kategorien, und alles, was die Koordinaten des Alltags zu verschieben droht, nimmt ihm die Sicherheit. Gleichzeitig schwebt es in der Sehnsucht nach anderen Welten, in denen die Gesetze der Schwerkraft aufgehoben sind und sich aller Sinn in einem einzigen Punkt verdichtet, es wünscht sich also die Erkenntnis der Welt.

Dieser sehnliche Wunsch entspringt ebenso wie die Furcht, die Kontrolle zu verlieren, der Angst vor dem Tod, die ja auch in unserer Zeit stets gegenwärtig ist, gerade weil die Wirklichkeit des Todes niemand wahrhaben möchte. Die Urangst vor dem Ende der persönlichen Existenz ist eine gewaltige Triebfeder zahlloser Handlungen, großartiger und grauenhafter.

Den Tod als Begleiter zu akzeptieren, wie es Don Juan in den Erzählungen Carlos Castanedas von seinem Schüler forderte, kann für das Ich die Befreiung sein, aber dies ist eine schwere Übung. Vor allem in lebensbedrohlichen Krisen und besonders am Ende des Lebens, wenn der Körper zu sterben beginnt, versucht das Ich stattdessen, die Fäden der alltäglichen Wirklichkeit zu ergreifen und sein schwindendes Bewusstsein daran zu knüpfen. Aber diesen Kampf muss es verlieren. Dem Tod wird der Kern der Persönlichkeit nur entkommen, wenn er ihn annimmt, so wie die Schamanen des alten Weges sich zerstückeln ließen, um wiedergeboren zu werden.

Im Inneren Land kann das reisende Bewusstsein durchaus Regionen erreichen, die dem Tod des rationalen Ich entsprechen. Es sind die leeren Räume der Unendlichkeit, in denen sich das Bewusstsein mit etwas Größerem verbindet, das jenseits der Welt farbiger Bilder liegt. Dieser Bereich liegt überall und nirgends, ist ein weites Land ohne Landschaft, farblose Farbigkeit, Sprache ohne Worte, Wissen ohne die Notwendigkeit der Erkenntnis, grenzenlose Freiheit und völlige Geschlossenheit, das All-Eine und zugleich das Nichts. Indem sich die Gegensätze vereinen und in sich selbst auflösen, dehnt sich das Bewusstsein in Raum und Zeit bis zu den Anfängen und dem Ende.

Weder ist dies eine Region des Inneren Landes, die nur auf den Flügeln der Halluzinogene zu erreichen ist, noch können umgekehrt die Reisenden zuverlässig darauf vertrauen, mit den Verbündeten aus der Welt der Pflanzen dieses Zentrum des Inneren Landes und vielleicht der Allumfassenden Seele zu erreichen. Aber viele Menschen, die diesen Weg für sich öffneten, konnten einen Hauch dieser Erfahrung erahnen, den die Weisen des Ostens »Satori-Zustand« oder »Erleuchtung« nennen.

Viele Wege führen in dieses Zentrum, und wie wir noch sehen werden, können wir auch im Rhythmus der Trommel unsere Reise ins Auge des Zyklons antreten, wo mitten im Energiestrom des Universums völlige Ruhe herrscht, aber auch das Wissen um die wirbelnde Kraft, die diesen ruhenden Pol umkreist.

Betrachten wir jetzt den Bericht eines amerikanischen

Theologiestudenten, der das Tor zur anderen Wirklichkeit mit dem Wirkstoff der heiligen Pilze öffnete. Sein Bericht zeigt, warum es heilsam sein kann für das ängstliche Ich, in diese Region des Inneren Landes zu gelangen: In der Vereinigung mit dem Urgrund des Seins erscheint die Realität des Alltags plötzlich als das, was sie ist, als winziger, beschränkter Ausschnitt des Ganzen, dem wir uns inmitten der Fülle unserer Wahrnehmung jederzeit zuwenden können, wenn wir wollen. Das, was wir im Alltag für die einzig gültige Wirklichkeit halten, ist aus der Sicht des Inneren Landes nicht mehr als ein Punkt im Universum der Allumfassenden Seele.

Es ist bedeutungsvoll zu sagen, dass ich aufhörte zu existieren, indem ich mich im Grund des Seins versenkte, in Brahman, in Gott, in das Nichts, in eine letzte Realität. Wenn mich jedoch jemand nach meinem Namen gefragt hätte, über das, was ich gegessen hätte heute Mittag, so fühlte ich, ich hätte auf die Routinewelt des Alltags zurückblicken können wie auf einen Punkt und hätte korrekte Antworten geben können. Ich wusste, wie fremdartig und entfernt dieser Punkt aus meiner transzendierten Perspektive erschien. Die Gefühle, die ich erlebte, können am besten beschrieben werden als kosmische Zartheit, durchdringender Friede, unendliche Segnung und bedingungslose Annahme durch eine Hand oder eine andere unter unaussprechlicher heiliger Scheu, überwältigender Freude, ursprünglicher Demut, unaussprechlicher Dankbarkeit und grenzenloser frommer Hingabe. Jedoch sind alle diese Worte hoffnungslos unangemessen und können nicht mehr als bescheiden etwas in der Richtung der ursprünglichen unaussprechlichen Gefühle auszudrücken versuchen, die ich tatsächlich empfand. Die »Liebe«, die ich auf dem Höhepunkt empfand, war so überwältigend, als ob sie untragbar sei oder fast schmerzhaft, und die Tränen in diesem Moment waren die einer ganz unfassbaren Freude.[82]

Im Labor der Visionen

Wenn die Wissenschaftler unserer Tage den Pflanzenreisenden ins Innere Land folgen, dann tun sie dies, um das Rätsel des Bewusstseins zu lösen. Oft experimentieren sie selbst zunächst mit den Substanzen, die sie ihren Psychonauten verabreichen, um die Sprache zu verstehen, die diese Kundschafter im Land der Seele zu sprechen lernen. Vielleicht gewinnen sie deshalb eine Offenheit für die changierenden Sphären der Wirklichkeit, die sie als strenge Beobachter in der Sicherheit des Labors nie erreicht hätten. Sie verhalten sich ähnlich wie die ersten ethnologischen Pioniere, wenn auch die Gefahren heute geringer sind als bei den frühen Experimenten in den Wäldern Amazoniens. Einer dieser Forscher ist der Neuropsychiater Franz Xaver Vollenweider, der sich der Suche nach den neurobiologischen Verbindungen gewidmet hat, die das Innere Land mit den Gehirnen der Menschen verknüpfen. Bei seinen Untersuchungen im PET-Zentrum[83] der Universität Zürich hat er nicht nur die Wirkung heiliger Pilze oder der Ayahuasca-Liane untersucht, sondern auch andere Substanzen aus dem Zaubergarten der Tropen, vor allem aber die neu entdeckten Tore des vergangenen 20. Jahrhunderts, die mit synthetischen Stoffen den Weg ins Innere Land öffnen. Die Rede ist von Ketamin, einer wirkungsvollen Substanz, die den Geist in den Zustand des Schwebens und weit darüber

hinaus bringen kann, und von der Entdeckung des Schweizer Chemikers Albert Hofmann, die unter dem Namen LSD bekannt ist.
Erfahrene Reisende, die sowohl die natürlichen als auch die künstlichen Substanzen aus eigener Erfahrung kennen, der Ethnopharmakologe Christian Rätsch zum Beispiel, betrachten die Pflanzen der Götter als geistige Wesen, die gleichsam beide Wirklichkeiten bewohnen und die im Inneren Land die Gestalt von Verbündeten annehmen. Diese Helfer sprechen eine eigene Sprache, und so werden die Zauberpilze auch sprechende Pilze genannt. Aus demselben Grund betrachten die Schamanen des Regenwaldes den Geist der Ayahuasca-Liane als persönlichen Lehrer, der die Visionen steuert.
Die Substanzen des 20. Jahrhunderts dagegen sind aus der Sicht der Ethnopharmakologen eher wesenlose Helfer, die dem Bewusstsein einen Stoß versetzen, um es allein und auf sich gestellt in die Weiten des Inneren Landes zu schleudern. Natürlich können die Reisenden dort mit den Bewohnern jener Sphären Kontakt aufnehmen, aber sie haben keinen Begleiter, der ihnen von Anfang an den Weg weist.
Der Neuropsychiater Franz Xaver Vollenweider kommt zu dem Ergebnis, dass manche Landschaften des Inneren Landes eine andere Ebene der Wirklichkeit darstellen könnten, also keine Vorspiegelungen eines manipulierten Gehirns sind. Und er erkannte, dass der Geist, wenn er sich in die Weite der Seele ausdehnt, stets ähnliche Regionen erreicht, ganz gleich, auf welchem Weg er das Innere Land betritt. Es scheint so zu sein, als ob künstliche und natürliche Substanzen auf der einen Seite und die ausgefeilten Methoden der nordamerikanischen, nordeuropäischen und sibirischen Schamanen auf der anderen Seite das Bewusst-

sein aus der Verankerung lösen und so den Vorhang heben könnten, der diese Welt von der Anderswelt trennt. Wie wir schon gesehen haben, wird die Reise unterschiedlich weit führen und unterschiedlich schnell gehen, sie kann nähere Regionen berühren, die noch in der individuellen Seele liegen, aber auch fernere Regionen, die der Welt der Ur-Ideen oder der Archetypen entsprechen. Und keineswegs garantiert die halluzinogene Droge den geraden Weg ins Zentrum. Wie in den Reisen der Menschen, die vorübergehend an der Grenze des Todes standen, kann die Seele sich ganz plötzlich ausdehnen und ebenso plötzlich wieder verengen auf den Brennpunkt, den wir als Wachbewusstsein wahrnehmen. Und sie kann auch für lange Zeit in den Nahbereichen verweilen oder Bilder des Inneren Landes, vor allem die Projektionen seiner Bewohner, mit der Wahrnehmung in der alltäglichen Wirklichkeit verbinden.

Der bedeutendste Forscher auf dem Gebiet der halluzinogenen Substanzen ist der Psychiater Stanislav Grof, der Tausende von Reisen unter dem Einfluss des LSD begleitet und aufgezeichnet hat. Stanislav Grof bringt zentrale Bilder, wie sie das LSD auslöst, mit der Ur-Erfahrung der Geburt in Verbindung, aber das bedeutet keineswegs, dass er die ungeheure Erweiterung des Bewusstseins als übersteigerten Ausdruck früher, traumatischer Erfahrungen verstanden wissen will. Viele Bilder, in die das Bewusstsein die Landschaften der Seele kleidet, vor allem in einer bestimmten Phase der Reise, scheinen aber diesen Erfahrungen entlehnt zu sein, und deshalb liegt eine besondere Macht in ihnen.

Stanislav Grof beobachtete das ganze Spektrum der Erlebnisse, von persönlichen, die mit Bildern der Erinnerung korrespondieren, über traumartige Sequenzen, die den vorgelagerten Inseln des Inneren Landes entsprechen, bis zu den großen Visionen von Tod und Wiedergeburt und der Vereinigung mit dem Urgrund des Seins.

Weil die Experimente mit den psychotropen Substanzen weltweit verboten wurden, nachdem das LSD aus den Labors der Forscher den Weg in die Wohnungen der Drogenabhängigen gefunden hatte, entwickelte er gemeinsam mit seiner Frau Christina eine Methode, die den Geist ohne Halluzinogene in das Innere Land führt. Er nannte sie »Holotropes Atmen«. Auf einer Matte auf dem Boden liegend beginnt der Reisende schnell zu atmen, er gerät in eine Hyperventilation, wie das Mediziner nennen, und nach einiger Zeit, in denen Krämpfe entstehen können, flieht das Bewusstsein in die Landschaften der Seele. Bestimmte, besonders geeignete Musiken unterstützen die Reise.

Grof erreichte so dieselben Areale des Inneren Landes, die seine früheren Versuchspersonen und Patienten auch mit Hilfe der Chemie betreten hatten, und vervollständigte nach und nach sein Kartenwerk.

Wie der Schweizer Forscher Franz Xaver Vollenweider kam er zu der Erkenntnis, dass der Weg nach innen nicht zwangsläufig in den engen Grenzen der Persönlichkeit enden muss, sondern weiterführen kann, hinaus in die Welten der anderen Wirklichkeit.

So sind alle Methoden, die das Bewusstsein beflügeln, vielleicht nur Mittel, einen Ausgang in parallele Räume der Wirklichkeit zu finden. Indem das Bewusstsein nach innen geht, sich vollständig von den Einflüssen der Sinne zurückzieht, zerreißt es den Vorhang und verlässt das Gefängnis der alltäglichen Wahrnehmung.

Die vier Gebiete der Seele

Wenn wir jetzt die Ergebnisse der LSD-Forschung genauer ansehen, dann vor allem deshalb, weil sie einen tiefen Einblick in die miteinander verwobenen Räume des Bewusstseins erlauben. In den Zeiten, die noch offene Forschung mit den psychotropen Substanzen erlaubten, fanden viele tausend Reisen unter kontrollierten Bedingungen in den Kliniken und Therapiezentren statt. Unzählige persönliche Begegnungen mit der anderen Wirklichkeit formten sich auf dem Kartentisch der Forscher zu einem dreidimensionalen Bild eines gewaltigen Kontinentes. Wie aus der erhöhten Perspektive des Weltraums wurden große Flächen sichtbar, die sich deutlich voneinander unterscheiden ließen, so wie sich die Wüstengebiete der Erde von den Regenwäldern abheben oder die Gebirgsmassive von den Meeren.[84]

Vier grundlegende Landschaftsformen entdeckten die Forscher in den Reisen der Psychonauten, und wir werden sehen, dass die Reisen der Schamanen und der Rückkehrer von der Grenze des Todes offenbar dieselben Landschaften berühren können.

Die Erfahrungen der ersten Kategorie, wie das Stanislav Grof nennt, zeigen abstrakte und ästhetische Bilder, tief gehende Veränderungen in der optischen Wahrnehmung. Wunderschöne Muster können erscheinen, blinkende Felder zart bewegter oder streng geometrischer Formen, aber auch Verwandlungen der Gegenstände im Raum, die sichtbar werden, wenn der Reisende die Augen öffnet. In dieser Phase verharren die Menschen in der Gegenwart des Ortes und der Zeit, aber ihre Sicht der Wirklichkeit beginnt sich zu verschieben.

Die Erfahrungen der zweiten Kategorie spiegeln bedeutsame Situationen aus dem Leben wider, Bilder der persönlichen Erinnerung. In diesen Visionen können die Menschen Ausschnitte eines Lebensrückblickes sehen, von den frühen Erfahrungen im Säuglingsalter bis zum Zeitpunkt der Reise. Aber diese Szenen werden bisweilen auch von Bildern überlagert, die vergessenen Wünschen, Träumen und Phantasien Ausdruck verleihen. Beide Ebenen dieser Landschaft können den Reisenden helfen, ihr Leben neu zu sehen und die vergangene Wirklichkeit mit verlorenen Hoffnungen zu verbinden, ein Weg der Ganzheit.

Die Erfahrungen der dritten Kategorie haben mit dem Erlebnis der Geburt zu tun, und offenbar kleidet sich dieses ursprüngliche Trauma in gewaltige Bilder übermächtiger Angst, in Visionen von Verlust und Tod, von Folter und Vernichtung, kurz: von ungeheurer existenzieller Bedrohung des Ich. In diesen Szenen, die reale Erinnerungen der Geburt wieder beleben können, sich aber meist in symbolischen Szenen zeigen, treten alle denkbaren Bilder des Todes auf, von Visionen sterbender Menschen und verwesender Leichen bis zu mittelalterlichen Folterszenen und Bildern von Konzentrationslagern. Die wichtigste Erkenntnis in dieser Landschaft ist die Gewissheit des Todes, dem niemand entgehen kann. Dies verändert die Beurteilung aller materiellen Werte in der Sicht des reisenden Bewusstseins. Ruhm und Reichtum der Welt, aber auch Niederlagen und Elend, versinken in der Bedeutungslosigkeit.

Wenn wir den Erfahrungen des Forschers folgen, nehmen wir die Landschaften dieser Kategorie als gestaffelte Ebenen wahr, in denen zunächst gleichsam das sanfte Licht eines warmen Sommertages eine blühende Wiese in eine Metapher des Paradieses verwandelt, aus dem wir plötzlich und mit übermächtiger Gewalt vertrieben werden. Gefühle der Heiligkeit, der Auflösung aller Grenzen, die uns im Alltag von anderen Menschen und der Welt trennen, und tiefe heitere Ruhe und Gelassenheit verwandeln sich plötzlich in die Gewissheit, in den Strudel eines alles zerstörenden Stroms zu geraten oder von einem Ungeheuer verschlungen zu werden, vielleicht auch in düstere Unterwelten zu gelangen, in denen brutale und mitleidlose Geschöpfe auf uns warten.

Als Nächstes kann eine Zeit der Gefangenschaft folgen, das Gefühl, für die Ewigkeit eingesperrt zu sein in einer düsteren Welt, in denen sich höllische Szenen zeigen können. Für das Opfer, angekettet in diesen Räumen ohne Hoffnung, gibt es keinen Ausweg.

Dann aber beginnt ein Ringen um die persönliche Existenz, das sich in Szenen kosmischer Naturgewalten oder dem Getümmel mittelalterlicher Schlachten zeigen kann, in Ausbrüchen unvorstellbarer Aggression, aber auch in orgiastischen Szenen, in denen Qual zur Lust und Lust zur Qual wird. Manchmal gerät das Ich auf dem Höhepunkt dieses Ringens in ein alles verzehrendes Feuer, aber paradoxerweise erscheint die Situation nicht ohne Hoffnung. Das Ich nähert sich dem Tod, nimmt sich aber gleichzeitig als Opfer wie als Täter wahr, und es ist auch Beobachter, der alles aus einer überhöhten Perspektive betrachtet.

Schließlich erreicht das Ich tatsächlich den Eingang des Todes, und alle Verbindungen zum bisherigen Leben können sich auflösen, in einer apokalyptischen Vision der vollständigen Vernichtung. Es ist dieser Moment, in dem das strahlende Licht erscheinen kann, von dem so viele Menschen berichten, die an der Grenze des Todes gestanden hatten.

Die Reisenden auf den Flügeln des LSD erleben jetzt die vollständige Befreiung, ihr Blick fällt in die Weite eines harmonischen Alls, und vielleicht fühlen sie sich vereint mit dem alles umfassenden Bewusstsein.
Stanislav Grof sieht in diesen Szenen Spiegelungen der Geburtsphasen: Die ursprüngliche Einheit mit der Mutter wird plötzlich zerstört, ein Gefühl der Lebensbedrohung entsteht, es folgt der Gang durch den engen Geburtskanal, an dessen Ende, vielleicht erst nach vielen Stunden, die Befreiung im Licht steht.

Wenn auch viele dieser Bilder an die Erzählungen der Rückkehrer von der Grenze des Todes erinnern, so würden wir die Gedanken Stanislav Grofs doch falsch verstehen, wenn wir die Verbindung zum Trauma der Geburt als psychologische Erklärung der Todesnähe-Erfahrung werteten.
Der Flug durch den Tunnel zu einem sanften, alles erleuchtenden Licht ist keineswegs nur eine Erinnerung an die Stunden der Geburt. Denn der dunkle Gang, den viele Menschen auch nur als gestaltlosen Raum erleben, ist weit und selten begrenzt, der Flug zum Licht von keinem Gefühl der Enge begleitet, und das geheimnisvolle Licht in den Visionen ist offenbar mehr als ein Widerschein der grellen Lampen moderner Operationssäle. Auch in den Visionen der Reisenden unserer Tage, die mit LSD oder natürlichen Substanzen die andere Wirklichkeit betreten, hat das Licht eine weitaus tiefere Bedeutung, als wir erwarten dürften, wenn wir es lediglich als Erinnerung an den Moment der Geburt verstünden.
Vielleicht kleidet das reisende Bewusstsein die Erfahrungen kosmischer Einheit, grenzenloser Angst, endgültiger Vernichtung und lichtdurchfluteter Wiedergeburt in Bil-

der, die zwangsläufig an das Erlebnis der Geburt erinnern, weil in dieser ursprünglichen Erfahrung die Gegensätze von Tod und Leben zum ersten Mal Gestalt annehmen.

Betrachten wir nun, was in der vierten und vielleicht wichtigsten Phase unter dem Einfluss des LSD geschieht. Diese Phase wird transpersonal genannt, weil sie über die persönliche Geschichte des Menschen hinausweist und in tiefere Bereiche führt, dorthin, wo sich die allen Individuen gemeinsamen Regionen der Seele öffnen. Wenn die Reisenden in diese Bereiche des Inneren Landes vordringen, können sie die Grenzen von Raum und Zeit überwinden. Im Zentrum ist alles gleichzeitig gegenwärtig, jede Zeit und jeder Ort. Die Beschränkung des Bewusstseins auf die engen Umrisse des eigenen Körpers und des eigenen Ichs kann sich nun auflösen und das Bewusstsein mit dem anderer Menschen, auch dem von Tieren und selbst von unbelebten Gegenständen, auch mit der Erde oder dem Universum insgesamt verschmelzen.
In diesen Landschaften finden die Begegnungen mit den Geistern Verstorbener statt, also mit der großen Gemeinschaft der Ahnen, aber auch mit anderen Bewohnern dieser Sphären, die ja über einen eigenen Willen und eine persönliche Geschichte zu verfügen scheinen, wie wir nicht nur in den Visionen der Schamanen, sondern auch auf der Insel der klaren Träume gesehen haben. Auch können die Reisenden jetzt zurückkehren in die mittlere Welt und außerhalb des Körpers weite Wege zurücklegen, Informationen erhalten, die jenseits aller Möglichkeiten des Wachbewusstseins liegen, über sich selbst, über andere Menschen, über andere Orte und andere Zeiten. Es ist die Welt, in der sich die Schamanen bewegen, wenn sie

für die Mitglieder ihrer Gemeinschaft reisen, und es ist auch die Welt der Todesnähe-Erfahrung.
Wie die Rückkehrer von der Grenze des Todes und die Schamanen erleben Reisende auf den Flügeln des LSD eine neue Sicht der Welt, und sie können so die Angst vor dem Tod verlieren. Die Erfahrung einer transpersonalen Reise kann die Wahrnehmung der Wirklichkeit völlig verändern: Wer den Tod des Ich erleidet und danach in Bildern kosmischer Einheit und allumfassenden Wissens wiedergeboren wird, verändert leicht seine Einstellung zu dem, was Sterben und Tod bedeuten. Deshalb sind diese Erfahrungen von großer Wichtigkeit für die Begleitung Schwerkranker oder Sterbender in unseren Tagen.

Das Experiment von Baltimore

Bevor die psychotherapeutische Arbeit mit LSD und anderen bewusstseinsverändernden Drogen in den USA und den meisten anderen Ländern verboten wurde, leitete Stanislav Grof zusammen mit der Anthropologin Joan Halifax ein Experiment am Spring Grove State Hospital in Baltimore.
Das Team untersuchte den Einfluss von Bewusstseinsreisen auf die Psyche von krebskranken Patienten, denen die Ärzte keine Heilungschance mehr einräumten. Die meisten Patienten hatten große Schmerzen und befanden sich in einem Stadium tiefer Verzweiflung. Vorbereitet in psychotherapeutischen Gesprächen, gingen die Schwerkranken durch das Tor des LSD auf die Reise ins Innere Land.
Ihre Erfahrungen dort hatten großen Einfluss auf den Verlauf der Erkrankung und die Einstellung der Patienten und

ihrer Familien zum Tod. Wenn auch die meisten Patienten nach einiger Zeit starben, hatte sich doch die Qualität ihres Lebens für die verbleibenden Wochen oder Monate grundlegend verändert. Viele verloren ihre Schmerzen, gegen die hoch dosierte Narkotika oft nichts mehr ausgerichtet hatten, andere, bei denen die Schmerzen blieben, entwickelten eine veränderte Wahrnehmung, die vorher unerträgliche Schmerzen erträglich machten, so dass sie wieder in der Lage waren, sich auf andere Dinge zu konzentrieren.

Vor allem aber konnten die Kranken auf ihren Reisen in die andere Wirklichkeit ihr Leben neu ordnen und ihre persönliche Weltanschauung überprüfen. Im Inneren Land begegneten sie sich selbst und ihrer persönlichen Vergangenheit, die meisten erlebten auch die Ebenen der Zerstörung und der Wiedergeburt, viele das Land der Unendlichkeit und der Einheit des Seins.

Zurückgekehrt aus diesen fernen Regionen der Seele, die das Zentrum berühren, das alle Menschen und alle Dinge miteinander verbindet, verbrachten sie die verbleibende Zeit fast vollständig in der Gegenwart. So als ob sie langjährige Praktizierende alter Zen-buddhistischer Meditationstechniken wären, verloren Vergangenheit und Zukunft für sie ihre drängende Bedeutung, und das unmittelbare Sein rückte in den Mittelpunkt.

So spiegelten sie ihren Angehörigen am Ende des Lebens die Wahrheit des Inneren Landes auf ganz persönliche Weise, in ihrer Haltung und in dem, was sie ausstrahlten.

Es ist ja seit alten Zeiten die verborgene Botschaft der nahen und vor allem der fernen Landschaften der Seele, dass die Zeit keine wirkliche Rolle spielt. In den Sphären des Inneren Landes, an den Orten, die den Ahnen als Wohnung dienen und an denen die mitfühlenden Geister der Schamanen auf ihre Verbündeten aus der alltäglichen Wirklichkeit warten, existiert Entwicklung ohne den zerstörenden Ablauf der Zeit, die dem Wachbewusstsein unumkehrbar erscheint. Dort aber bleibt die Zeit stehen, weil alle Entwicklung und alles Sein im letzten Grund gleichzeitig gegenwärtig ist, und deshalb liegt in den Landschaften der Seele auch die Weisheit des Lebens. Wem sich der Weg in diese Regionen öffnet, der findet den Anschluss an dieses zeitlose Wissen, ganz gleich, ob er in den näheren Regionen verweilt oder das ruhige Zentrum erreicht. Und wenn er dort eine Gewissheit findet, die ihm den Glauben an die Wiedergeburt weist oder jenseits dieser Vorstellung eher ein Weiterleben des Bewusstseins in anderen Räumen der Seele möglich erscheinen lässt, getrennt von materieller Existenz, so nimmt er eine tiefe Ruhe und vielleicht eine gespannte Erwartung aus dieser Welt mit in die Gegenwart seines Lebens.

So fühlte sich ein Patient der Spring-Grove-Gruppe auf seiner Reise zunächst in schreckliche Kriegsszenen geworfen, dann sah er sich selbst in allen Phasen des körperlichen Verfalls. In diesem Augenblick aber erschien ein Feuerball, der ihn und alle Bilder der Zerstörung in seinen Flammen verbrannte. Fleisch und Knochen vergingen wie in den Zerstückelungsreisen der alten Schamanen, aber seine Seele blieb lebendig. Jetzt erlebte er einen Rückblick auf sein Leben, gekleidet in eine Szene des Jüngsten Gerichts, in der Gott seine guten gegen seine bösen Taten abwog. Als er dies sah und erkannte, dass er gut gelebt hatte, fühlte er sich aus dem Gefängnis einer lebenslangen Beschränkung in die Freiheit des Seins entlassen. Umgeben von jenseitigen Helfern, die in der Gestalt von Engeln erschienen, und durchdrungen von einer himmlischen Musik, verstand er den Sinn seiner Reise:

»Wenn du stirbst, wird dein Leib vernichtet, du aber wirst gerettet; deine Seele wird immer bei dir sein.«[85]

Das Land der tanzenden Trommel

Reise ins Zentrum der Kraft

In diesem Kapitel werden wir sehen, wie sich der Kreis schließt, der sich am Anfang des Buches geöffnet hatte, mit der Entdeckung des Anthropologen Michael Harner.

Wir haben gesehen, wie sich die Pioniere der Ethnologie in den Regenwäldern Amazoniens der Herausforderung ihrer schamanischen Lehrer stellten und selbst ihren Schritt in die Weiten des Inneren Landes lenkten. Wir haben dann, ihren Spuren folgend, die Berichte der Schamanen des alten Weges gehört und ihre Begegnung mit dem Tod erlebt. Wir sahen weiter, dass viele Menschen unserer Tage, ganz gleich, ob sie an eine Welt jenseits der alltäglichen Wahrnehmung glaubten oder nicht, gegen ihren Willen in das Grenzland gelangten, weil ihr Körper oder auch ihre Seele in eine schwere Krise geraten waren. Als wir uns ihren Erzählungen öffneten, entdeckten wir, dass sie ähnliche Bereiche des Inneren Landes betraten wie ihre Vorfahren, die im frühen oder hohen Mittelalter und zu Zeiten der Kelten die Anderswelt oder, in christlichen Worten, Himmel und Hölle erfuhren.

Wir landeten auch an den Inseln der Träume, der allnächtlichen und der luziden, der leuchtenden, aber auch der gefangenen, die das Bewusstsein in der Ausweglosigkeit festhalten. Und wir folgten den Pionieren der Bewusstseinsforschung, die mit den heiligen Pflanzen oder den kraftvollen Helfern aus den Labors des 20. Jahrhunderts den Weg ins Innere Land öffnen.

Wir sahen auch, dass die Begegnung mit den weiten Landschaften der Seele den Sterbenden wie den Zurückbleibenden eine Hilfe sein kann, die den Geist zentriert und, wenn das Ich vielleicht auch den Tod erleiden muss, am Ende doch gerade deshalb in die Erfahrung der Unsterblichkeit führt. Aus all diesen Bildern entsteht ein tiefes, unauslöschliches Gefühl der Verbundenheit mit dem eigenen Selbst, aber auch dem anderer Menschen und mit allen Lebensformen dieses Planeten, also mit allen unseren Verwandten, wie die indianischen Völker Nordamerikas sagen. Weil diese Erfahrung die rastlose individuelle Seele mit dem verborgenen Wissen der Allumfassenden Seele verbinden kann, ist sie gleichermaßen eine Hilfe für den Abschied wie für die Ankunft. *»Bisher habe ich nur existiert, jetzt aber lebe ich«*, formulierte eine Sterbende nach der Rückkehr aus dem Inneren Land. Und der große Schamane Aua, dessen Geschichte wir gehört haben, sagte seinem Freund Rasmussen, er halte die Vorstellung für *»unvernünftig und unverständlich«*, dass wir am Ende ganz und gar aus dem Dasein scheiden müssten:

Was wir über die Seele gehört haben, zeigt uns, dass das Leben von Mensch und Tier nicht mit dem Tod endet. Wenn wir am Ende unseres Lebens den letzten Atemzug tun, so ist das nicht das Ende. Wir erwachen wieder zu Bewusstsein, wir kommen wieder ins Leben, und dies alles wird bewirkt durch das Mittel der Seele. Daher kommt es, dass wir die Seele als das Größte und Unverständlichste von allem ansehen.[86]

Diese vorsichtige und gleichzeitig von innerem Wissen durchdrungene Aussage entspricht der Weltsicht der meisten Menschen, die mit dem Inneren Land in Berührung gekommen sind. Anders als in den Glaubensgemeinschaften der großen monotheistischen Weltreligionen, in denen stets nur einzelne Mystiker, oft angefeindet von den geistigen Führern, die persönliche Erfahrung suchten, um selbst aus der Quelle des Wissens zu trinken, während die große Mehrheit der Gläubigen an die Existenz der Quelle nur glauben durfte, gilt in der Welt der Schamanen stets die eigene Anschauung. Über die Wirklichkeit des Inneren Landes gibt es für die Reisenden aller Zeiten deshalb keinen Zweifel, auch wenn jeder andere Landschaften sehen mag.

Wenn wir jetzt genauer betrachten, wie moderne Adepten des schamanischen Weges im Westen die Bilder des Inneren Landes erfahren und der Gestalt des Todes ins Auge blicken, dann folgen wir einem Pfad, den viele Menschen gehen, ohne sich der Macht chemischer Mittel oder der alten Kraft heiliger Pflanzen aussetzen zu müssen. Es ist ein Weg der leichten Trance, in der auch Reisenden unserer Tage die Erfahrung der Zerstückelung, der Auflösung und des Fluges in die Unendlichkeit anderer Welten begegnen kann. Wir werden sehen, ob sich aus dem Weltbild und der Erfahrung dieser modernen Praktizierenden Methoden entwickeln, Sterbenden zu helfen, und ob es analog zu den Gedanken des tibetischen Totenbuches auch Vorstellungen der Schamanen gibt, was mit den davoneilenden Seelen geschieht, wenn sie die mittlere Welt unseres Diesseits verlassen.

Diese Gedanken sind teils philosophischer, teils praktischer Natur, denn im Schamanismus geht es selten nur um die großen Entwürfe des Geistes, sondern meist um die Hilfe für die Lebenden, die aus dieser Sicht auch eine Hilfe für die Toten sein kann, wie wir noch sehen werden.

Der Weg in die nichtalltägliche Wirklichkeit, von dem jetzt die Rede ist, folgt Jahrtausende alten Erfahrungen, die von den Pionieren der vorgeschichtlichen Zeiten bis in unsere Gegenwart getragen wurden. Es ist ein Weg der gleichförmigen rhythmischen Klänge. In den fernen Epochen mögen die ersten Schamanen mit Steinen oder Hölzern den Takt geschlagen haben, später entwickelten sie Rassel und Trommel, und diese machtvollen Instrumente der Bewusstseinsreise sind noch heute überall in der Welt in Gebrauch. Es sind die langsamen Rhythmen, die den Geist vorbereiten, und die schnelleren, etwa 220 Schläge pro Minute, die das Bewusstsein aufbrechen lassen in die Landschaften jenseits des Alltags. Gleichmäßige körperliche Bewegung, eine Schrittfolge, die auf der Stelle getanzt wird, dem stampfenden Tanz eingeborener Völker ähnlich, kann dem Bewusstsein in der ersten Phase helfen, die Verbindung zum Alltag zu lockern. Später, wenn das rastlose Ich in der ruhigen Umgebung eines inneren Bildes Platz genommen hat, werden sich erste Szenen leichter entwickeln, wenn sich der Reisende auf den Boden legt, in einem abgedunkelten Raum, der vielleicht von einer Kerze schwach beleuchtet wird.
Diese Methode, die Michael Harner vorgeschlagen und über Jahrzehnte in Trainingskursen der Foundation for Shamanic Studies erprobt hat, wurde längst auch von den Erkundungstrupps der wissenschaftlichen Bewusstseinsforschung untersucht und als wirkungsvolle Methode bestätigt.
Nach geraumer Zeit des Tanzes und vor allem der akustischen Induktion verändern sich die Hirnströme und errei-

chen einen Zustand, der »hypnoid« genannt wird, wie Forschungsgruppen in den USA und in Europa im Laborversuch nachgewiesen haben: Das Elektroenzephalogramm zeichnet zunächst ein Alpha-, dann ein Theta-Muster auf, und dieses Bild zeigt an, dass sich der Geist in die Welt der Imagination zurückzuziehen beginnt.

Auch wenn wir einschlafen, betreten wir diesen Raum, den wir dann als gestaltlosen Durchgang erleben, wenn auch ab und zu kurze Bildsequenzen aufflackern oder auch farbige Muster und vereinzelte Lichtblitze die Dunkelheit für Bruchteile von Sekunden erhellen können. Am Ende des ersten Schlafzyklus, der durch mehrere Stadien bis in den formlosen Raum des Tiefschlafes führt, taucht das Bewusstsein wieder im Theta-Wellenmuster auf, um dort das Licht der REM-Träume zu erblicken.

Im Rhythmus der Trommel gleitet der Reisende nach geraumer Zeit in die dunkle Ruhe der ersten Phase, ohne allerdings einzuschlafen. Während ihn die Trommel in der Leichtigkeit der Trance wiegt, treten auf der Bühne des Geistes zusammenhängende Szenen auf. Wir erleben nur eine geringe Veränderung des Bewusstseins, die jederzeit um die Gegenwart der alltäglichen Realität weiß und den Kontakt zum Alltag, auch zum beobachtenden Ich, selten vollständig verliert. Dennoch öffnet sich nach einiger Zeit das Tor in die nahen Bereiche des Inneren Landes, zumindest aber tauchen im Blick des Reisenden die Gestade der vorgelagerten Inseln und die Umrisse des Festlandes auf.

Die schamanische Reise verlangt immer ein klares Ziel und die Konzentration auf das Wesentliche, also die Formulierung einer Aufgabe oder eines Wunsches. Wer in der leichten Trance der tanzenden Trommel den Eingang ins Innere Land sucht, muss zuvor für sich überprüfen, was das Ziel seiner Suche ist. Dies bedeutet nicht, dass die Reisenden dem steuernden Ich vollständig die Führung überlassen, um vorgedachte Bilder zu erzeugen, wohl aber, dass sie die andere Wirklichkeit nicht betreten, ohne die persönlichen Wünsche oder Ängste einer genauen Prüfung unterzogen zu haben. Die Formulierung des Zieles oder Wunsches fokussiert den Geist und gibt der Reise eine Richtung.

Was dann geschieht, welche Begegnungen möglich sind und in welchem Bereich des weiten Inneren Landes das Bewusstsein erwacht, ob wir die Inseln der persönlichen Träume überfliegen oder dort landen, ob wir an den Küstengebieten des Inneren Landes verweilen oder in die ferneren Regionen vordringen können, das hängt von vielen Faktoren ab, auch vom gewählten Zeitpunkt in der alltäglichen Wirklichkeit, vor allem aber von der persönlichen Zeit der Seele, die auch durch ausgefeilte Techniken nicht zu überlisten ist.

Die leichte Trance im Rhythmus der Trommel erscheint manchen Reisenden am Anfang so wenig tief gehend, dass sie die Bilder vor ihrem inneren Auge mit Tagträumen verwechseln und mit den Projektionen des Ich. Auch wenn beides möglich und durchaus häufig ist, lernen die Adepten dieses Weges bald, die Landschaften persönlicher Erinnerungen von den archetypischen Regionen zu unterscheiden. Wie weit wir in die Tiefe der Seele vordringen, ist abhängig von ruhiger Konzentration und völliger Öffnung, auch von der richtigen Vorbereitung, die das Bewusstsein einstimmt, bevor es den Blick in die Ferne wagt. Und natürlich lässt die körperliche Erschöpfung oft keine Klarheit zu, wie umgekehrt auch ein Zustand aufgeregter Wachheit dem Geist nicht die Ruhe schenkt, die er braucht, um den Blick ins Innere zu wenden.

Zwei grundlegende Reisen, die am Beginn der Arbeit mit der Trommeltrance stehen sollten, sind in vielen Büchern beschrieben worden und werden deshalb hier nur kurz erwähnt.[87] Die Rede ist von der Suche nach den Verbündeten in der nichtalltäglichen Wirklichkeit, die sich seit alter Zeit als Geister in Tier- oder Menschengestalt zeigen.

Michael Harner schlägt vor, das Bewusstsein in die unteren Welten zu lenken, um Kontakt zu den Tiergeistern, den Krafttieren, aufzunehmen, und in die oberen Welten, um innere Ratgeber zu treffen, die sich als Urbild des »Alten Weisen« oder der »Weisen Frau« zeigen können. Die Verbindung mit diesen Wesen des Inneren Landes war die entscheidende Aufgabe der Schamanen des alten Weges, denn ohne diese Begleiter schienen die Gefahren der anderen Wirklichkeit unüberwindlich.

Der Kontakt mit den Helfern und Ratgebern verbindet die Reisenden mit der verborgenen Weisheit des Inneren Landes, vielleicht auch mit dem eigenen Selbst, das sich in diesen Bildern zu verkörpern scheint, vor allem im Archetypus der spirituellen menschlichen Begleiter. Jetzt ist es möglich, für sich und auch für andere die Quelle der Kraft zu erreichen und Dinge zu vollbringen, die in den archaischen Kulturen als ureigene Aufgabe der Schamanen gesehen werden.

Die Verbindung mit den Begleitern kann für die Menschen unserer Zeit von großer Bedeutung sein, denn sie zentriert den Geist und gibt dem schwankenden Ich wichtige Hinweise in den Entscheidungen des Lebens. Ganz gleich, ob wir in diesen Wesen der anderen Wirklichkeit nur Anteile unserer Persönlichkeit sehen oder ob wir ihnen eine unabhängige Existenz zugestehen: Mit der Zeit offenbaren die Begleiter Charakterzüge, die uns fremd und zugleich vertraut erscheinen können, und sie geben Antworten, die unser Wachbewusstsein niemals zu finden in der Lage wäre. Viele Menschen, die mit ihren Helfern in engem Kontakt stehen, rufen sie bewusst an ihre Seite, wenn sie in schwierige Situationen geraten, aber auch, um die Verbindung in guten Zeiten zu stärken. Denn innere Helfer erwarten bisweilen eine Gegenleistung für ihr Erscheinen, vielleicht einen Tanz oder ein besonderes Essen, so als ob sie gerne für eine gewisse Zeit am Leben in der körperlichen Existenz teilhaben würden.

Am Ende des Lebens, wenn die Verbindung mit den Menschen der Alltagswelt ihre Festigkeit verliert, gewinnen die Begleiter aus den Weiten des Inneren Landes noch einmal an Wichtigkeit. Wenn wir schon lange mit ihnen Umgang pflegen, wie das die Schamanen tun, können sie uns bis an die Grenze des Todes begleiten und so helfen, die Landschaften der Angst und der Einsamkeit leichter zu durchqueren.

Das Jenseits in uns

Nach einer Bewusstseinsreise, die uns im Rhythmus der tanzenden Trommel aus der alltäglichen Wirklichkeit in die Welt der Imagination entführte, stehen wir vor einer wichtigen Frage, wenn wir wieder im Alltag erwachen: Leben die Bilder, in denen wir uns bewegten, nur im Nahbereich unserer Seele, zu der auch die Insel der Träume gehört, oder haben wir die ferneren Regionen erreicht, in denen die Weisheit des Inneren Landes Antworten gibt, die über unser persönliches Sein hinausweisen?

Wir können diese Frage nicht beantworten, wenn wir dem rationalen Ich, das Tests und Prüfungen liebt, allein die

Entscheidung überlassen. Denn das Innere Land entzieht sich der Prüfung, weil es von der Leichtigkeit des Geistes ist. Auch bedeutungsvolle Bilder, die aus dem Urgrund der Ideen kommen, in dem die Archetypen ruhen, können sich dem Bewusstsein in Landschaften zeigen, die den Regionen der persönlichen Erinnerung ähneln. Sie sind also schwer von der individuellen Seele zu trennen. Dies ist vielleicht deshalb so, weil sich das Leben stets als individuelle Existenz darstellt. So muss sich die Ewigkeit auch in persönlichen Bildern verbergen. Wenn wir versuchen, das Grenzland des Todes in der schamanischen Trance zu betreten, können wir also niemals sicher sein, die überpersönlichen Sphären erreicht zu haben, wo sich die Seelen aller Menschen zu berühren scheinen.

Je enger das Bewusstsein noch mit der Welt der Materie, mit Raum und Zeit verbunden ist, umso persönlicher ist das Gemälde gefärbt, in dem wir die Landschaften des Jenseits erkennen. Wenn Menschen plötzlich in die Nähe des Todes geraten, wird die Verbindung zur alltäglichen Wirklichkeit geringer, und das Bewusstsein erlebt sich für eine gewisse Zeit vollständig vom Körper getrennt. Jetzt zeigen sich die Sphären des Inneren Landes den meisten Reisenden in großer Ähnlichkeit. Aber selbst in einer dramatischen körperlichen Krise, wenn der Tod wirklich nahe ist, bleibt das Bild persönlich gefärbt, wenn auch das Licht aus dem Zentrum in solchen Momenten in den Erfahrungen der meisten Menschen sichtbar wird.

Die traditionellen Schamanen berührten erst dann ähnliche Regionen, wenn sie es wagten, ihre körperliche Existenz an eine Grenze zu führen. War der Eingang einmal geöffnet, gelang es dem Bewusstsein aber immer leichter, dieselben Regionen des Inneren Landes erneut zu erreichen, auch

wenn der Körper vielleicht nur in oberflächlicher Trance ruhte. Es ist so, als ob die fortgesetzte Übung das Tor in die Landschaften der Seele weit öffnete, so dass über den Weg und das Ziel immer weniger Zweifel bestehen.
Wenn Menschen die Techniken des Core Shamanism von Michael Harner nutzen, um das Innere Land zu erreichen, dann berichten sie von ähnlichen Erfahrungen: Je häufiger sie das Bewusstsein in diese Regionen lenken, umso klarer scheinen die Bilder zu werden, umso sicherer ist sich der Geist auch nach der Rückkehr, wenn er im Wachbewusstsein beurteilt, wohin die Reise ging. Die Landschaften der unteren und oberen Welten gewinnen an Stabilität.
Die meisten Reisenden erleben die unteren Welten zunächst als vielfältige Landschaften wilder Natur, als Urwälder und bizarre Gebirge, auch als üppige Wiesen voller blühender Blumen. Später können sich Ebenen öffnen, die tiefer liegen und vielleicht versunkenen Städten ähneln, manchmal in düsteren, traumverlorenen Farben. Oft spielen Höhlen eine Rolle, auch verborgene Kultstätten, die uns mit dem Jahrtausende alten Erbe der Menschheit verbinden. Die oberen Welten zeigen sich bisweilen auch im Gewand irdischer Berge und Täler, als gewaltige, endlose Steinwüsten oder Hochplateaus etwa, die von tiefen Schluchten durchzogen sind. Auf den Felsen können die Mauern und Zinnen gewaltiger Städte sichtbar werden, in denen Menschen über weite, mit weißen Steinplatten gepflasterte Plätze schreiten. Für viele Reisende werden diese Regionen aber vor allem in abstrakten Formen sichtbar, die sich manchmal in Mustern spiegelnder Kristalle oder gläserner Pyramiden zeigen. Je weiter sich das Bewusstsein in die oberen Welten ausdehnt, umso weniger gegenständlich scheinen die Landschaften zu sein, umso mehr kleiden sie sich in Farben und Formen jenseits

der alltäglichen Erinnerung. Bisweilen erreichen die Reisenden dann das Land jenseits aller Formen, das Nichts, in dem alle Formen aufgehoben und gleichzeitig alle denkbaren Ereignisse der sichtbaren Existenz enthalten sind. Dieses ferne Land, von dem wir schon mehrfach gesprochen haben, ist also auch im Rhythmus der Trommel erreichbar, und es gibt manche Menschen, die alles dafür tun, um bis zu diesem Zentrum vorzudringen. Wenn sich das Bewusstsein von allem Sichtbaren, Hörbaren und Fühlbaren trennt, kann es sich mit dem Kern der Seele verbinden. In diesem Bereich, der gleichzeitig unendlich klein und unendlich groß zu sein scheint, ein mikroskopischer Punkt und makroskopische Weite, ist die Zeit aufgehoben.

Meist führt die schamanische Trance nicht in dieses ferne Zentrum, sondern bleibt dort, wo sich noch die persönliche Existenz zeigt, wenn auch mehr und mehr die Botschafter des Inneren Landes in den Szenen der Reise auftreten. Auch an den Äußerungen dieser Geister, so berichten die Reisenden, zeige sich die Tiefe der Erfahrung. Manchmal erscheinen die Vorschläge der Verbündeten als banal, eine Spiegelung einfacher und leicht erkennbarer persönlicher Wünsche oder Ängste, die offenbar nur wenig unter der Oberfläche des Wachbewusstseins liegen. Dann wiederum äußern die Botschafter des Inneren Landes erstaunliche Wahrheiten, die dem Ich unangenehm sein mögen oder auch unerwartete Lösungen bereithalten, in jedem Fall aber von der Persönlichkeit, wie wir sie im Wachbewusstsein erleben, unabhängig zu sein scheinen. Die Botschaften der Verbündeten können uns wie ein Blitz treffen, in Momenten, in denen wir es niemals erwartet hätten. Sie können allem widersprechen, was sich unser Ich nach reiflicher Überlegung zurechtgelegt hat. Aber wir wissen in dem

Moment, in dem uns diese Botschaft erreicht, dass sie das Zentrum unserer Seele trifft. Und so gibt es keine Möglichkeit, sich ihr zu entziehen. Wer sich auf den Dialog mit den Wesen des Inneren Landes einlässt, muss gewärtig sein, dass ihn solche unerwarteten und vielleicht unangenehmen Wahrheiten erreichen, ganz gleich, ob er den Geistern eine eigene Existenz zugesteht oder sie als verborgenen Teil der eigenen Persönlichkeit, vielleicht auch als Verkörperung des weisen Selbst sieht.

Die oberen und unteren Welten sind Orte unendlicher Vielfalt, und wer dorthin reist, kann auch die Seelen Verstorbener treffen oder besser: sein Bewusstsein mit dem Bild eines Verstorbenen verbinden. Dann ist es möglich, wie mit anderen Wesen des Inneren Landes in einen Dialog zu treten, und nicht selten sind die Informationen aus solchen Begegnungen auch für das Wachbewusstsein von großer Bedeutung. Eine der ältesten schamanischen Techniken, die solche Begegnungen sucht, wird Psychopompos-Arbeit genannt, das Geleiten der Seelen. Wir werden später von Menschen hören, die aus dem Gespräch mit der bildhaften Verkörperung von Verstorbenen Heilung für die Lebenden gewinnen.

Für die Schamanen des alten Weges war es selbstverständlich, dass die wichtigsten Verbündeten in den Sphären der nichtalltäglichen Wirklichkeit aus der großen Gemeinschaft der Ahnen kamen. Auch die Rückkehrer von der Grenze des Todes finden ihre Begleiter im Jenseits oft unter den Seelen verstorbener Freunde oder naher Verwandter, seltener treten Figuren aus den Mythen oder religiösen Traditionen auf.

Wenn die Reisenden im Rhythmus der Trommel eine Zeit lang das Innere Land erkundet haben, kann es hilfreich sein, das Bewusstsein direkt in die Bereiche des Jenseits zu lenken, dorthin also, wo wir das Land ohne Wiederkehr vermuten. Die Begegnung mit den Grenzlandschaften des Todes ist auch eine Verabredung mit der Angst, denn die meisten Menschen befürchten, dass der Tod die Vernichtung bedeutet. Wenn sich die Pioniere der Foundation for Shamanic Studies also bewusst in diese Räume der Seele wagten, suchten sie eine Erfahrung, die sie zugleich fürchteten. Und wie die meisten Menschen, die sich ihrer größten Angst stellten, erlebten auch sie Bilder der Ruhe und der Versöhnung, die ihre Sicht der Welt veränderten.

Die Reise an den Ort, der uns im Jenseits erwartet, führt nicht immer unmittelbar in die fernen Regionen des Inneren Landes. Deshalb untersuchten die ersten Reisenden, ob es möglich ist, die Expedition in mehreren Etappen bis ans Ziel zu führen. Tatsächlich gelang es ihnen, auf jeder neuen Reise schnell den Endpunkt der vorangegangenen Erfahrung zu erreichen und von dort aus weiterzugehen. So wurde eine Kette von Reisen zur Erfahrung einer Expedition, die am Ende die größte denkbare Ferne erreichte. Weil das Innere Land unendlich ist, wird es aber nie einen Ort geben, von dem kein Weg mehr in noch weitere Ferne führt. Wenn wir einen Punkt erreichen, von dem wir uns nicht mehr trennen wollen, dann ist dies eine Spiegelung unseres inneren Zustandes, ein Bild der Seele, das den Stand ihrer Entwicklung zeigt. Dies bedeutet kein Urteil, nur die Anerkennung dessen, was in diesem Augenblick ist.

Die feste Absicht und der Fokus, die Konzentration auf das Ziel, helfen uns, diesen Teil des Inneren Landes schnell zu erreichen, ohne uns in der Weite zu verirren. In den Regionen des Jenseits begegnen wir, wenn wir uns zum ersten Mal dorthin aufmachen, nicht selten eigenen Wünschen

und Ängsten, die wir mit dem Tod verbinden, Bildern also, die uns zeigen, dass unser Bewusstsein noch mit der Insel der Träume verbunden ist. Dann aber können sich auch Szenen zeigen, die uns mehr und mehr in Landschaften führen, die Reisende aller Zeiten und Orte erreichen, wenn sie ihre Verabredung mit dem Tod einhalten. Wir erkennen diese Landschaften daran, dass sie uns fremder vorkommen, entfernter von dem, woran sich unsere Erinnerung festhält. Ähnlich wie sich die Wesen des Inneren Landes, wenn wir fernere Regionen erreicht haben, mit tieferen Wahrheiten an uns wenden können, werden auch die Bilder, in denen sich das Jenseits zeigt, tiefgründiger sein, jedenfalls anders, als wir es vielleicht erwarteten.
Es ist verwunderlich, dass sich nach diesen fremd erscheinenden Bildern plötzlich wieder Szenen öffnen können, die uns den Eindruck vermitteln, an einem Ort angekommen zu sein, den wir schon immer kannten. Aber dieses Gefühl könnte auch eine Folge größerer Vertrautheit mit den fernen Regionen des Inneren Landes sein. Wenn wir die größte erreichbare Ferne berühren, scheint sich das Gefühl, mit uns selbst in völligem Einklang zu stehen, ganz selbstverständlich einzustellen. So ahnen wir, dass wir die Mitte unseres Selbst erreicht haben, die an das Zentrum der Allumfassenden Seele grenzt.

Eine Simulation des Übergangs

Auch wenn wir nicht endgültig wissen können, in welchen Bildern wir uns einmal selbst begegnen werden, führen uns die Jenseitsreisen also stets auch in den gegenwärtigen Zustand unserer Seele. Innere Größe und Sicherheit, verborgene Ängste oder ein Gefühl der Minderwertigkeit, vergessene Wunden, auch jene, die wir anderen zugefügt haben, Liebe und Hass, kurz: Alle widerstreitenden Gefühle, denen wir im Laufe des Lebens begegnet sind, verdichten sich in der Trance zu einem Gesamtbild, das unsere Reise beeinflusst. Und dennoch sind auch die ersten Reisen in diese Bereiche des Inneren Landes keineswegs nur Ausdruck der Phantasie. Zu oft zeigen sie Bilder, die den Erfahrungen der Rückkehrer von der Grenze des Todes ähneln. Könnte es sein, dass unser Geist, gelenkt von der Absicht, die archetypischen Räume des Jenseits zu besuchen, durch das Tor der Trance wie selbstverständlich den richtigen Weg findet? Oder schmückt das Bewusstsein, dem Wunsch des Willens folgend, die Bilder der Reise mit Szenen aus, die aus der kollektiven Erzählung der Menschheit von den himmlischen oder höllischen Regionen kommen?

Bevor wir uns ansehen, wie die Reisenden in der schamanischen Trance die Jenseitslandschaften erleben, sollten wir versuchen, eine Antwort auf diese Frage zu finden.

In einem Experiment versuchten Psychologen der Universität Koblenz-Landau herauszufinden, ob Menschen in einem leichten Trancezustand Szenen sehen können, die den Todesnähe-Erfahrungen ähneln. Die meisten Teilnehmer der Studie hatten keinerlei Erfahrung mit Hypnose oder Tiefenentspannung, und die Literatur über die Erlebnisse an der Grenze des Todes war ihnen vollständig unbekannt.[88]

Die Psychologen nutzten Methoden des autogenen Trainings, um die Versuchspersonen zunächst in einen Entspannungszustand zu führen. Danach wurden akustische und visuelle Mittel eingesetzt, um das Bewusstsein in einem leichten Trancezustand zu halten. Mit kurzen bildhaften Anleitungen gaben die Versuchsleiter den Reisenden einen Anstoß, ihren Geist in die Richtung einer Todesnähe-Erfahrung zu lenken. Diese leichte Führung, ähnlich der Technik in einer Phantasiereise, gab die Bildfolge nicht in allen Details vor, sondern half dem Bewusstsein, zentriert zu bleiben.

Das Ergebnis des Experiments verwunderte die Psychologen: Ohne Vorübung und ohne je ähnliche Erfahrungen gemacht zu haben, erlebten die meisten Versuchspersonen Bilder, von denen auch Menschen berichten, die wirklich an der Grenze des Todes gestanden hatten. Dabei fühlten sich manche Reisende verwandelt und für eine gewisse Zeit in einer euphorischen Stimmung, in jedem Fall aber waren sie von den Bildern und der Erfahrung des Lichtes beeindruckt. Die Psychologen sprachen von einer »Simulation« der Todesnähe-Erfahrung, weil sie die Szenenfolgen gezielt einleiteten und die Bilder nicht spontan entstanden. Dennoch zeigte sich, dass Menschen sehr schnell in archetypische Bildsequenzen eintauchen können, so als ob sie an eine Erinnerung anknüpften. Es ist aber keine Erinnerung an persönliche Erfahrungen oder imaginierte Bilder, wie sie die Lektüre von Erfahrungsberichten auslösen kann, sondern eher eine Verbindung mit der allen Menschen gemeinsamen Fähigkeit, das Ich zu transzendieren.

Das Bild des Jenseits ist fest in unserem Selbst verankert, ganz gleich, ob wir daran glauben oder nicht. Deshalb wohl ist es heilsam für die Seele, ihren Bildern zu vertrauen und ihnen mit offenem Geist zu begegnen. Wenn wir den Spuren der kollektiven Erinnerung folgen, gewinnen die Bilder des Inneren Landes den Charakter der Wirklichkeit, und wir erleben ihre Kraft. Zurückgekehrt ins Wachbewusstsein, fühlen wir Sicherheit und Stärke, weil wir nun im Einklang mit dem inneren Wissen stehen. Die Wirklichkeit der Seele zurückzuweisen hat offenbar ähnliche Folgen, wie unbestreitbare Wahrnehmungen in der Realität unseres Alltags zu leugnen: Verwirrung und ein Verlust innerer Sicherheit, kurz: eine Schwächung der Persönlichkeit.

Expedition ins Grenzland

Betrachten wir nun, wie die Reisenden im Rhythmus der Trommel das Innere Land erleben, wenn sie die Regionen des Todes suchen. Das Bewusstsein richtet sich auf die Frage, in welcher Landschaft es erwachen wird, wenn der Körper stirbt. Diese Frage allein zentriert den Geist und richtet die Konzentration auf ein klar umrissenes Ziel. Bisweilen nutzen die Reisenden das Bild eines Tores, um schnell und ohne Umwege in die Bereiche des Jenseits zu gelangen, ohne das Bewusstsein zunächst in die Landschaften der oberen oder unteren Welt führen zu müssen. Das Bild des Tores lässt offen, wo genau im schamanischen Universum das Jenseits liegt, weil es vermeidet, den Geist in eine bestimmte Richtung zu zwingen. Möglich, dass erfahrene Reisende später Regionen wieder erkennen, die sie in den unteren oder oberen Welten schon einmal besucht haben, möglich aber auch, dass sie in ganz anderen Sphären ankommen.

Die meisten Menschen, die in akustisch induzierter Trance jenseitige Welten besuchen, lassen sich von ihren Verbündeten führen. Viele erleben aber auch, dass sie irgendwann eine Grenze erreichen, an der sie sich von ihren Begleitern verabschieden müssen. Wenn sich das Bewusstsein in die tieferen Bereiche der Seele bewegt, gelten offenbar andere Gesetze, vielleicht fühlt sich dort auch ein anderer Helfer zuständig, oder besser: ein neuer Aspekt der Kraft, die aus dem Kern der Seele kommt.

Eine junge Frau erlebte auf ihrer ersten Reise, wie sie, geführt von ihrem Helfer, in einer hügeligen, grünen Landschaft erwachte. Der Boden war mit Moos bewachsen, in den Mulden glitzerten kleine Seen. Dort wartete die Weise Frau auf sie, ihre spirituelle Lehrerin aus der oberen Welt des schamanischen Universums. Die Weise ergriff ihre Hand und führte sie weiter, sehr schnell, an einen anderen Ort.

Plötzlich höre ich ein Raunen von vielen Stimmen. Ich wende mich um und sehe, wie sich eine große Menschenmenge nähert. Es sind die Ahnen.

Wir bleiben stehen, und auch die Gemeinschaft der Ahnen. Da entdecke ich plötzlich meine Mutter mit ihren großen blauen Augen. Sie schaut mich liebevoll an, und große Wärme erfüllt mich ...[89]

Eine andere Frau erlebte auf ihrer ersten Reise ins Grenzland, wie sie durch eine Spirale nach oben flog, in ein helles, gestaltloses Land. Rosa- und orangerote Farben umgaben sie, und sie traf ihre Großeltern und ihren Vater, die schon verstorben waren. In diesem Moment erschien das Bild eines Cousins, der vor kurzer Zeit nach einem schweren Unfall lange im Koma gelegen hatte. Die Reisende sah, wie ihm die Verstorbenen damals mitgeteilt hatten, er gehöre noch nicht in dieses Land und müsse auf die Erde zurückkehren. Sie sah, wie schwer es dem jungen Mann offenbar gefallen war, das alltägliche Leben wieder anzunehmen, denn die Verstorbenen brauchten lange, um ihn zur Rückkehr zu bewegen.

Auf ihrer weiteren Reise durch eine hellgraue und eine violette Welt, die sie wie den Durchgang durch einen Springbrunnen empfand, erreichte sie eine Kristallpyramide. Sie legte sich in den gläsern schimmernden Raum und wurde von einem Regenbogen erfüllt, der sie berührte und den sie streichelte. Als sie schließlich zurückkehrte, atmete sie von jeder Stufe die Farbe ein, eine zugleich aufregende und ruhige Erfahrung.
Das dritte Beispiel wird auch von einer Frau berichtet. Sie fühlte sich wie von einem starken Sog durch einen Tunnel gezogen in ein zartes, gleichförmiges Licht, in dem sie die Schatten von Menschen vorüberziehen sah. Dann wurde sie von einer Kraft in das Bild des Universums getragen.

Um mich herum waren Sterne, und weit unter mir sah ich die Erde, ganz klein. Links über mir nahm ich plötzlich ein Licht wahr. Ich flog darauf zu, und als ich ganz nah war, streckte sich mir eine Hand entgegen und half mir, ganz in das Licht zu steigen. In dieser Helligkeit sah ich einen Gang aus Eis, der glitzerte wie ein Kristall. Die Gestalt, die mir geholfen hatte, blieb unsichtbar, aber ich spürte ihre Anwesenheit. Sie führte mich durch den Gang aus Eis, bis wir an einen Punkt kamen, an dem ein Licht strahlte, das heller war als die Sonne. Dort blieben wir stehen, und eine Stimme sagte: Hier darfst du nicht weiter.[90]

Wie in den Berichten der Rückkehrer von der Grenze des Todes scheint in vielen dieser Trancereisen das Licht des Jenseits eine große Rolle zu spielen, auch das Bild kristallener Räume. Für die Schamanen des alten Weges war der Bergkristall gefrorenes Licht, und sie nutzten ihn als Raum für verlorene Seelen, die sie aus der Anderswelt zurückhol-

ten. Die Reisenden unserer Tage, auch wenn sie diese alte Tradition nicht kennen, erleben ähnliche Bilder, auch den Flug in die Weite des Alls. Dieses Erlebnis scheint stets angenehm zu sein, anders als es die Berichte ängstigender Todesnähe-Erfahrungen zeigen, von denen wir früher gehört haben.
In einem Bericht schildert eine Frau, wie sie am Ende einer Serie von Reisen, die sie durch die Unendlichkeit des Kosmos in ein glitzerndes Licht geführt hatte, eine Treppe erreichte, die sie nun langsam hinaufstieg.

Ein nie gekanntes Gefühl begleitet mich. Es kommt mir so vor, als stünde ich vor etwas Endgültigem. Das Licht wird immer heller, gleißend, unvorstellbar, feurig. Obwohl es nicht heiß ist, spüre ich, wie es mich innerlich aushöhlt ... Ich bin nur noch ein hohler Körper mit Bewusstsein, bin nur noch Gefäß. So bleibe ich in diesem Feuer.[91]

Diese Erfahrung ähnelt den Berichten sibirischer Schamanen, in denen das alte Ich zerstört wird, um den Menschen verändert und mit einer Aufgabe für die Gemeinschaft zurück ins alltägliche Leben zu schicken. Wir werden bald sehen, dass diese Erfahrungen häufig vorkommen und auch gezielt ausgelöst werden können.

Die Erkundungsreisen im Rhythmus der Trommel erreichen bisweilen auch einen Raum, der jenseits der Sprache zu liegen scheint. In dieser tiefen Region des Inneren Landes gelten die Gesetze der Assoziation, alle Bilder scheinen gleichzeitig da zu sein und sich doch auch nacheinander zu entwickeln, wie aus den farbigen Steinen eines Kaleidoskops in ständigem Fluss neue Muster entstehen. Die Berichte aus dieser wirbelnden Erfahrung, in der das Bewusstsein die Rolle des Beobachters verliert und mit den Bildern zu verwachsen scheint, sind deshalb Gedichten ähnlich, in denen surreale Bilder einer Welt jenseits des Fassbaren aufleuchten, wie in diesen Sätzen, die ein Mann unmittelbar nach seiner Rückkehr von der Reise an den Ort des Todes notierte:

Da ist eine Küste hinter den Sternen. Wenn der Bruder des Schlafes der Tod ist, dann ist dies der Platz, an dem die Schwester der Träume lebt. Das Land der Albträume, das Land der vergoldeten Schatten. Ein dunkles Portal. Die Kathedrale der Leere. Aufwärts in den Kirchturm des Nirgendwo, in den Kosmos, der eben geboren wird. Strömende Lichter, See der Sterne, und hinter den Sternen ist eine Küste, die Küste, an der die Schwester der Träume lebt … Jeder Schlag der Trommel eine Explosion, ein Weltalter, zahllose Zeitalter, aufeinander folgend mit jedem neuen dröhnenden Schlag, Rhythmus des Universums, Herzschlag des Kosmos …[92]

Aus der Leere entsteht die Schöpfung, eine unendliche Folge von Ereignissen, in denen Galaxien geboren werden und wieder sterben, eine Erfahrung, die sich in sprachlicher Form nur schwer ausdrücken lässt, wie alle Menschen sagen, die Ähnliches erlebten.

In der leichten Trance, wie sie die Trommel auslöst, ist die Gefahr gering, die Verbindung zum alltäglichen Bewusstsein zu verlieren. Aber auch diese Reisen können ferne Bereiche des Inneren Landes berühren, und dann kann es geschehen, dass sich das Bewusstsein dort für einen Moment nicht an die Rückkehr erinnert. Deshalb reisen die Pioniere im Rhythmus der Trommel nie allein, aus dem Raum des

Wachbewusstseins greifen Helfer ein, wenn sie bemerken, dass der Reisende im Inneren Land bleiben will. Weil die Trance leicht auflösbar ist, kehren so auch diese Menschen ohne weitere Schwierigkeiten zurück.

Die Reise ins Grenzland, wie sie die Trommel begleiten kann, ähnelt also, wie wir gesehen haben, den Erfahrungen in wirklicher Todesnähe, ohne ihnen völlig zu gleichen. Die meisten Menschen entfernen sich nicht sehr weit von der Welt des Alltags, und deshalb sind ihre Erfahrungen oft von individuellen Bildern und persönlichen Erinnerungen geprägt. Dann aber kann, mit einem Mal, der Flug viel weiter gehen, als das Ich erwartet hätte.
Ein Mann erlebte nach einer Serie von Reisen, die ihn durch viele traumartige, bedeutungsvolle, aber sehr persönliche Sequenzen geführt hatten, wie sein Bewusstsein aus einer unterirdischen Quelle aufstieg und in spiralförmigen Bewegungen zur Oberfläche schwebte. Dort verdunstete es und erreichte die Wolken, wo es sich mit anderem Wasser vereinigte und als Regen wieder die Erde erreichte. Das Bild des Kreislaufs war nicht von der Luftigkeit der Träume, sondern von geradezu körperlicher Präsenz:

Ich durchdringe die Erde und sickere in den Boden. Dort werde ich von den Wurzeln eines Baumes nach oben gesogen und verdunste wieder durch die Blätter. Seltsamerweise bin ich nicht geteilt. Ich habe, auch als ich verdunste, das Gefühl, ganz zu bleiben …[93]

Wieder und wieder erlebt er den Zyklus von Werden und Vergehen, den Kreislauf des Wassers, der Pflanzen, der Tiere, eine Erfahrung, mit allem verbunden zu sein, ohne seine

Individualität zu verlieren. Solche transpersonalen Bilder berühren die Seele und können eine neue Wahrheit in ihr verankern:

Ich habe eine Erfahrung der Einheit gemacht, die mich sehr bewegt hat. Diese Erfahrung war eine der größten Bereicherungen in meinem Leben, denn sie hat mir letztlich den »normalen« Umgang mit dem Tod, mit Leben und Sterben überhaupt, ermöglicht. Sie hat mir den größten Teil der Angst vor dem Tod genommen. Ich kann so das Leben, das ja auch mit dem Sterben verknüpft ist, annehmen und mich ihm hingeben – also wirklich leben.[94]

Tod und Wiedergeburt

Wenn die Kundschafter der Foundation for Shamanic Studies das Innere Land besuchen, erproben sie bisweilen auch Techniken, wie sie in der ethnologischen Literatur beschrieben werden. Ohne die besonderen Formen und Farben zu übernehmen, mit denen jede Kultur ihre Beschreibung des Reiseweges verziert, untersuchen die Kundschafter, ob der Kern alter Überlieferungen einen sicheren Weg in die entfernten Regionen der Seele weist.

So entdeckten sie ein altes Ritual wieder, wie es Rasmussen von der Initiation der Eskimo-Schamanin Kinalik berichtete: das Ritual des Erschießens.[95]

Die Zeremonie, die auch von nordamerikanischen Indianern überliefert wird, öffnet das Tor zu einer tiefen Erfahrung der anderen Welt, weil es die Sicherheit des Ich erschüttert. Die Suggestion des unausweichlichen Todes, vom dramatischen Bild der Erschießung in die Seele gepflanzt, lässt dem Bewusstsein keine Zeit, das rationale Denken zu Hilfe zu rufen. Im Inneren der Seele entsteht die Gewissheit des unmittelbar bevorstehenden Todes, und die äußere Wahrnehmung gibt diesem Bild eine besondere Wirklichkeit. So kann der peitschende Schuss Szenen auslösen, wie sie sonst nur bei einer Todesnähe-Erfahrung möglich sind.

Die Berichte der Rückkehrer unserer Tage haben gezeigt, dass sich die Bildsequenzen nicht nur entfalten, wenn der Körper ins Koma gefallen ist, sondern in manchen Fällen auch dann, wenn das Bewusstsein sicher glaubt, der Tod stünde unmittelbar bevor. Die Forscher nennen das »psychologische Todesnähe«, eine innere Gewissheit, die ebenso schwer wiegt wie die medizinische Wirklichkeit.

Die Kundschafter der Foundation for Shamanic Studies fanden heraus, dass es nicht notwendig ist, das alte Ritual der Eskimo in aller Konsequenz nachzuahmen, um ähnliche Erfahrungen zu machen. Es genügt, für die Seele ein starkes Bild des nahenden Endes zu erzeugen.

An dieser Stelle ist es nicht sinnvoll, den Ablauf dieses veränderten Rituals genau zu schildern. Auch wenn es körperlich völlig ungefährlich ist, kann es die Seele in einen Grenzzustand führen, den nur Menschen erproben sollten, die über viel Erfahrung mit außergewöhnlichen Bewusstseinszuständen verfügen. Es ist eine fortgeschrittene Übung, die von erfahrenen Helfern begleitet werden muss und die erst nach langer Vorbereitung sinnvoll ist.

Das Ritual wird auch »Tod und Wiedergeburt« genannt, denn es kann eine Erfahrung der Unsterblichkeit auslösen. Weil es oft sehr tiefe Gefühle hervorruft, fühlen sich viele Menschen verändert, wenn sie ins Wachbewusstsein zurückkehren. Die neue Sicht der Wirklichkeit kommt aber nicht von selbst, sie bedarf langer Vorbereitung, und deshalb steht das Ritual, wenn es Menschen unserer Kultur ausführen, nicht am Anfang, sondern an einem entscheidenden Abschnitt eines langen Weges. Wir können es als Initiation sehen, als Übergang in eine neue Phase des Lebens. Denn die Erfahrung von Tod und Wiedergeburt verbindet die Reisenden, einer Todesnähe-Erfahrung ähnlich, auf neue Weise auch mit dem Leben, weil es seine Bedeutung aus einer veränderten Sicht der Welt klarer werden lässt.

Betrachten wir nun, wohin die Reisenden gelangen, die durch das Tor des Eskimo-Rituals treten, getragen von einem Lied, das den Geist in einem ruhigen Zustand hält, während das Ich der Angst begegnet. In einem bestimmten Moment der völligen Überraschung wird der Schuss akustisch simuliert, ein Signal für das Bewusstsein, das in völliger Dunkelheit auf diesen Moment wartet und jetzt reagiert, als ob es in der Alltagswirklichkeit dem Unvermeidlichen gegenüberstünde.
Im ersten Moment erleben die meisten Menschen einen Zustand der Verwirrung. Während der Körper sich verhält, als ob er wirklich von einer Kugel getroffen wäre, und zusammenbricht, wie das auch von der Eskimo-Schamanin berichtet wird, spürt das beobachtende Ich, dass es noch existiert. Es reagiert mit Staunen und mit Zweifel, manchmal auch mit Angst und Abwehr oder mit Trauer und Verzweiflung.
Manche Reisende erlebten, wie ein Teil ihres Bewusstseins an den Ort des Geschehens gebunden blieb, während ein anderer in einen dunklen Bereich eintrat, in dem nichts geschah und große Ruhe herrschte. Dann aber, ausgelöst

durch einen erneuten akustischen Schock, der einen zweiten Schuss simulierte, trat der Geist in eine rasche Bildfolge ein, der ihn auf direktem Weg an den Endpunkt führte.
Den Moment der Verwirrung erlebten die meisten Reisenden übereinstimmend als eine Phase der Atemlosigkeit, des Nebels oder der völligen Dunkelheit. Die Region des Nebels ist ein Bereich, in dem alles möglich ist: Plötzlich, wenn wir es am wenigsten erwarten, können sich klare Bilder zeigen, so als ob sich ein undurchdringlicher Dunst mit einem Mal auflöste. Vielleicht ist diese Region ein Durchgang in ferne Gebiete des Inneren Landes, ein gestaltloses Nichts, das aber gleichwohl noch Helligkeit erahnen lässt, also den Glanz des Existierenden im Gegensatz zur völligen Leere, die jede Verbindung zum Sein zu leugnen scheint. Aber auch die Leere kann als ein Raum des Übergangs verstanden werden, weil sie das Bewusstsein ohne das Gefühl einer Bewegung in entlegene Regionen versetzen kann. Im Gegensatz zum Nebel, in dem bereits Formen zu ahnen sind, ist der Eintritt in die Leere aber tatsächlich eine Erfahrung jenseits alles Existierenden, während gleichzeitig das Bewusstsein offenkundig lebt.
Eine Frau berichtet, wie sie den Moment der »Erschießung« erlebte:

Ich schrie auf und stürzte zu Boden. Ich atmete schwer. Ich fühlte den Boden unter meinem Körper. Der zweite Schlag zog mich durch einen Tunnel hoch hinauf. Ich flog in großer Geschwindigkeit durch all die Bereiche, die ich in den vorangegangenen Reisen erlebt hatte, bis ich in die Leere eintauchte. Alles war dunkel und ruhig und leicht. Aber ich erhielt nicht die Erlaubnis, hier zu bleiben ...[96]

Die Begegnung mit der Leere ist für viele Reisende eine hilfreiche Erfahrung, denn das Nichts ist die größte Angst des Lebendigen. Das Nichts bedeutet dem steuernden Ich das Ende, die Vernichtung, die Auslöschung. Deshalb ist die Erfahrung, dass aus der Leere, aus der Formlosigkeit, wieder Inhalt und Form entstehen, von großer Bedeutung für die Seele. Es ist ein heilendes Bild, das Ruhe schenken kann und Ängste nimmt.

Aber die Begegnung mit dem Nichts kann das Bewusstsein auch in der Angst gefangen halten, wie wir schon bei manchen Erfahrungen der Rückkehrer von der Grenze des Todes gesehen haben. Deshalb ist es wichtig, die Landschaften der anderen Wirklichkeit im Rhythmus der Trommel in vielen Reisen vorsichtig zu erkunden, bevor wir uns auf dem direkten Weg in die transpersonalen Räume wagen. Für die Kundschafter, die das Ritual der Eskimo nachempfanden, war es ebenso wichtig, dass sie von Helfern aus der alltäglichen Wirklichkeit unterstützt wurden, die während der Erfahrung stets an ihrer Seite blieben, ein Netz für das Ich, dem es so leichter fällt, in die Ungewissheit dieser Erfahrung zu gehen.

Ein Mann fühlte sich im Augenblick der »Erschießung« von einer gewaltigen Kraft aus dem Körper gerissen, in die absolute Leere. In diesem Zustand verstummte auch der innere Dialog, der für das Wachbewusstsein so charakteristisch ist und mit dem wir uns stets unserer selbst versichern. Der zweite »Schuss« veränderte die Wahrnehmung völlig:

Ich hatte das Gefühl, dass mein Geist und meine Seele für immer den Körper verlassen würden.[97]

Dieses sichere Gefühl ähnelt dem, wovon Menschen berichten, die sich in einer lebensbedrohlichen Krise befanden: Auch sie sprechen häufig von einer klaren Empfindung des unmittelbar bevorstehenden Todes, dem dann die bildhafte Erfahrung folgt.
In unserem Beispiel erschien in diesem Augenblick eine Geisthelferin, die der Reisende schon aus vielen früheren Besuchen des Inneren Landes kannte. Aber anders als bei diesen Besuchen schien die Erfahrung weniger gegenständlich, und er blieb völlig passiv, was ihn sehr verwunderte. Die Geisthelferin umhüllte ihn mit Energie und entrückte ihn sehr schnell in die andere Welt, in die Region des Lichts. Er konnte selbst nichts tun, ein Zeichen dafür, dass er die Steuerung tatsächlich aufgegeben hatte und sich in die Bilder fügte, wie sie aus dem Zentrum der Seele aufstiegen. Die Geisthelferin sprach plötzlich zu ihm und teilte ihm mit, es sei ein notwendiger Liebesdienst, die sterbende Seele abzuholen.

Manche Kundschafter berichten, dass sie bereit waren, die jenseitigen Regionen nicht mehr zu verlassen und den letzten Schritt über die unsichtbare Grenze zu gehen. Dieser Schritt ist nicht möglich, solange wir nicht physisch an der Grenze des Todes stehen. Aber der Wunsch zu bleiben zeigt, welche Sehnsucht der Kontakt mit den tieferen Regionen des Inneren Landes auslösen kann.

Eine Frau erzählt, dass sie am Beginn ihrer Reise zunächst verwirrt und benommen war und sich in einer Region des Nebels fand. Langsam aber wurde es heller, und der Nebel lichtete sich. In einer grünen Wiesenlandschaft erkannte sie jetzt ihre verstorbene Großmutter, die sie mit offenen

Armen empfing. Die Großmutter führte sie zu einer Treppe, deren Ende sich in leuchtender Unschärfe verlor.

In vollem Bewusstsein, dass am Ende der Treppe mein eigenes Ende wartet, gehe ich hinauf. Es ist aufregend und erhaben. Dann stehe ich lange vor einer schemenhaft erkennbaren Tür. Ich weiß, wenn ich da hineingehe, werde ich nie zurückkehren. Und ich möchte so gerne gehen. Es zieht mich hinein, aber ich schaffe es nicht. Ein Gefühl von Trauer und gleichzeitig von nie gekanntem Glück erfüllt mich.[98]

Ein Mann erlebte das Ritual zunächst als Akt der Gewalt, ein realistisches Gefühl, das zeigt, wie die Seele vom Bewusstsein gespiegelte Bilder als Wirklichkeit annimmt. Dann öffneten sich Räume, in denen sich Bilder von Verstorbenen und Landschaften jenseits der Vorstellungskraft zu einer Vision verbanden, die ihm ein Gefühl von Heimat vermittelte: das Bild eines Ortes, der seinem Selbst vollständig entsprach.

Ich fiel. Kämpfte. Ließ los. Meine Mutter kam und trug mich fort. Worte fehlen, aber die Anderswelt ist wie das Aroma des Wassers: ohne Geschmack, ohne Farbe, aber doch unendlich befriedigend, gleichzeitig alles auslöschend. Es ist so gut hier, dass ich lieber hier bliebe als zurückzukehren. Dass es da noch den inneren Kampf gab mit der Lebensgier, machte den Todestrieb eher stärker ... Mitgefühl für andere? Selbst darin einen Daseinsgrund zu finden, war schwierig. Zu wissen, dass andere mich und meine Arbeit brauchen ... aber da war dennoch dieser bohrende, nagende Wunsch, die Neigung, diese Welt zu verlassen ...[99]

Die Sehnsucht nach der Verbindung mit der anderen Welt zeigt, dass die Reise sehr weit führte und den Erfahrungen in der Nähe des Todes vergleichbar ist: In allen Zeiten berichteten die Rückkehrer von dem Wunsch, in der Schönheit der jenseitigen Regionen zu bleiben. Auch die Forschungsreisenden, denen sich diese fernen Bereiche öffneten, brauchten bisweilen längere Zeit, um sich wieder in der Welt des Alltags zurechtzufinden. Und dann bemerkten sie, dass sich ihr Bild der Wirklichkeit verändert hatte: Sie fühlten jetzt weniger Angst vor dem Tod, hatten den Eindruck, eine andere Welt gesehen, einen Blick hinter die Kulissen der Alltagsrealität geworfen zu haben, auch fühlten sie sich jetzt dem Leben mehr verbunden, weil sie jetzt jenseits rationaler Gedanken eine Ahnung seiner Bedeutung hatten.

Die Reise in der leichten Trance kann also den Blick in die Weite des Inneren Landes öffnen. Aber dieser Blick ist nur in besonderen Momenten von jener Klarheit und Konturenschärfe, die der Todesnähe-Erfahrung den unumstößlichen Glanz der Wirklichkeit geben. Manchmal erscheinen die Bilder eher wie eine ferne Erinnerung an ein lange zurückliegendes Erlebnis, manchmal auch wie die bildhafte Ahnung eines tief in uns verankerten Mythos.

Viele Teilnehmer an dieser Erkundungsreise können ihre Erfahrung deshalb schon bald integrieren, ein wichtiger Unterschied zum klassischen Todesnähe-Erlebnis. Weil ein Teil des Bewusstseins in der Alltagswirklichkeit bleibt, kann der Versuch, die weiten Landschaften der Seele bewusst zu erreichen, nur selten die Tiefe einer Erfahrung erreichen, die physisch an die Grenze des Todes führt. Aber es scheint möglich zu sein, ähnliche Regionen zu sehen wie die Sterbenden und so eine Ebene wahrzunehmen, die sich dem Bewusstsein sonst erst in einer lebensbedrohlichen Krise öffnet. So können uns diese Reisen eine Ahnung von dem vermitteln, was Menschen in der Nähe des Todes begegnet, was uns also selbst erwarten könnte und was Menschen widerfährt, die wir in den letzten Wochen ihres Lebens begleiten.

Die Erfahrung der fortlebenden Seele

Ähnlich wie die Schüler der Schamanen des alten Weges können auch Menschen unserer Tage erschreckende und gleichzeitig transformierende Erfahrungen machen, wenn sie auf der Suche nach dem Zentrum des Seins mit den Wesen des Inneren Landes in Kontakt kommen. Bisweilen erleben sie dort Szenen, die einer Initiation gleichkommen, eine Begegnung mit der Leben vernichtenden und Leben spendenden Kraft. Diese Begegnung wird, wie wir schon gesehen haben, in der ethnologischen Literatur »Zerstückelung« genannt. Es geht um nicht mehr und nicht weniger als die Erfahrung, von reißenden Ungeheuern oder (seltener) Geistern mit menschlichem Antlitz zerrissen, verbrannt, vollständig ausgelöscht zu werden, um dann eine Trennung des Bewusstseins vom Körper wahrzunehmen, dessen Form auch in der nichtalltäglichen Wirklichkeit meist bestehen bleibt wie der Traumkörper in den Flügen der Nacht.

Die Zerstückelung kann plötzlich geschehen und sich aus Bildern einer ruhigen Reise entwickeln, in der mit einem Mal gefährliche Bestien auftauchen, vor denen die eigenen Helfer zurücktreten, weil sie in diesem Moment die Chance einer Initiation erkennen, also dem Bewusstsein einen

Schub versetzen wollen, der ihm tiefere Einblicke in die Geheimnisse der Seele ermöglicht.

Die Zerstückelung kann auch bewusst hervorgerufen werden, als Ziel einer Reise formuliert, als Wunsch, die Erfahrung von Sterben und Wiedergeburt zu erleben. Dann tauchen die Hilfsgeister auf und ziehen das Bewusstsein in eine besondere Region der unteren oder der oberen Welt, die von den düsteren Wesen der Zerstörung bewohnt werden.

Im Unterschied zu den tiefen Trancezuständen, wie sie Halluzinogene auslösen können, bleibt im Rhythmus der Trommel aber immer noch ein bedeutender Teil des Ich mit dem Wachbewusstsein in Verbindung, so dass die Erfahrung auf den ersten Blick nicht den Charakter einer überwältigenden Wirklichkeit annehmen muss. Auch wenn die Angst stets in den Bildern der Vernichtung lebt, bleibt sie doch erträglich und lässt dem Bewusstsein die Offenheit, die Szene gleichzeitig aus der Perspektive des Betroffenen als auch aus dem Blickwinkel eines neutralen Beobachters zu betrachten. So entfaltet sich die Wirkung dieses Urbildes oft erst in den Tagen nach der Rückkehr, meist in heilsamer Weise, seltener auch als irritierendes Moment, weil sich die Seele vielleicht nicht mehr vollständig gegenwärtig fühlt. Ein solcher Zustand scheint dann einzutreten, wenn das Bewusstsein nachhaltig erschüttert wurde und das Ich seine alte Bahn verlassen hat, sich also gezwungen sieht, einen neuen Weg zu suchen.

Diese Veränderung erinnert an die Erfahrung der Rückkehrer von der Grenze des Todes, die ja auch selten wieder dort anknüpfen können, wo sie die körperliche oder seelische Krise ergriffen hatte, sondern einen vielleicht Jahre dauernden Prozess der Verbindung mit ihrer Erfahrung, oder

besser: der Verschmelzung, des neuen Wissens mit der im Kern erschütterten Persönlichkeit beginnen müssen.
Die Pioniere der Foundation for Shamanic Studies haben den Weg der Zerstückelung unter verschiedenen Aspekten erprobt und dabei auch erfahren, dass er sich wie ein gezielter chirurgischer Eingriff für die Verwandlung alter, festgefahrener Glaubenssätze oder für die Lockerung eines eingefrorenen Weltbildes einsetzen lässt. So gewinnt diese archaische Erfahrung bisweilen den Charakter einer hilfreichen Technik, eine im Schamanismus, der ja das Praktische, unmittelbar Hilfreiche liebt, gern gesehene Verwandlung.
Jetzt aber sollte uns vor allem interessieren, in welchen Bildern sich modernen Reisenden der Archetypus von Tod und Wiedergeburt, das Urbild des Fortbestehens der Seele, zeigt, und welche Folgen diese Erfahrung für die Einstellung zum Tod haben kann.
Die meisten Reisenden erleben die Zerstückelung als zwar dramatische, aber nicht körperlich wahrnehmbare Erfahrung. Wie wir uns erinnern, berichten auch die sibirischen Schamanen nicht ohne Erstaunen, dass sie keine Schmerzen spürten, während sie etwa vom mythischen Bär gefressen wurden. Allerdings findet sich in ihren Berichten auch der Hinweis, in dem Augenblick, als das Herz verschlungen wurde, eine starke körperliche Reaktion erlebt zu haben. Die Menschen unserer Zeit nehmen diesen Schmerz eher als Gefühl der Einsamkeit wahr, oder als Bild völliger Verlorenheit, oder sie beobachten die Szene wie von außen, getrennt von jedem Gefühl.
Eine Frau berichtet über ihre Reise, sie sei von einem gewaltigen Felsbrocken erschlagen worden. Der Felsen fiel einfach aus der Höhe auf sie und zerschmetterte schlagartig ihren Körper.

Dann erschienen Tiere, die alles auffraßen, dessen sie habhaft werden konnten. Was von mir noch unter dem Stein verblieb, unerreichbar für die Tiere, wurde plötzlich nach unten gezogen, in die Tiefe der Erde.
Für eine gewisse Zeit schwebte ich im Nichts, in der völligen Leere, ohne Schmerz, auch ohne das Gewahrsein einer fortdauernden Existenz, es war einfach nur Nicht-Sein.
Dann wurde ich mir meiner Seele bewusst, die in einer Kristallhöhle lag, in einem Raum von Weite und Helligkeit. Eine lange Zeit verging, und ich empfand große Hitze.[100]

Schließlich verwandelte sich das Bild, und die Reisende fand sich an einem Bach sitzend. Sie war kleiner als sonst und empfand sich nicht mehr als Mensch. Sie war ein Bach-Wesen, still und klar wie das fließende Wasser.
In dieser Erfahrung bleibt die Reisende am Ende transformiert, sie wurde nicht mehr zurückgebracht in die körperliche Existenz, die sie am Beginn der Reise noch wahrnehmen konnte. Sie war noch gegenwärtig oder besser: wieder lebendig, aber in verwandelter Form, eine Reise, wie sie oft den Beginn eines Zyklus einleitet, an dessen Ende eine neue Persönlichkeit steht. Aber das wichtigste Moment dieser Erfahrung ist stets, aus der Zerstörung lebendig hervorzugehen, eine Fortdauer des Bewusstseins zu erleben, während sich vor dem inneren Auge Bilder der endgültigen Vernichtung entfalten.
Der reinigende Bach ist ein Bild, das für einen erfolgreichen Abschluss steht, ein Ausdruck der Läuterung und der Verwandlung. So erlebte diese Region des Inneren Landes auch eine andere Reisende, die zunächst in eine menschenleere, felsige Landschaft der oberen Welt geführt wurde. Dort erwarteten sie urweltliche Drachen, die sie blitzschnell

zu Boden warfen und in Stücke rissen. Während dies geschah, nahm sie die Szene aus einem veränderten Blickwinkel wahr, jedoch nicht in der Klarheit, in der sich für sie sonst die Szenen der Bewusstseinsreise entfalten. Am Ende blieb nur ihr Herz übrig, das die Feuer speienden Drachen verbrannten.

Nach einiger Zeit, in der nichts geschah, spürte sie, wie sie nach und nach aus dem Nichts wieder erstand. Nur das Herz fehlte.

Jetzt wechselte das Bild, und sie fühlte sich im Wirbel eines Baches, spürte, wie sie durch Strudel, kleine Wasserfälle und Stromschnellen getrieben wurde, ein beängstigendes Erlebnis, aber gleichzeitig auch das Gefühl, von der Kraft des Wassers getragen und gereinigt zu werden. Endlich wurde sie wie Treibholz an einen Strand gespült. Nach einiger Zeit erschienen ihre helfenden Geister in der Gestalt von Tieren, sie hielten die Teile des verlorenen Herzens in den Mäulern, setzten sie im Körper wieder zusammen und übertrugen ihr ein Gefühl der Kraft und der Ganzheit. Im Bewusstsein tauchte jetzt das Wort »Angst« auf, wie eine Überschrift, die andeutete, was der Heilung bedurfte.

Die urweltlichen Tiere, wie sie schon Michael Harner bei seiner ersten Reise mit Hilfe des Ayahuasca-Trankes sah, scheinen häufig aus den Tiefen der Allumfassenden Seele, wo sie seit Äonen ruhen, ins Bewusstsein aufzusteigen. Ihnen begegnete auch ein anderer Reisender, der sich ebenfalls in einer Felslandschaft der oberen Welt auf einem Opferaltar liegen sah. Die bizarre Steinlandschaft, die er genau wahrnahm, bevor er den Opferplatz erreichte, scheint in einer ähnlichen Region des Inneren Landes zu liegen wie der Ort in der vorher beschriebenen Erfahrung. Das Bewusstsein des Reisenden erkannte jetzt Saurierwesen, die sich schnell näherten und ihm das Fleisch vom Leib rissen. Mit großen Schnäbeln hackten sie ihm die Augen aus. Dann beteiligen sich auch Wölfe an der Zerstückelung. Der Reisende nahm sich lange Zeit im Körper wahr und sah die Angriffe aus dieser Perspektive. Dann aber fühlte er, wie er über der Szene schwebte und immer leichter wurde, ein Sog riss ihn nach oben in ein weißes Licht, in das er eintauchte, bis jede Wahrnehmung sich auflöste: Nur noch ein nebelig-weißer Raum ohne Form war geblieben. Aus der Ferne drang eine Stimme an sein Ohr, der Ruf des weisen Alten, seines Lehrers in den Welten der nichtalltäglichen Wirklichkeit.

Die Stimme zog mich zurück, und aus dem Nebel tauchte das Bild des Opferplatzes auf. Zwei menschliche Wesen waren dabei, die verbliebenen Knochen zu feinem Mehl zu zerstoßen, mit großen Hölzern, ein Bild wie aus dem Innern des alten Afrika. Als nur noch feiner Staub übrig geblieben war, kam ein Wind auf, der den Staub verwehte. Der Weise sagte: »Du siehst, alles ist vergangen, aber du bist noch immer da.« In diesem Moment erfasste eine Kraft mein Bewusstsein und riss es mit ungeheurer Geschwindigkeit nach oben, in eine Explosion aus Licht. Aus dem gleißenden Strahl entstand ein Bild der Erde, ich schwebte in großer Höhe über dem Planeten. Ruhe und Erhabenheit erfüllten alle meine Sinne. Und wieder hörte ich aus weiter Ferne die Stimme des Weisen: »Komm zurück«. Der Ton hallte wie in einer tiefen Schlucht, in der sich das Echo brach. Wie sollte ich zurückfinden? Da erkannte ich, dass die Stimme wie ein Leitstrahl war, der das Bewusstsein zurück zum Opferplatz führen konnte. Ich schwebte zurück und sah, wie der Weise meinen Körper zusammensetzte, zuerst formte er das Ge-

rippe, dann die Organe und das Fleisch. An einer Stelle fügte er kleine Kristalle ein, dort schien der Körper krank zu sein. Als dieses Werk getan war, glitt mein Bewusstsein in das Bild des Körpers wie in eine Puppe, und ich kehrte zurück an den Ausgangspunkt meiner Reise.[101]

Diese Erfahrung zeigt das vollständige Bild von Zerstörung und wieder geschaffener Ganzheit, aber auch von Transformation, denn ein Teil des alten Körpers wurde durch Kristalle ersetzt, ein Bild der Heilung, wie es oft, zurückgebracht in die alltägliche Wirklichkeit, aus der Seele auf den Körper wirkt.

Auch dieses Beispiel beschreibt eine Reise, deren erklärtes Ziel die Bitte um Zerstückelung war, also keine spontane Erfahrung. Die Bilder solcher Reisen nehmen bisweilen den Charakter einer Erinnerung an oder erscheinen wie ein Film, der auf der Leinwand der Wahrnehmung das Spiel von Tod und Wiedergeburt aufführt. Die Bilder mögen in solchen Momenten eher wie eine Simulation der anderen Wirklichkeit erscheinen, weil in der leichten Trance, wie sie die Trommel auslöst, das Ich selten bereit ist, den Faden vollständig loszulassen, der es mit der Sicherheit des Wachbewusstseins verbindet. Die Wirkung in der Seele aber ist von großer Kraft. Das heilende Bild von Tod und Wiedergeburt kann nach und nach den Glauben des alltäglichen Bewusstseins an die Zwangsläufigkeit der Vernichtung verwandeln, denn auch das moderne Weltbild einer hoffnungslosen Entwicklung zum Tod ist ja nur ein Glauben, keineswegs ein gesichertes Abbild der Wirklichkeit.

Das vierte Beispiel beschreibt eine spontane Erfahrung, die zunächst nicht zu einem glücklichen Ende zu kommen schien. Eine Frau wurde am Ausgang in die Anderswelt, die

sie schon häufig bereist hatte, plötzlich und unerwartet von einem wilden Löwen angegriffen und zu Boden gerissen. Ohne dass sie die Möglichkeit hatte, sich zu wehren, zerfleischte das Tier ihren Körper. Ein Wesen in der Gestalt eines Mongolen, den sie schon häufiger gesehen hatte, weil er unmittelbar am Tunnelausgang in die Anderswelt lebt, setzte das Werk der Vernichtung fort. Eine indianische Figur erschien und verbrannte viele Teile des zerrissenen Körpers. Was vom Bild des Körpers übrig geblieben war, zerschlug ein tibetischer Mönch, wie sie es schon in Filmen gesehen hatte.
Die Reisende war derart überrascht von diesem dramatischen Angriff, dass sie die Szene nicht vollständig erfassen konnte, ganz anders, als das sonst auf akustisch induzierten Reisen möglich ist. In diesem Moment erschien der Tod in weiblicher Gestalt und hielt den Schädel der Reisenden in den Händen, der unzerstört geblieben war, weiß und schön. Das Bewusstsein versenkte sich nun in die schwarzen Augenhöhlen des Todes und tauchte ein in ein nachtblaues Gewässer. Dann fand es sich schwebend im Kosmos. Aber dieses Bild, das die Reisende eigentlich schon aus früheren Erfahrungen kannte, war nicht beruhigend. Sie fühlte sich zerstört und wusste in erstaunlicher und erschreckender Klarheit, dass es sie nun nicht mehr gab, ein für die Seele schwer zu ertragendes Bild. Die Reise endete hier, ohne dass ein Bild des lebendigen Körpers wieder neu geschaffen worden wäre.
In den nächsten Wochen und Monaten fühlte sich die Frau nicht mehr vollständig präsent, sie schien den Kontakt mit dem Inneren Land verloren zu haben, und auch in der alltäglichen Wirklichkeit merkte sie, dass ihre Kräfte geringer geworden waren.[102]

Wenn die Wesen des Inneren Landes Menschen aus dieser Erfahrung entlassen, ohne sie wieder vollständig werden zu lassen, dann offenbar deshalb, weil sie zunächst weiter mit der Seele arbeiten wollen. Es ist so, als ob Bilder aus dem Zentrum in die Nähe der individuellen Seele rücken müssten, um dort dauerhaft verankert zu werden. Wenn dieser Prozess gelingt, erreicht das Bewusstsein eine tiefere Bindung mit den zentralen Kräften des Inneren Landes, so wie Menschen, die eine Todesnähe-Erfahrung erlebten, sich oft mehr mit den Bildern ihrer Jenseitsreise verbunden fühlen als mit der Gegenwart, dann aber, nach Wochen, Monaten und manchmal auch erst Jahren, die Erfahrung der anderen Welt mit der Existenz in der Gegenwart verknüpfen können. So gewinnen sie Kraft und Sicherheit für die alltägliche Wirklichkeit aus der Verbindung mit dem Inneren Land.

Die Reisende in unserem Beispiel brauchte mehrere Monate, bis sie wieder das Gefühl der Vollständigkeit zurückgewonnen hatte. Wenn sie in dieser Zeit die unteren und oberen Welten besuchte, konnte sie sich nicht mehr frei bewegen. Sie sah aber, wie sich ihre Verbündeten aus den Tiefen des Inneren Landes um die Integration dieser Erfahrung bemühten. Ihre Helfer pflegten sie, wie man eine Patientin nach schwerer Krankheit wieder langsam zu Kräften bringt. Am Ende erlebte sich die Reisende in einem Zimmer, das den Eindruck einer Kurklinik vermittelte, und langsam gelang es ihr wieder, sich in den Bereichen des Inneren Landes und in der alltäglichen Wirklichkeit sicher zu fühlen.

Die Reise in den Tod des Ich ist eine fortgeschrittene Übung, die nicht ohne Risiko ist, wie wir gesehen haben. Aber in den meisten Fällen verläuft sie leicht und erzeugt ein geradezu euphorisches Gefühl, denn die Erfahrung, den

Tod zu überleben, wenn auch der Körper in der Reise nur ein Bild des materiellen Körpers ist, kann das Ich verwandeln, weil es das gewohnte Denken aus seiner Verankerung reißt. Und die Bilder der Seele haben ja die Macht der Wirklichkeit.

Seelengeleiter

Seit alten Zeiten war es die Aufgabe der Schamanen, den unsterblichen Teil des Menschen in die jenseitigen Regionen zu geleiten, wenn es nicht mehr möglich schien, die davoneilende Seele eines Sterbenden zur Rückkehr zu bewegen. Dieser Dienst für die Sterbenden und ihre Familien wird in der westlichen Literatur Psychopompos-Arbeit genannt, nach dem griechischen Wort für Seelengeleitung.
Die Kundschafter der Foundation for Shamanic Studies sind auch diesen Spuren gefolgt und haben Methoden erprobt, die Seelen Verstorbener zu erreichen und so ihnen und den Lebenden zu helfen. Wenn wir jetzt einige Beispiele dieser Arbeit betrachten, dann deshalb, weil die Berichte ein besonderes Licht auf die schamanische Vorstellung des Lebens und Sterbens werfen, vor allem aber, weil sich in dieser Arbeit die verschachtelten Welten des Inneren Landes auf besondere Weise durchdringen lassen. Die Reisen zu verstorbenen Seelen, auf den ersten Blick eine bildhafte Leistung des Bewusstseins, kann ungewöhnliche Ergebnisse in der alltäglichen Wirklichkeit auslösen. Mit anderen Worten: Es können heilsame synchronistische Phänomene auftreten, wie C.G. Jung sagen würde.
Wenn die Schamanen des alten Weges vom Tod sprachen, machten sie oft keinen Unterschied zwischen dem Körper

und der Seele. Sie sagten, der Mensch sei in die andere Welt gegangen, und diese Aussage zeigt, dass sie die Essenz, die das Bewusstsein trägt, mit dem Menschen gleichsetzten und den Körper lediglich als einen für das Leben auf der Erde wichtigen, im Grunde aber verzichtbaren »Behälter« ansahen. In unserem Kulturkreis betrachten wir seit undenklichen Zeiten den Tod als Trennung von Körper und Seele, sprechen also von zwei gleichberechtigten Kräften. Erst die moderne Wissenschaft, die der Seele eine eigene Existenz abspricht, negiert diesen Dualismus und sieht nur noch den Körper, dessen schwindende Kraft das Bewusstsein in die Auflösung entlässt.

Für das Denken und Fühlen der Lebenden ist aber die Verbindung mit den Verstorbenen von großer Bedeutung. Nicht wenige Menschen erleben nach dem Tod naher Angehöriger eine fortdauernde Präsenz, bisweilen sogar eine Form wortloser Kommunikation, auch wird von Berührungen berichtet, dem Gefühl etwa, in einem bedeutungsvollen Moment der inneren Verbindung mit einem Verstorbenen lege sich eine Hand auf die Schulter, wie ein Zeichen für das Weiterleben der Seele. Verstorbene zeigen sich auch im Traum, oft mit bedeutungsvollen Botschaften, und es gibt nicht wenige Berichte, die nahe legen, dass ein sich selbst bewusster Geist in die Belange der Lebenden einzugreifen scheint. Diese meist positiv gefärbten Erlebnisse helfen den Trauernden, mit der Essenz des Verstorbenen in Verbindung zu bleiben. Die Botschaften dieser besonderen Träume gehen weit über innere Bilder der Trauer und des Wunsches hinaus, das Geschehene ungeschehen zu machen. Für die Lebenden sind solche Erfahrungen oft wie Beweise eines Fortlebens nach dem Tode, auch wenn das rationale Ich dieses Wissen doch stets mit großer Kraft negiert.

Für die Schamanen des alten Weges stand das Fortleben der Verstorbenen in den weiten Ebenen des Inneren Landes außer Zweifel. Ihre Aufgabe, die Geister in das Land der Toten zu geleiten, nahmen sie auch deshalb ernst, weil in den archaischen Gesellschaften die Angst vor der Wiederkehr der Verstorbenen als Unheil bringende Geister stets präsent war. Es galt deshalb, die Rückkehr möglichst zu verhindern, indem die Verwandten für einen guten Übergang sorgten, und wenn dies nicht möglich war, dann wenigstens alle Spuren zu verwischen, die dem Geist den Rückweg erleichtern könnten. Auch in den westlichen Kulturen kennen wir in manchen Regionen besondere Türen in den Häusern, durch die der Leichnam aus dem Haus gebracht werden musste und die dann sicher verschlossen wurden, ein mächtiges Symbol für den Abschied ohne Rückkehrrecht. In den schamanischen Gesellschaften wurden oft alle persönlichen Habseligkeiten des Verstorbenen verbrannt, manchmal sogar das Haus zerstört, so groß waren die Ängste vor dem unheilvollen Wirken der Toten. Auf der anderen Seite gibt es bis heute überall auf der Welt große Rituale der Verbindung mit den Ahnen, von der Ehrung auf Hausaltären bis zu festlichen Gelagen am Grab bei besonderen Gelegenheiten.
In der systemischen Familienaufstellung machten viele Therapeuten die Erfahrung, dass schwierige Situationen in der Familie offenbar gelöst werden können, wenn die Verstorbenen einen »Platz im Herzen« der Lebenden erhalten, vor allem, wenn es sich um Menschen handelte, die über lange Zeit in der Familie ausgegrenzt und vergessen worden waren. Ganz gleich, ob wir die Gegenwart Verstorbener in der alltäglichen Wirklichkeit für möglich halten oder in dieser Vorstellung eher ein Bild sehen, das die Seele mit

ihren persönlichen Wurzeln verbindet, ist es doch offenkundig, dass auch Vorfahren weit jenseits der Elterngeneration eine große Rolle im Leben jedes Menschen spielen und für das Schicksal einer Familie von entscheidender Bedeutung sein können.

Die Schamanen des alten Weges hatten oft verstorbene Verwandte als Helfer in den unteren und oberen Welten an ihrer Seite und erlebten sie als persönliche Hilfsgeister. In den Todesnähe-Erfahrungen begegnen wir den verstorbenen Verwandten in einer ähnlichen Rolle: als Begleiter in den ungewohnten Räumen des Inneren Landes, als Geleiter ins Licht des Jenseits.

Auch die modernen Reisenden im Rhythmus der Trommel suchen häufig Plätze der anderen Welt auf, um sich Ratschläge von den Geistern der Ahnen zu holen. Dies können tief gehende Erfahrungen sein, bis zu dem sicheren Gefühl, auch nach der Rückkehr die Präsenz dieser Kräfte zu spüren. Weil es heilsame Kräfte sind, bedeutet diese »Mitnahme« in die Alltagswelt eine Stärkung des Ich, keine Abhängigkeit von dunklen und aus der Sicht klassischer Psychiater krank machenden Mächten.

Aber auch moderne Reisende begegnen bisweilen Kräften, die schwächen können. Sie erleben sie in der nichtalltäglichen Wirklichkeit als Bilder von Geistern, die nach ihrem Tod nicht den Weg in die Welten des Jenseits gefunden haben und an die mittlere Welt gebunden blieben. Hier scheinen sie sich in einem Zustand von Verwirrung und Ahnungslosigkeit zu befinden, berichten die Reisenden.

So wie manche Menschen in einer Todesnähe-Erfahrung versuchen, mit den Ärzten im Operationssaal in Kontakt zu treten, was ihnen aber in ihrem besonderen Bewusstseinszustand nicht gelingt, scheinen die Verstorbenen nicht begriffen zu haben, dass es für sie keine alltägliche Möglichkeit der Kommunikation mehr gibt.

Wenn die Reisenden in der mittleren Welt, also im nicht sichtbaren Bereich der Alltagswirklichkeit, Bilder Verstorbener wahrnehmen, dann versuchen sie, diesen Geistern den Weg in die oberen oder unteren Welten zu weisen, die einzigen Orte, die auch nach Vorstellung der traditionellen Schamanen die Weisheit des Inneren Landes bewahren. Die Geleitung der Seelen in diese Sphären ist oft nicht einfach, weil die Verstorbenen sich offenbar weigern, ihren Zustand anzuerkennen. Vor allem, wenn sie ein gewaltsamer und plötzlicher Tod aus dem Leben gerissen hat, fühlen sie sich noch immer dieser Welt zugehörig und bestreiten ihren Tod, wie viele Reisende berichten. Der Dialog mit den Verstorbenen nimmt dann bisweilen den Charakter eines therapeutischen Gespräches an, bis es gelingt, die Seele aus der mittleren Welt an einen besseren Ort zu bringen. Die Entscheidung, wohin die Seele gehen sollte, wird dabei niemals von den schamanisch Reisenden getroffen, sie überlassen die Arbeit ihren spirituellen Helfern in der nichtalltäglichen Wirklichkeit, die im Dialog mit dem Geist des Verstorbenen den richtigen Weg weisen.

Die Psychopompos-Arbeit kann Teil einer Sterbebegleitung sein, wie wir noch sehen werden. Auch ist es für manche Hinterbliebene heilsam, mit Hilfe eines schamanisch Praktizierenden Kontakt zu wichtigen Persönlichkeiten der eigenen Geschichte aufzunehmen, vor allem zu kürzlich Verstorbenen, wenn ein wichtiges Problem noch nicht zu Ende gebracht ist.

Manchmal kommt es vor, dass Geister Verstorbener auch in unseren Tagen eine seltsame und beunruhigende Präsenz zeigen. Parapsychologen sprechen dann von Spuk oder wissenschaftlicher: von Anomalien, und bisweilen versuchen dann schamanisch Praktizierende, in den betroffenen Häusern in verändertem Bewusstseinszustand Kontakt mit den Geistern aufzunehmen und eine Lösung zu finden. Dabei kommt es häufig zu Wahrnehmungen, die sich später im Wachbewusstsein verifizieren lassen, vor allem aber wiederholen sich die seltsamen Anomalien nicht mehr, wenn die Arbeit erfolgreich war.

Eine Holländerin, die im Auftrag des parapsychologischen Institutes Utrecht solche schwierigen Fälle zu lösen versucht, berichtet, dass sie in ein Haus in Den Haag gerufen wurde, in dem eine Frau mit ihrer zehnjährigen Tochter lebte. Das Mädchen weigerte sich seit ihrem dritten Lebensjahr, in ihrem eigenen Zimmer zu schlafen, weil sie dort und im Flur »etwas fühlte und sah«. Das Mädchen war nicht bereit, der Fremden zu beschreiben, was sie sah, weil sie ihr offenbar nicht vertraute.[103]

Die schamanisch Praktizierende ging in Trance und nahm im veränderten Bewusstseinszustand im Zimmer des Mädchens eine junge Frau mit langen Haaren und einem altmodischen langen Rock wahr. Die Erscheinung teilte ihr mit, früher sei an der Stelle dieses Hauses eine Landschaft mit großen Büschen gewesen, und dort sei sie von einem Mann vergewaltigt worden. Die Reisende half dem Bild der Seele, den Platz zu verlassen und so weit wie möglich in andere Sphären des Inneren Landes zu gehen. Danach betrachtete sie den Korridor und nahm dort das Bild eines Mannes wahr, der vor der Tür stand. Hinter der Tür, das wusste sie in diesem Moment, waren illegale Papiere in einem mit Ablagefächern versehenen Raum versteckt. Die Szene schien in der Zeit des Zweiten Weltkrieges zu spielen, der Mann arbeitete offenbar im Widerstand gegen die

Nazis, und es war gefährlich, diese Papiere im Haus zu haben. Die Reisende sprach mit ihm und erklärte ihm, dass er tot sei und nun seine verstorbenen Kameraden treffen könnte, die ihn an einen besseren Ort bringen würden. Zurückgekehrt aus der Trance, öffnete die Reisende im Wachbewusstsein die Tür und stellte fest, dass sich in dem Raum ein Badezimmer befand. Die Bewohner bestätigten aber, dass die Vorbesitzer des Hauses hier früher tatsächlich ein Zimmer mit Ablagefächern eingerichtet hatten.

Auch das kleine Mädchen hatte das Bild des Mannes wahrgenommen, wie es jetzt erzählte. Und dann zeigte es eine Zeichnung, auf der es die Erscheinung in seinem Kinderzimmer festgehalten hatte: eine Frau mit langen Haaren, die einen altmodischen Rock trug.

Nach dieser Reise, einer »klassischen« Seelengeleitung, sah das Mädchen die beiden Gestalten nie wieder.

Ein zweiter Fall spielte sich im äußersten Norden Hollands ab, in einem Haus, das unmittelbar hinter den Deichen lag. Ein junger Mann hatte das Institut um Hilfe gebeten, weil er immer wieder in der Nacht, manchmal sogar am helllichten Tag, einen Mann um Hilfe schreien hörte. Zunächst hatte der junge Mann über diese Wahrnehmung nicht gesprochen, weil er sie für eine Sinnestäuschung hielt. Eines Tages aber, als er vom Einkaufen nach Hause zurückkam, fand er seine Freundin in höchster Aufregung. Sie hatte einen Mann herzzerreißend um Hilfe rufen hören, aber niemanden gesehen.

Als sich die schamanisch Praktizierende in diesem Haus in Trance begab, sah sie das Bild eines Fischerbootes, das in einem Sturm sank. Im Steuerhaus war ein Mann eingeschlossen, weil die meterhohen Wellen die Tür versperrten. Er schrie und schrie. Wieder half die Reisende im Dialog mit dem Bild des Verstorbenen, für die Seele einen besseren Platz zu finden.

Zurückgekehrt ins Wachbewusstsein, wunderte sie sich, dass sie das Boot in ihrer Vision an einer Stelle diesseits des Deiches hatte schwimmen sehen, eine irritierende Wahrnehmung. Aber der Hausbesitzer erklärte ihr, das Gebiet um sein Haus sei erst vor wenigen Jahrzehnten dem Meer abgerungen worden.

Nach dieser Seelengeleitung traten die akustischen Erscheinungen nie mehr auf.

Halluzination und Wirklichkeit

Die beiden Geschichten sind bedeutungsvoll, weil sie ein besonderes Licht auf die Wirklichkeit des Inneren Landes werfen. Offenbar ist es möglich, in der leichten Trance, wie sie die Trommel auslösen kann, Bilder wahrzunehmen, die Ereignisse der Alltagswirklichkeit zeigen. Ob sich die Szenen genau so abgespielt haben oder ob das reisende Bewusstsein die Geschehnisse der Vergangenheit in einem von starken Gefühlen untermalten, persönlich gefärbten Bild wahrnahm, ist dabei gleichgültig. Offensichtlich war es möglich, über die Bilder der Seele die Wahrnehmung anderer Menschen positiv zu beeinflussen. In der Gedankenwelt des Schamanismus ist das nicht ungewöhnlich, denn die schamanische Reise ist kein einfacher Traum, keine Phantasie, sondern ein Mittel der Seele, in die Räume jenseits der Zeit vorzudringen, die nach alter Vorstellung alles Sichtbare umgeben.

Akustische Halluzinationen scheinen besonders häufig mit der Vorstellung verzweifelter Seelen verbunden zu sein, wie Erfahrungen aus psychiatrischen Kliniken nahe legen. Der Psychotherapeut Myron Eshowsky, ausgebildet auch in der Technik des schamanischen Reisens, setzte die Seelengeleitung in einer großen amerikanischen Klinik in Madison/Wisconsin ein, wenn Patienten über akustische Halluzinationen klagten. In zwei Dritteln aller Fälle, so berichtet er, führte die Reise für eine verstorbene Seele zum Rückgang der Halluzinationen bei den Patienten.[104] Der erste Fall, den er mit dieser Methode behandelte, war besonders eindrucksvoll, weil weder der behandelnde Arzt noch die betroffene Patientin über Zeitpunkt und Methode des Eingriffs unterrichtet wurden.

Die Patientin, eine Prostituierte, war nach der Ermordung ihres dreijährigen Sohnes in eine schwere Psychose gefallen. Sie versicherte immer wieder, die Stimme ihres Sohnes zu hören, und wurde mit dämpfenden Medikamenten und verschieden Formen der Psychotherapie behandelt, ohne dass sich die Symptome besserten.

Der Psychologe hatte mit dieser Patientin keinen Kontakt, eine seiner Studentinnen hatte von dem Fall berichtet. Er bat sie, in den nächsten Tagen auf mögliche Veränderungen im Verhalten der Patientin zu achten, und ging auf eine Reise ins Innere Land, die ihn in das Haus führte, in dem der Mord geschehen war. In der Ecke eines Zimmers nahm er ein kleines Kind wahr, das nach seiner Mutter rief. In langen Gesprächen mit diesem inneren Bild beruhigte er das Kind und brachte es mit Unterstützung seiner spirituellen Helfer an einen anderen Ort, der den Übergang in andere Welten ermöglichte. Dann kehrte er ins Wachbewusstsein zurück.

Die Studentin berichtete ihm am nächsten Tag, dass die akustischen Halluzinationen der Patientin plötzlich aufgehört hatten. Von diesem Zeitpunkt an traten nie mehr ähnliche Symptome auf. Zwar konnte die Patientin nicht vollständig entlassen werden, denn ihr psychischer Zustand war auch schon vor der Ermordung ihres Sohnes schwierig gewesen, aber sie war nun in der Lage, in einer therapeutischen Wohngemeinschaft zu leben und einer geregelten Arbeit nachzugehen.

Der Erfolg dieses Experiments führte dazu, dass in der Klinik in zahlreichen schweren Fällen Methoden der schamanischen Reise eingesetzt wurden, mit sehr gutem und vor allem dauerhaftem Erfolg.

Parapsychologen sprechen von »Anomalien«, wenn sie solche Phänomene betrachten, denn das Geschehen ist eine irritierende Besonderheit im modernen Weltbild, das ja einfachen Erklärungen von Ursache und Wirkung folgt und die Kommunikation mit Geistern ausschließt. Einerseits akzeptieren viele Wissenschaftler die Tatsache, dass der Körper über erstaunliche Selbstheilungskräfte verfügt, die offenbar mit der Fähigkeit des Geistes zur Imagination zusammenhängen. Andererseits halten sie äußere Eingriffe in die Bewegungen der Seele für wenig glaubwürdig und lehnen deshalb auch die Vorstellung ab, zwischen der Heilung der Patientin von akustischen Halluzinationen und der Bewusstseinsreise des Therapeuten könnte eine Verbindung bestehen.

Die Gleichzeitigkeit von zwei Ereignissen – das Bild der Seelengeleitung im Bewusstsein des Psychologen und das Verschwinden der quälenden Stimme im Bewusstsein der Patientin – weist aber auf einen Zusammenhang hin, der vielleicht auch jenseits von Ursache und Wirkung erklärbar sein könnte. C.G. Jung hat dieses »Prinzip akausaler Zusammenhänge« untersucht und es »Synchronizität« genannt, weil bisweilen zwei Dinge gleichzeitig, synchron, geschehen und dabei ein sinnvolles Gesamtbild ergeben, ohne dass dabei bekannte physikalische Kräfte im Spiel waren.[105] Je größer die Entsprechung und je häufiger sich solche sinnvollen Koinzidenzen zeigen, umso weniger wahrscheinlich ist der bloße Zufall. Weil diese Vorstellung »akausaler Zusammenhänge« unserem rationalen Ich so fremd ist (Jung entwickelte sie in engem Kontakt mit dem Physiker Pauli), sollten wir uns jetzt ansehen, was uns Quantenphysiker über diese Frage und über den Charakter der Wirklichkeit sagen können.

Welten des Bewusstseins

Im Nebel der Wahrscheinlichkeiten

Längst haben die Architekten eines veränderten Weltbildes, die Pioniere der Quantenphysik, die Blaupausen des Seins neu gezeichnet. Das physikalische Universum, in dem diese Denker leben, umgeben von Großcomputern und gewaltigen Teilchenbeschleunigern, ist Lichtjahre von den Koordinaten des alten Bildes der Wirklichkeit entfernt, das unser Denken gefangen hält.

Wenn wir uns in der alltäglichen Welt bewegen, fühlen wir uns getrennt von unserer Umgebung. Wir zweifeln nicht daran, dass die Welt auch dann ihre festen Umrisse behält, wenn wir unseren Blick von ihr wenden. Wir können Erscheinungen der Natur beobachten, ihren Verlauf messen, Rückschlüsse auf vergangene und zukünftige Ereignisse ziehen, vielleicht sogar präzise Voraussagen machen, wenn uns etwa Geschwindigkeit, Richtung und Ausgangspunkt eines Objektes bekannt sind. Niemals würden wir annehmen, dass Objekte unserer Beobachtung sich in der Unschärfe verlieren, in Wahrscheinlichkeitswolken verbergen oder gar einzelne Objekte gleichzeitig in zwei unterschiedlichen Zuständen existieren könnten. Noch weniger würden wir erwarten, dass unsere Beobachtung Einfluss auf die Wirklichkeit nehmen könnte.

Aber in der Welt der subatomaren Teilchen, der kleinsten Bausteine der Materie, scheinen die Gesetze der Alltagsphysik auf den Kopf gestellt. Es waren Max Planck, Werner Heisenberg, Niels Bohr, Erwin Schrödinger und trotz seines

tiefen Unbehagens angesichts der quantenphysikalischen Paradoxien auch Albert Einstein, die unsere Sicherheit zerstörten und einerseits dem Zufall, andererseits dem Bewusstsein neue Bedeutung gaben.
In der modernen Physik verliert die Materie ihre Festigkeit, und wie schon weiter oben gesagt, entzieht sie sich mehr und mehr der Betrachtung. Denn nur unter bestimmten, genau festgelegten Bedingungen werden die subatomaren Teilchen, die die Physiker in den Beschleunigern beobachten, an einem bestimmten Ort sichtbar. Der Forscher muss entscheiden, sie als materielle Teilchen zu messen. Nur dann, und nur in diesem Moment, zeigen sie sich als Materie. Sobald die Messung beendet ist, lässt sich nicht mehr präzise bestimmen, an welchem Ort sie sich nun befinden. Statt präzisen Koordinaten bleiben nur noch die Nebel der Wahrscheinlichkeiten. Jetzt kann sich der Forscher aber entscheiden, das Objekt als Welle wahrzunehmen. Dann sieht er es in harmonischen Linien auf seinen Beobachtungsschirmen, wie die Muster eines Gewässers, das ein Kiesel in Bewegung versetzte.
Dass sich die kleinsten Bausteine der Materie als feste, wenn auch winzige Objekte verhalten, aber auch als immaterielle Wellen, ist eines der Fundamente der neuen Physik. Das zweite ist die verwirrende Tatsache, dass erst der Beobachter im Labor entscheidet, ob sich ein Teilchen materiell oder immateriell zeigt. Damit ist nicht gemeint, dass der Physiker objektive Vorgänge subjektiv deutet, sondern dass er mit seiner Messung entscheidet, was sich aus dem Nebel der Wahrscheinlichkeiten zu sichtbarer Wirklichkeit verdichtet. Die klare Unterscheidung zwischen Subjekt und Objekt, zwischen dem Beobachter und der Welt, ist damit aufgehoben, sie sind eng miteinander verbunden, bedin-

gen sich gegenseitig. Die Gegenstände der Untersuchung verlieren ihre objektive Existenz. Damit bricht unser alltägliches Bild der Welt zusammen, das ja gerade persönliche Sicht und objektive Realität unterscheidet.

Nach den Theorien der Quantenphysik verhalten sich subatomare Teilchen außerdem so, als ob Raum und Zeit nicht existierten. Zwei Photonen, die einmal miteinander in Verbindung standen, reagieren immer synchron, auch wenn Milliarden Kilometer zwischen ihnen liegen. Wird eines der Photonen manipuliert, folgt das andere unmittelbar, ohne dass Zeit vergeht und ohne dass Informationen ausgetauscht würden; das Paar reagiert als System jenseits von Zeit und Raum. Auf diese Jahrzehnte alte Entdeckung, die Alain Aspect 1982 auch experimentell nachgewiesen hat, bezieht sich C.G. Jung, wenn er von akausalen Zusammenhängen spricht. Die Physiker nennen die Fernwirkung »Nichtlokalität«, weil die beiden Teilchen offenbar ohne örtliche und zeitliche Verbindung in Kontakt stehen. Das Experiment zwingt uns, die Existenz einer Wirklichkeit jenseits von Raum und Zeit anzunehmen, die aber in unsere physikalische Raumzeit hineinspielt, oder mit anderen Worten: aus der nichtalltäglichen in die alltägliche Wirklichkeit, wie die Schamanen schon immer sagen.[106]

Vielleicht, so vermuten einzelne Physiker, existiert ein Über-Raum, der alle Realitäten in einem einzigen Punkt vereint, eine zeitlose Einheit, in der alles, was existiert, miteinander verbunden ist: das Universum in einem Tautropfen.

Aber auch dieser Gedanke ist nur eine Metapher und nicht die Wirklichkeit selbst. Wie die Mystik muss auch die Neue Physik, wenn sie das filigrane Gebäude der mathematischen Welt verlässt, ihre Gedanken in einer Sprache ausdrücken, die entstand, um Gegenstände des Alltags im wörtlichen Sinne zu begreifen. Jedes Wort erzeugt ein Bild, das sich an unsere Erfahrungen klammert. Wenn wir von Wellen hören, denken wir an flutendes Wasser, also etwas Materielles, das Gegenteil dessen, was die Physiker ausdrücken wollen. Auch ist die Gleichzeitigkeit von zwei Zuständen unserem Denken fremd, und deshalb springt unser Geist vom Bild eines Teilchens zum Bild der Welle und umgekehrt. Und wenn zwei Objekte, die weit voneinander entfernt sind, synchron reagieren, dann glauben wir, es müsse mit unvorstellbarer Geschwindigkeit Information ausgetauscht worden sein. In Wirklichkeit aber, das legt die Quantenphysik nahe, scheint alles unmittelbar miteinander verbunden zu sein.

Hans-Peter Dürr, Schüler und Nachfolger Werner Heisenbergs, vergleicht die »Dualität« von Teilchen und Welle mit der alten Vorstellung von Körper und Seele. Jeder Mensch sei gleichzeitig beides, aber die Seele (oder der Geist) könnte das umfassendere Prinzip sein. Wenn der Geist sich verdichte, entstehe Materie, oder mit anderen Worten: *»Die Materie ist die Kruste des Geistes.«*[107]

Längst lassen die führenden Köpfe der modernen Physik ihre Phantasie mehr-dimensionale Räume betreten, unbeschränkt von Grenzen, also geöffnet in die Unendlichkeit. Während Forscher im Mikrobereich nach Teilchen fahnden, die sich rückwärts in der Zeit bewegen, und andere in der Makrowelt darüber rätseln, wie parallele Universen miteinander in Verbindung stehen könnten oder »Wurmlöcher« (wenn auch nur theoretisch) phantastische Reisen zwischen Galaxien ermöglichen könnten, die Äonen voneinander entfernt sind, bewegt sich unser alltägliches Denken in den ehrwürdigen Kategorien des 17. Jahrhunderts, als Isaac Newton die Physik revolutionierte.

Weil uns seine Sicht der Welt so vertraut ist, denn sie hilft uns, klare, kollektive Bilder von Raum und Zeit zu erschaffen und Träume von der Wirklichkeit zu unterscheiden, ignoriert unser denkendes Ich die Höhenflüge der Quantenphysik.

Die Mauern unseres Weltbildes stehen fest, Monumente einer Jahrhunderte alten Sicherheit. Bisweilen erneuern wir den Putz und ziehen die Linien der Steine in feinen Farben nach, gelegentlich hören wir Erzählern zu, die von ihrem Blick in die Landschaften jenseits der Stadt berichten. Und auch wenn uns manchmal eine unerklärliche Sehnsucht ergreift, der Wunsch, aus dem Gefängnis des Denkens auszubrechen, ist die Angst vor dem Unbekannten doch meist größer als der Drang der Seele nach grenzenloser Erweiterung.

In den Welten der Physiker, deren Theorien sich zu immer komplizierteren Konstruktionen des Geistes entfalten, sind die Mauern der alten Vereinbarung über der Wirklichkeit längst eingerissen. Einsam stehen die Forscher am Rand einer unendlichen Ebene, in der sich vor ihren Augen die Gebirgsmassive unvorstellbarer Möglichkeiten erheben. Und auch wenn jeder neue Gedanke, jedes neue Modell und manches neue Experiment gerade erst gedachte Theorien zerstört oder wenigstens verwandelt, bleibt ihnen die Rückkehr zur alten Gewissheit Isaac Newtons für immer versperrt.

Im alltäglichen Weltbild verläuft die Zeit linear, vom Anfang bis zum Ende und niemals rückwärts, gefangen im Netz der Lichtgeschwindigkeit, in dem Räume begrenzt sind oder zumindest berechenbar, in dem jede Wirkung ihre Ursache hat, in dem Bewegungen von Objekten präzise bestimmt werden können, jenseits bloßer Wahrscheinlichkeiten. Aber dies scheint nur ein besonderes Gesetz innerhalb einer viel umfassenderen Realität zu sein. Weil es uns hilft, die unmittelbare Wirklichkeit zu begreifen, halten wir es für die Realität selbst. Aber es ist nur ein Ausschnitt des großen Ganzen.

Schon lassen neue Theorien denkbar erscheinen, dass nicht die Materie am Ende eines langen Prozesses Bewusstsein erzeugte und denkende Wesen hervorbrachte, sondern dass umgekehrt Bewusstsein der Urgrund des Universums sein könnte: ein gewaltiges, sich selbst denkendes Bewusstsein, auf das alle Erscheinungen zurückgehen, auch die Materie in ihrer rätselhaften Doppelexistenz.[108]

Die Überlegungen der Wissenschaftler an der äußersten Grenze der Physik werfen ein neues Licht auf das Innere Land, das wir in diesem Buch betrachtet haben. Die philosophischen Konsequenzen der Quantenphysik erscheinen wie ein Abbild der Wirklichkeit, in der sich das Bewusstsein bewegt, wenn es die weiten Räume der Seele betritt. Die Reisen der Schamanen und der modernen Rückkehrer von der Grenze des Todes bringen Bilder hervor, die so klar und konkret wie unfassbar und paradox erscheinen. Zeit und Raum verlieren ihre alltägliche Bedeutung, der Weg zur Erkenntnis kann direkt sein und schnell, vor dem Auge der Reisenden entfalten sich Landschaften von unfassbarer Schönheit, in denen sich abstrakte Zusammenhänge zu konkreten Bildern formen oder in phantastischen Mustern grundlegende Antworten aufleuchten. Es kommt darauf an, was der Beobachter in der Weite des Inneren Landes sucht und auf welche Frage er seinen Blick lenkt. Das Bewusstsein schafft die Wirklichkeit der Seele.

Auch wenn es physikalisch bisher nicht zulässig erscheint, die Mikrowelt der Quanten in einem einfachen Analogieschluss auf die Makrowelt unserer sichtbaren Wirklichkeit zu übertragen,[109] sollten wir dennoch unseren Blick auf die Frage lenken, wie sich das Bewusstsein mit der materiellen Realität unseres Alltags verbinden könnte. Denn die Logik des denkenden Ich kann nicht akzeptieren, dass alte und neue Physik nebeneinander stehen wie zwei Länder mit unterschiedlichen Gesetzen und Regeln. Wenn Bewusstsein in der Welt der kleinsten Teilchen eine so entscheidende Rolle spielt, wenn es vielleicht sogar der Materie zugrunde liegt wie ein Ozean, auf dem sich im Nebel der Wahrscheinlichkeiten schemenhaft die Inseln der materiellen Wirklichkeit abzeichnen, dann sollte es Überlegungen geben, diese beiden Welten zu verbinden. Denn der Geist existiert wie die Materie, und sein Mittler ist das menschliche Gehirn.

Das Rätsel von Gehirn und Geist

Ein Pionier dieses verbindenden Denkens war der Hirnforscher John Eccles, ausgezeichnet mit dem Nobelpreis, vielleicht der letzte große Vertreter einer wissenschaftlichen Richtung, die Jahrtausende das Bild des menschlichen Geistes und der Seele bestimmt hat. Man nennt die Anhänger dieser Richtung »Dualisten«, weil sie den Menschen so verstehen, wie er sich selbst wahrnimmt: als einen Geist, der in einem Körper wohnt, oder besser als eine Seele, die auf besondere Weise mit einem Körper in Verbindung steht, die ihn nutzt und steuert wie eine perfekte, wenn auch anfällige Maschine.

In diesem Verständnis des Menschen lassen sich die Erfahrungen des Alltags ebenso leicht einordnen wie die ungewöhnlichen Erlebnisse in der Nähe des Todes oder die Visionen schamanischer Reisen. Das Gefühl, den Körper zu verlassen, wäre aus dieser Sicht keineswegs nur ein sinnstiftendes Bild der Seele, sondern die Wahrnehmung der eigentlichen Wirklichkeit. Denn die Seele, in der das Bewusstsein leuchtet und das Ich mit allen seinen persönlichen Erinnerungen wohnt, wäre ja nur mit dem Körper verbunden, aber keineswegs mit ihm identisch. Unter bestimmten Bedingungen, durch äußere Einwirkung, durch schleichende Krankheiten des Körpers oder mit Hilfe ausgefeilter Techniken, die der Seele zu größerer Beweglichkeit verhelfen, würde sich die feste Verbindung lockern oder sogar vollständig lösen, und das nun freie Bewusstsein könnte den nahen Bereich ebenso wie fernere Regionen erkunden, seien sie nun materiell oder lediglich Ausdruck eines immateriellen Feldes.

Dieses Weltbild muss sich in einer Zeit fortschreitender wissenschaftlicher Erkenntnisse am hohen Level der Hirnforschung messen und darf grundlegenden Erkenntnissen der Physik nicht widersprechen. Tatsächlich ist es Eccles zusammen mit dem Philosophen Karl Popper und dem Quantenphysiker Friedrich Beck gelungen, die theoretische Möglichkeit dieses Weltbildes zu belegen.[110]

Die größte Schwierigkeit der Wissenschaftler bestand darin, eine wesentliche Grundlage der Physik zu berücksichtigen: das Energieerhaltungsgesetz, nach dem in der Natur die gesamte Energie stets gleich bleibt, also nicht »von außen« Energie hinzugefügt werden kann. Genau das könnte aber geschehen, wenn ein »außerhalb« gedachter Geist auf das Gehirn einwirken würde. Die Lösung bestand darin nachzuweisen, dass es möglich sei, nur die Form zu beeinflussen, in der diese Energie wirksam ist, mit anderen Worten: dass der Geist mit Hilfe von Information die vorhandene Energie lediglich neu ordnet und damit dem materiellen Gehirn gleichsam Leben einhaucht.

Wie genau funktioniert nun diese Verbindung von nichtmateriellem Geist und materiellem Gehirn? John Eccles sagt, dass der Geist über die Aufmerksamkeit fähig ist, jeden beliebigen Teil der Hirnrinde »anzuwählen« und willkürlich zu aktivieren: *»Bewusstsein wird dort erfahren, wo man es durch Aufmerksamkeit erweckt.«*[111] Dass jedem Bild der Seele bestimmte Erregungen der Hirnrinde entsprechen, bedeutet nach diesem Modell nur, dass der Mensch seinen Geist über das Gehirn wahrnimmt, keineswegs aber, dass der Geist im Gehirn erzeugt wird.

Wenn wir diesen Gedanken in die Sprache des Alltags übersetzen, dann könnten wir das Gehirn mit einem Fernsehgerät vergleichen. Wenn einzelne Schaltkreise im Empfänger nicht funktionieren, sind Bild und Ton gestört. Aber niemand würde daraus schließen, dass Filmbilder und Geräusche im Fernsehgerät selbst erzeugt werden. Jeder weiß: Die Filme werden aus weit entfernt liegenden Stationen gesendet, die Schaltkreise des Fernsehgerätes übersetzen lediglich unsichtbare Wellen in sichtbare und hörbare Frequenzen.

Eine Bewusstseinsstörung, ausgelöst durch einen Hirnschaden, würde also nur bedeuten, dass die Übertragung der Signale der Seele auf die Ebene des Körpers nicht mehr vollständig funktioniert. Wenn neue wissenschaftliche Erkenntnisse bestimmten geistigen Bildern genau abgegrenzte Areale des Gehirns zuweisen, dann wüssten wir lediglich sicher, dass diese Bereiche notwendig sind, um den Kontakt mit der Seele herzustellen, keineswegs aber, dass die Seele in diesen Arealen lebt.

Die dualistische Theorie ist in der Wissenschaft umstritten, die Mehrheit folgt materialistischen Modellen. Inzwischen aber haben sich auch unter Forschern, die dem Gedanken eines frei beweglichen Bewusstseins nahe stehen, neue Theorien herausgebildet. Sie lassen eine Trennung von Körper und Seele nicht mehr notwendig erscheinen, um all die seltsamen und beeindruckenden Phänomene in der Welt des Bewusstseins zu erklären.

Zwischen Körper und Seele besteht, wenn wir die Gedanken der neuen Physik frei übersetzen, kein wirklicher Unterschied mehr, denn auch der Körper wird letztlich aus einer ungeheuren Zahl kleiner und kleinster Bausteine geformt, aus subatomaren Partikeln also, die ja – wie wir gesehen haben – gleichzeitig materiell und immateriell sind, je nachdem, wie wir sie betrachten.

Wenn moderne Hirnforscher diese Überlegungen ihren Theorien zugrunde legen, benötigen sie die alte Trennung von Körper und Seele nicht mehr: Gehirn und Bewusstsein sind danach nur zwei Sichtweisen derselben Wirklichkeit.

Herms Romijn vom Nationalen Institut für Hirnforschung der Niederlande vereinigt in seinen Werken die beiden wichtigsten Strömungen der gegenwärtigen Forschung. In Hunderten von Projekten und Publikationen sezierte er das Gehirn als »Maschine des Denkens«, gleichzeitig aber interessierte er sich auch für die Landschaften der Seele und die alte Frage, wie diese verzweigten Bilder entstehen und wo sie ihren Ort haben könnten. In einer Studie über den Ursprung des Bewusstseins[112] stellte er die These auf, dass große Teile des Geistes, vor allem die langfristigen Erinnerungen, nicht im Gehirn selbst liegen könnten, sondern in einem Feld, das er »nicht-manifeste Ordnung« nannte. Bewusstsein, sagt er, sei zwar nicht unabhängig vom Gehirn, aber es gründe in einer tieferen Ebene.

Das Gehirn, die graue Masse, tausendfach seziert, unterscheidet Romijn also vom Geist – den elektrochemischen Biocomputer von der subjektiven Psyche. Was im Labor zerlegt wird und zerschnitten, könnte nur der sichtbare Ausdruck eines Geistes sein, der in einer tieferen, physikalischen Ordnung wurzelt.

Die eigentlichen Träger des Bewusstseins sind in seiner Vorstellung virtuelle Photonen, winzige Bausteine der Materie, die wie alle subatomaren Teilchen gleichzeitig Wellen sind. Sie setzen sich zu immer größeren, immer höher organisierten Feldern zusammen und formen so einen Geist, der mehr ist als die Summe seiner Teile. Auch wenn diese Theorie der dualistischen Vorstellung zu ähneln scheint, ist sie doch bei genauer Betrachtung davon unterschieden. In letzter Konsequenz sind Gehirn und Geist nur zwei unterschiedliche Ausdrucksformen derselben, umfassenden Wirklichkeit.

Welche Konsequenzen hat dieses Weltbild für unser Verständnis des Bewusstseins? Tatsächlich hat das Gedankenspiel des Hirnforschers große Ähnlichkeit mit alten Vorstellungen von der Wirklichkeit der Seele.

Herms Romijn nimmt an, dass alle Langzeit-Erinnerungen, die dem Ich Stabilität verleihen, auch der gewaltige Bereich, den die Psychologie »das Unbewusste« nennt, im großen Feld der nicht-manifesten Ordnung gespeichert

sind. In diesem Feld nimmt die individuelle Seele mit allen persönlichen Eigenschaften nur einen kleinen Bereich ein, eine Art persönlichen Abschnitt, der gleichwohl, etwa in telepathischen Erfahrungen, auch anderen, besonders begabten Menschen zugänglich sein kann, so wie sich auch der »Besitzer« dieses Bereiches ausdehnen kann in die weiten Räume dieses Feldes, in dem jeder Mensch (und vielleicht auch Tiere und Pflanzen, möglicherweise selbst die anorganische Materie) ein besonderes, mehr oder weniger großes Segment besitzt.
Im Kern dieses Feldes, so können wir vermuten, wäre dann jener Bereich verankert, der in der Psychologie C.G. Jungs das kollektive Unbewusste heißt oder die Welt der Archetypen, die ja schon Platon sah. Der große Kreis, in dem wir uns alle persönlichen und kollektiven Ebenen des Bewusstseins eingebettet vorstellen können, wäre dann die Allumfassende Seele, von der wir in diesem Buch schon häufig gesprochen haben, ein gewaltiges Kontinuum, in dem die kleinen Wahrheiten des ängstlichen Ich ebenso ihren Platz haben wie die transpersonalen Landschaften jenseits von Raum und Zeit, die sich der rationalen Sicht versperren und die erst in tiefer Meditation, in besonderen schamanischen Reisen oder in der Nähe des Todes aufleuchten.

Aber wo haben in dieser Theorie die Wesen der nichtalltäglichen Wirklichkeit ihren Platz? Und wo liegt das Land, in dem sich die Seelen der Verstorbenen aufhalten, oder der Ahnen, wie sich die Schamanen des alten Weges ausdrücken? Die Gedanken des Herms Romijn lassen einen Fortbestand des Bewusstseins nach dem Tod denkbar erscheinen. Die persönlichen Segmente der Verstorbenen könnten in dem großen Feld erhalten bleiben, und damit vielleicht auch

ein gewisses, wenn auch sicher verändertes Selbst-Bewusstsein. Die Seele könnte sich weiterhin in die Bereiche der kollektiven Bilder ausdehnen und vielleicht auch mit den Segmenten anderer Individuen Kontakt aufnehmen.
Auch die helfenden Geister der Schamanen und die Engel der großen Religionen hätten in jenem Feld der nichtmanifesten Ordnung ihren Platz. Die Bilder dieser Wesen könnten sowohl im persönlichen Segment als auch im Zentrum der Archetypen leben, je nachdem, ob eher persönliche Erinnerungen oder alte, allen Menschen gemeinsame Imaginationen der Kraft Gestalt verleihen. Die Wesen des Inneren Landes werden von der Allumfassenden Seele gedacht, die gleichzeitig die Summe aller individuellen Seelen sein könnte und mehr.
Die Allumfassende Seele wäre demnach ebenso Schöpferin der Individuen, wie die einzelnen Wesen umgekehrt das große Ganze zu formen scheinen. Hier bewegen wir uns natürlich nicht mehr in den abgesicherten Bereichen der Wissenschaft, sondern überlassen uns dem freien Spiel der Gedanken, wenngleich wir auch noch in Verbindung mit der Welt wissenschaftlicher Möglichkeiten bleiben.

Für die Schamanen, die sich selbst als Forscher im weiten Land der Seele erleben, können solche Gedanken interessant sein, aber sie sind keineswegs notwendig, um die Reisewege des Bewusstseins zu erkunden. Wo sich die Allumfassende Seele befindet, ob sie eine Entsprechung in den physikalischen Räumen hat oder nur als grandioser Entwurf des rastlosen Bewusstseins existiert, eine Metapher des Seins, ist für die Schamanen nicht von entscheidender Bedeutung: Dies ist mehr eine drängende Frage unseres kritischen Ich.

Die Schamanen aller Zeiten nahmen und nehmen die Seele als Wirklichkeit an und stellen ihre Landschaften nicht in Frage. Wenn sie auch oft gleichzeitig in beiden Welten gegenwärtig sind, tanzend und trommelnd in der schneebedeckten sibirischen Taiga, während das Bewusstsein durch die Wolkenbänke der Himmelssphären in immer höhere Regionen fliegt, so unterliegen sie doch selten der Versuchung, ihre Erfahrungen kritisch zu sezieren, wie das Wissenschaftler tun müssen. Niemals würde ein Schamane seine Reisen gleichzeitig mit dem Auge des sich in die Seele ausdehnenden Bewusstseins und mit dem analytischen Blick der Wissenschaft betrachten. Dies würde für ihn die Kraft der Bilder zerstören und den Zugang zum Inneren Land verschließen, vielleicht für alle Zeit. Denn die Seele und ihre Bewohner mögen es nicht, wenn ihre Existenz von Besuchern aus der alltäglichen Welt in Frage gestellt wird.

Sobald die Reise beendet ist und das Bewusstsein in der Wirklichkeit des Alltags erwacht, sind auch die Schamanen des alten Weges Skeptiker und Pragmatiker, die naive Weltbilder zurückweisen und Halluzinationen sehr wohl von der Realität unterscheiden können. Aber sie vermischen die beiden Wirklichkeiten nicht, und das ist wichtig auch für uns, wenn wir selbst Wege suchen, einen Zugang in die Weiten des verborgenen Inneren Landes zu finden.

Ganz gleich, ob wir den Überlegungen der Forscher folgen, die wir in diesem Kapitel vorgestellt haben, oder ob uns diese Gedanken eher wie phantastische Skulpturen des sich selbst denkenden Geistes erscheinen: An der Existenz des Inneren Landes besteht kein Zweifel, auch wenn wir nicht mit letzter Sicherheit wissen können, wo dieses Land wirklich liegt. Für das Erleben dieser unendlichen Weiten macht es keinen Unterschied, ob wir sie im Wachbewusstsein für real halten oder nicht.

Auch wenn es als sichere Erkenntnis gelten kann, dass sich das Bewusstsein am Ende des Lebens in die Bilderwelt der Seele zurückzieht, können wir doch nicht wissen, ob die Reise weitergeht, wenn der Körper gestorben ist. Die Überlegungen vieler Denker der alten und neuen Zeiten lassen es aber möglich erscheinen, dass sich das sterbende Ich in das größere Selbst zurückzieht und von dort dem Zentrum der Allumfassenden Seele entgegengeht. C.G. Jung, der dies ähnlich sah, erteilt uns einen Rat, der uns vielleicht helfen kann, uns nicht in den Weiten des Inneren Landes zu verlieren:

Man muss aber sich selber kennen lernen, damit man weiß, wer man ist, denn das, was nach dem Tode kommt, ist unerwarteterweise eine grenzenlose Weite voll unerhörter Unbestimmtheit, anscheinend kein Innen und kein Außen, kein Oben und kein Unten, kein Hier oder Dort, kein Mein oder Dein, kein Gutes und kein Böses. Es ist die Welt des Wassers, ... wo ich untrennbar dieses und jenes bin, wo ich den anderen in mir erlebe, und der andere als Ich mich erlebt ... Dort bin ich in der unmittelbarsten Weltverbundenheit dermaßen angeschlossen, dass ich nur allzu gern vergesse, wer ich in Wirklichkeit bin. »In sich selbst verloren« ist ein gutes Wort, um diesen Zustand zu kennzeichnen. Dieses Selbst aber ist die Welt, oder eine Welt, wenn ein Bewusstsein es sehen könnte. Deshalb muss man wissen, wer man ist.[113]

Ankunft

Heilende Bilder

Die Hilfe für Sterbende war in früheren Zeiten ein Dienst, der den letzten Wochen im Leben eines Menschen Würde gab. In unseren Tagen ist für diese Aufgabe in den Familien kein Platz mehr, weil immer weniger Menschen einen Halt in religiösen Gemeinschaften finden und auch die Priester und Pastoren der christlichen Kirchen dem Tod oft nicht weniger ratlos gegenüberstehen als die Laien. Dieses Vakuum ist einer der vielen Gründe für die Verzweiflung, denen viele Menschen am Ende des Lebens begegnen, und auch für die Ratlosigkeit der Angehörigen.
Seit die Hospizbewegung den Tod ins Leben zurückholte und so den Menschen einen Ausweg wies, ist das Sterben nicht mehr nur in die Hinterzimmer der Krankenhäuser verbannt, auch wenn viele Menschen noch immer unter diesen Bedingungen ihre letzten Stunden erleben.
Können uns die Erfahrungen der Schamanen, auch ihrer modernen Schüler, und die Erlebnisse der Rückkehrer von der Grenze des Todes den Weg weisen, wenn Freunde, Verwandte oder wir selbst in eine lebensbedrohliche Krise geraten?
Wenn sich das Bewusstsein mehr und mehr von der Verbindung mit der Welt des Alltags löst, gerät es in die flüchtigen Bilder der Träume und von dort immer wieder in die stabileren Gebilde jenseitiger Visionen. Auch wenn wir vielleicht nicht glauben können, dass nach dem physischen Tod, also dem Punkt ohne Wiederkehr, den ja die Rückkehrer unserer Tage noch nicht überschritten hatten, die Reise des Bewusst-

seins vielleicht noch weitergeht, müssen wir doch akzeptieren, dass der Geist über lange Zeiträume wach sein könnte und auf kürzere oder längere Reisen geht, während der Körper in der Bewusstlosigkeit versunken scheint.

Weil die Seele am Ende des Lebens die Frage nach dem Sinn stellt, sollten wir ihr helfen, eine Antwort zu finden.

Für den Umgang mit Sterbenden könnte das bedeuten, dass wir die Bilderwelt, in die sie eintauchen, ernst nehmen wie unsere Wirklichkeit des Alltags. Wie wir gesehen haben, lebt das Bewusstsein in diesen Landschaften, wie es zuvor in der Realität des Alltags gelebt hat. Jedes Bild, das die in sich selbst zurückkehrende Seele berührt und das ins Bewusstsein dringt, ist ein Teil des Lebens und der persönlichen Entwicklung. Es ist deshalb von großer Wichtigkeit, die Berichte von Sterbenden, wie bizarr sie vielleicht auch erscheinen mögen, nicht als Halluzinationen zurückzuweisen. Wer Menschen in dieser schwierigen Zeit besucht oder sie vielleicht sogar über Tage und Wochen begleitet, tut gut daran, mit diesen Bildern zu gehen und sich in die Landschaften der Sterbenden einzufühlen. Die Szenen, von denen die Sterbenden berichten, können als Visionen am helllichten Tag den Bildeindruck des Krankenzimmers überlagern wie eine Doppelbelichtung, und sie können in der Nacht kommen, als Botschafter von den Inseln der Träume.

Wenn der Körper sich dem Tod nähert, reist das Bewusstsein immer tiefer in die Weiten des Inneren Landes, die wir in diesem Buch genauer kennen gelernt haben. In dieser Zeit kann der Geist immer wieder für kürzere oder längere Zeit in die Alltagswirklichkeit zurückkehren. Dann ist es besonders wichtig, die Bilder der Seele zu verstehen und anzunehmen. Oft ist das Ich in tiefer Verwirrung, weil es die Ebenen der Wirklichkeit nicht mehr trennen kann. Die

Wahrnehmung der fernen Welten und der Gegenwart des Krankenhauses, die Erinnerung an Geschehnisse der jüngsten Vergangenheit und an die alten Erlebnisse der Kindheit verbinden sich mit Szenen, die in den Landschaften der Seele ihren Ursprung haben. Die Schilderungen der Sterbenden können die Begleiter am Krankenbett leicht ängstigen, denn für den Außenstehenden ergeben sie oft keinen Sinn, sie erscheinen in Zusammenhängen, die sich dem Wachbewusstsein nicht unmittelbar erschließen. Manchmal sind diese Bilderwelten auch für die Patienten ängstigend, aber dies ist nur eine vorübergehende Phase, die das Bewusstsein erlebt, wenn es mit den unendlichen Welten der zweiten Wirklichkeit wenig vertraut ist. In dieser Zeit der Verwirrung können die Begleiter viel für die Patienten tun, wenn sie im Gespräch die schönen Anteile stärken und dem Patienten helfen, in den Bildern den verborgenen Sinn zu suchen, oder, wenn ein Gespräch nicht mehr möglich ist, aus einem eigenen Zustand der Ruhe schweigend die Seele des Kranken berühren.

Mit der Zeit wird sich das Bewusstsein des Sterbenden heimischer fühlen in der Ferne. Dann kann es geschehen, dass die Patienten bemerken und akzeptieren, in den Landschaften ihrer Seele vorläufig allein zu sein. Wenn sie die Offenheit der Begleiter spüren, beginnen sie bisweilen, ihre Erfahrungen mitzuteilen, und manchmal sprechen sie dann mit wohlwollender Ironie über die Gestalten, die sich ihnen im Krankenzimmer zeigen, ohne den Besuchern sichtbar zu sein. Ganze Prozessionen können vor dem Hintergrund der weißen Wände vorüberziehen, nicht weniger real als die Besucher aus der Alltagswirklichkeit.
Auch in den Gesichten der Nacht erkennen die Sterbenden

nun eine eigene, gleichberechtigte Wirklichkeit. Es ist so, als ob sich die Wahrnehmung mehr und mehr ins Innere Land verlagerte und die strenge Trennung von Alltag und Imagination aufgehoben wäre. Wir erleben dies als Begleiter so, als ob die Seele sich zu gehen anschickte oder sich für eine gewisse Zeit schon sehr weit entfernt hätte. Tatsächlich hat sie aber wohl nur ihre Aufmerksamkeit verlagert, so wie wir an einem Radioempfänger die Frequenz wechseln, denn obwohl wir den besonderen Zustand der Reise ins Innere Land nur in Begriffen der Entfernung ausdrücken können, ist es wahrscheinlich, dass die fernen Welten der Seele ganz in der Nähe liegen und unser Land des Wachbewusstseins umgeben und durchdringen.

Ganz gleich, wo wir den Ort des Jenseits vermuten, ob wir den Visionen eher den Charakter phantastischer Träume oder eine dem Alltag gleichberechtigte, womöglich sogar überlegene Wahrheit zugestehen: Für die Sterbenden können die Besuche in den Landschaften der Seele wie ein zweites Leben sein, auch wie eine Erfahrung des Lernens oder des absichtslosen Verstehens, die das Selbst mit dem Licht der anderen Welt verbindet.

Wenn wir im Wachbewusstsein am Bett eines Sterbenden sitzen, können wir nicht wissen, was er in diesem Moment erlebt. Aber unsere Aufgabe sollte es sein, ihm gute Bedingungen zu schaffen, die eine ruhige Reise ins Innere Land möglich machen, erste Erkundungsflüge in die andere Wirklichkeit. Wir können dies tun, indem wir bei Ärzten, Krankenschwestern und Besuchern um Ruhe bitten, unnötige Behandlungen nicht zulassen und auch selbst keine Maßnahmen verlangen, die das Leben des Körpers um den Preis einer Schwächung des Bewusstseins verlängern. Damit der Geist frei beweglich bleibt, sollte der Körper mög-

lichst wenig Schmerzen empfinden. Deshalb ist eine ausreichende Therapie besonders wichtig. Aber ebenso wichtig ist es, darauf zu achten, das Bewusstsein nicht vollständig auszuschalten. Solange es noch mit dem Körper verbunden ist, fühlt es sich sonst an die mittlere Welt gefesselt und kann nur schwer den verborgenen Eingang ins Innere Land finden. Umgekehrt hält auch ein bohrender Schmerz das Bewusstsein im Körper fest wie in einem Gefängnis.
In den Hospizen und Palliativstationen sind die Begleiter Fachleute für Schmerztherapie. Deshalb ist dort der Weg in die weiten Landschaften der Seele oft leichter als in der Familie. Dafür ist die Begleitung durch nahe Verwandte oder Freunde ein besonderer Dienst, der einer fliehenden Seele das Gefühl von Sicherheit und Geborgenheit schenken kann.

Wenn uns eine persönliche Beziehung mit einem sterbenden Menschen verbindet, wissen wir, in welchen Bahnen sein Denken verlief, und vielleicht ahnen wir auch, welches Bild er sich von seiner letzten Reise macht. Wir werden ihn dann in seinen Vorstellungen unterstützen und ihm nicht zu weit vorauseilen in die Bilderwelt des Inneren Landes. Möglich, dass er Halt in religiösen Gestalten findet, vielleicht auch in Bildern der Natur oder in der Erinnerung an seine schon lange verstorbenen Eltern. Wir können ihn in dieser Zeit vielleicht anleiten, sich zu entspannen und mit geschlossenen Augen Kontakt aufzunehmen mit diesen Landschaften oder Figuren. Manche Sterbende finden so nach und nach selbst einen Weg, das Innere Land zu betreten.
Aus der Sicht des Schamanismus sind in den langen Stunden am Krankenbett aber auch hilfreiche Reisen ins Innere Land möglich, die ein Begleiter stellvertretend für den Kranken machen kann. Wenn der Patient bereits im Koma

liegt, kann es einem geübten Begleiter auf einer Bewusstseinsreise gelingen, in den Bildern der anderen Wirklichkeit Kontakt mit dem Selbst des Sterbenden aufzunehmen und ihn so auf seinem Weg zu begleiten. Manchmal verschwindet eine bis dahin spürbare Unruhe des Patienten, und ein Moment fast sakraler Erwartung entsteht, wie ihn nur die Begegnung mit dem Geheimnis des Todes hervorrufen kann.

In seltenen Fällen sehen Reisende in solchen Momenten, wie sich die Ganzheit der Seele des Sterbenden in Bilder unterschiedlicher Altersstufen auflöst, und es kann für die Ablösung wichtig sein, die unterschiedlichen Verkörperungen des Selbst wieder miteinander zu verbinden, in einem inneren Dialog, oder indem wir die Hand eines Kindes, das wir in unserer Vision als frühes Bild des Sterbenden erkennen, in die Hand des alten Menschen legen, der er jetzt sein mag. So können wir die Lebensspanne des Sterbenden in einem kraftvollen Bild umfassen.

Die schamanisch Reisenden werden in solchen Momenten immer darauf achten, den inneren Prozess nicht zu stören, sie werden also stets ihren spirituellen Helfern die wichtigsten Schritte überlassen und auch der Seele der Sterbenden vertrauen.

Weil sich das Bewusstsein der Menschen, die sich dem Land ohne Wiederkehr nähern, zu erweitern beginnt, verliert es auch den natürlichen Schutz vor äußeren Einflüssen. In diesen Stunden sollten die Begleiter besonders sorgfältig auf das achten, was sie sagen und tun, selbst auf das, was sie denken. Wie wir aus den Berichten über Menschen in Todesnähe wissen, können die Angst und die Verzweiflung der Angehörigen am Krankenbett wie ein Sog sein, der die Seele an einer leichten Reise hindert.

Wenn der Tod unausweichlich ist, sollten wir deshalb unsere Gedanken und Gefühle zügeln und den Sterbenden erlauben zu gehen. Wir können dies laut aussprechen, in einem liebevollen Monolog, aber es scheint auch auszureichen, dies nur in Gedanken auszudrücken. In einer Bewusstseinsreise am Sterbebett kann aus dem Monolog, der wie eine letzte Würdigung gehalten sein mag, auch ein Gespräch werden, und vielleicht spüren wir so noch mehr unsere Verbundenheit mit dem Menschen, den wir begleiten.
Wenn wir uns dann auf dieser Reise von ihm verabschieden, wenn wir vielleicht wichtige, nie gesagte Dinge ausgedrückt haben, können sich alte Verbindungen lösen, die den Sterbenden im Diesseits festhalten. Manchmal geschieht es dann, dass die Seele sich leicht und schnell zurückzieht ins Innere Land und von dort nicht mehr ins Wachbewusstsein zurückkehrt.

Sterbebegleitung

Wenn wir längere Zeit mit einem Schwerkranken verbracht haben, vor allem, solange noch eine Kommunikation im Alltagsbewusstsein möglich war, kann allein schon das Wissen, einen Begleiter an der Seite zu haben, der das Innere Land aus persönlicher Anschauung kennt, eine große Beruhigung für den Sterbenden sein und auch spürbare, sichtbare Folgen haben: Der Kampf um das Leben wird weniger schwer sein und die Offenheit für die Bilder der Seele größer. Es ist ein Dienst, der an die »Kunst des Sterbens« erinnert, wie sie im christlichen Mittelalter gepflegt wurde, ohne dass wir alle Gedanken und Haltungen dieser fernen Zeiten übernehmen müssten.

Wenn wir Schwerkranke begleiten, die um die Unausweichlichkeit des Todes wissen, können wir ihnen zusätzlich helfen, wenn wir ihnen eine erste Begegnung mit dem Inneren Land ermöglichen, solange ihr Bewusstsein noch leicht zwischen den Wirklichkeiten wechseln kann. Im Rhythmus der Trommel oder auch mit Hilfe Trance auslösender Musiken sollte der Kranke selbst aufbrechen zu einer Erkundungsreise in die weiten Landschaften der Seele. Im Krankenhaus können wir ihm die Musik oder den Trommelrhythmus über Kopfhörer einspielen und so ohne Störung für andere Patienten das Tor in die zweite Wirklichkeit öffnen.
Wir sollten aber immer bedenken, dass gerade in den letzten Wochen und Monaten des Lebens die Seele in sich selbst ihren Weg suchen muss und niemals Eingebungen von außen folgen darf. Die persönlichen Bilder des Reisenden sind die ganze Wahrheit, und es entspricht auch den Vorstellungen des Core Shamanism, dass wir niemandem Traditionen anderer Völker und Zeiten aufzwingen dürfen.

In unserer Kultur ist das Bild von engelhaften Geistern oft kraftvoller als die Verkörperung hilfreicher Wesen in Gestalt von Tieren, wenn auch Kinder hier noch einen direkten Zugang haben. Welche Bilder die Reisenden sehen, welchen Helfern sie begegnen, dieses Erlebnis ist ihr Zugang ins Innere Land, den wir unterstützen sollten. Dabei ist es wichtig zu wissen, dass sich tatsächlich in der Nähe des Todes häufig andere Helfer einfinden als in der Praxis schamanischer Reisen sonst üblich. Es sind vor allem die Verkörperungen der Ahnen, auch unmittelbarer Verwandter, die uns zu erwarten scheinen, wenn wir den Berichten der Rückkehrer von der Grenze des Todes folgen.
Das Innere Land ist groß und voller Geheimnisse, und wie

wir schon gesehen haben, ist es wichtig, die Szenen einer Vision niemals in die Existenz zu zwingen, sondern sich von ihnen tragen zu lassen. Aber das Vertrauen, das dazu notwendig ist, wird umso größer sein, je mehr wir uns in den Tälern und Bergen, den Meeren und Wüsten auskennen, je häufiger wir bereits den Wesen aus dem Zentrum der Seele begegnet sind. Es kann auch hilfreich sein, rechtzeitig mit der großen, alles Sein umfassenden Leere Kontakt aufzunehmen, die der Endpunkt unserer letzten Reise sein könnte, wie sie wohl auch der Ausgangspunkt war und, wie viele glauben, wieder sein wird.

Eine wichtige Technik, die Schwerkranken helfen könnte, die ersten Schritte in die nichtalltägliche Wirklichkeit zu machen, ist die gemeinsame Reise. Während der Patient versucht, den Eingang ins Innere Land zu finden, folgt ihm der Begleiter, indem er sich von seinen persönlichen Helfern leiten lässt. Die Verbindung ist in solchen Momenten stärker, wenn sich beide Reisende an den Händen fassen. Auch sollte sich der Patient als Erster auf den Weg machen und der Begleiter wenige Sekunden später folgen, denn es kommt darauf an, in die Bilder der Seele zu reisen, die dem inneren Zustand des Kranken entsprechen. Auch wenn beide Reisende nicht unbedingt identische Szenen sehen, kann sich das Gefühl in klaren Symbolen übertragen, und so hat der Begleiter die Möglichkeit einzugreifen, wenn er schwierige Situationen spürt. Wenn beide dann nach einiger Zeit zurückkehren, wird das anschließende Gespräch bisweilen erstaunliche Synchronizitäten enthüllen, in jedem Fall aber wird die Begleitung als beruhigendes Moment erfahren und hilft dem Sterbenden so, klarere Bilder zu sehen und die Angst zu überwinden.

Natürlich können sich auch Schwierigkeiten zeigen, wenn es darum geht, die Landschaften der Seele deutlich zu sehen. Manche Menschen erwarten gewaltige Szenen von ungeheurer Plastizität und Farbigkeit und sind deshalb nicht bereit, sich zarteren Bildern zu öffnen, wie sie oft in der leichten Trance entstehen. Wenn diese Menschen in das Land des Nebels geraten und keine inneren Helfer treffen, könnte eine Lösung sein, stellvertretend für sie einen Helfer in der nichtalltäglichen Wirklichkeit zu suchen, dieses Bild in die Alltagswirklichkeit zurückzubringen und dem Kranken zu schenken, wie das die Foundation for Shamanic Studies vorschlägt. Wenn die Patienten so von einem heilenden Bild erfahren und dann selbst den helfenden Geist imaginieren, kann es geschehen, dass sie plötzlich auf den Flügeln dieser bildhaften Verkörperung in die Landschaften der Seele gleiten, dass sich vielleicht der verborgene Eingang zeigt. Ist dieser Schritt in die Welt der Imagination einmal gemacht, wird das Bewusstsein die Abzweigungen in die ferneren Täler des Inneren Landes selbst finden und sich so auf die letzte Reise vorbereiten, die in Räume jenseits der Vorstellungskraft führt.

Wenn wir Sterbende unterstützen wollen, den Eingang zu finden, können wir ihnen auch mit Fotografien oder Reproduktionen von Gemälden helfen, die Eingänge zeigen, Türen oder Tore, die dunkle Öffnung einer Höhle oder ein Loch in den Wolken, aus dem das Licht der Sonne leuchtet. Eine solche Abbildung, vom Wachbewusstsein als Katalysator genutzt, kann den Blick in die Seele öffnen: Wenn der Reisende in der Trance bewusst das Bild imaginiert, ist es möglich, dass er einen Sog spürt, der ihn zu ziehen scheint, und dann kann sein Bewusstsein die Ebene wechseln, wie in alten Geschichten die Seele bisweilen durch einen Spiegel in die Anderswelt schwebt. Das Bild des Eingangs ist für das fliegende Bewusstsein wie ein Anker, der es mit der Welt des Alltags verbindet, denn wenn es auch in der Reise nur noch als Erinnerung existiert, liegt ihm doch ein materieller Träger zugrunde, eine Sicherheit für das ängstliche Ich.

Das Jenseitstor führt auch geübte Reisende oft in andere Räume als der traditionelle Weg in die oberen und unteren Welten. So ist es möglich, sehr schnell die transpersonalen Bereiche der Seele zu erreichen und den Kern, in dem sich alle Fragen zu einem Muster des Sinns formen.

Wenn am Ende der Mensch seinen letzten Weg antritt, kann es die Aufgabe des Begleiters sein, eine Zeremonie zu finden, die ihn verabschiedet, unabhängig vom Ritual der Beerdigung. Eine solche Zeremonie, die wir auf einer Reise zu den Ahnen finden können, verbindet die Hinterbliebenen mit der Achse der Zeit, die in die ferne Vergangenheit reicht und in die Zukunft weist. Indem wir uns in den Landschaften der Seele zeigen lassen, was zu tun ist, können wir sicher sein, dass jede Handlung, die wir dann in der alltäglichen Wirklichkeit vornehmen, die Seelen aller Beteiligten im Innersten berührt. Nicht das Ich steuert die Schöpfung dieser persönlichen Abschiedsfeier, sondern jener zeitlose Bereich der Seele, in dem die uralten Bilder der Menschheit ruhen. Wenn wir ihnen folgen und diese Bilder als Geschenk der Allumfassenden Seele ins Wachbewusstsein bringen und dort verkörpern, sind wir mit dem Verstorbenen verbunden und mit allen, die vor ihm gingen und nach ihm gehen werden. Denn in der Allumfassenden Seele fließen alle individuellen Bilder zusammen und formen das Gemälde der Ganzheit, in dem wir uns zu Hause fühlen.

Wegweiser

Die Reise ins Innere Land geht hier zu Ende, aber sie könnte auch hier beginnen. Denn die Erfahrungen der schamanischen Trance stehen jedem offen, der einen Blick in die Welten jenseits des alltäglichen Bewusstseins werfen will. Wie jeder spirituelle Weg ist er leicht zu gehen, wenn die Praxis im Einklang mit unserem Weltbild, unseren Möglichkeiten und unseren Wünschen steht. Es ist kein Weg des Glaubens, sondern der Erfahrung, der sich mit jeder spirituellen Weltsicht verbinden lässt.

Wer die Sphären des Inneren Landes kennen lernen möchte, sei es, um selbst der anderen Wirklichkeit zu begegnen, sei es, um die Bilderwelt der Sterbenden besser zu verstehen, kann die Techniken aus Büchern lernen oder sich erfahrenen Lehrern anvertrauen. In einer Gruppe ist es oft leichter, die Reise zu beginnen, vor allem aber sollten wir in die ferneren Regionen der Seele nicht allein aufbrechen, weil alte Ängste den Blick trüben können. Die akustisch induzierte Trance ist ein sicherer Weg, aber es beruhigt, wenn wir Menschen an unserer Seite wissen, die ihn schon oft gegangen sind. Später können wir dann alleine unsere Expedition fortsetzen, mit der Gewissheit, das Ziel zu erreichen und den Rückweg zu kennen.

Für Menschen, die sich mit der schamanischen Philosophie und den grundlegenden Techniken beschäftigen wollen, von der Suche nach Kraft für einen Patienten über die Rückholung von »Seelenteilen« bis zur schamanischen Betrachtung von Tod und Sterben, bieten die Foundation for Shamanic Studies und die Foundation for Living Shamanism and Spirituality zahlreiche Seminare an. Der Basiskurs zeigt die Wege in die unteren und oberen Welten und ist die Voraussetzung für die Teilnahme an den Seminaren für Fortgeschrittene. Eines dieser Seminare ist dem Thema dieses Buches gewidmet: »Tod und Sterben in schamanischer Sicht«. Informationen dazu unter folgenden Adressen:

FSS Europa
Krottenbachstr. 99/10, A-1190 Wien
Tel. und Fax: +43 1 48 01 753, e-Mail: office@fss.at

FLSS
Dr. Carlo Zumstein, Postfach 626, CH-8180 Bülach
Tel: +41 43 355 82 00, Fax: +41 43 355 82 01
e-Mail: info@flss.ch, Internet: www.flss.ch

Seminare, die den Überlegungen dieses Buches folgen und das Wissen über die Todesnähe-Erfahrungen mit den Methoden der schamanischen Reise verbinden, werden mehrfach im Jahr an verschiedenen Orten angeboten. Sie sind für Menschen geeignet, die sich aus persönlichen Gründen mit diesem Thema beschäftigen wollen, aber auch für Teilnehmer, die sich professionell oder ehrenamtlich um Schwerkranke und Sterbende kümmern. Informationen dazu unter folgender Adresse:

Vera Griebert-Schröder
Pfarrstr. 4, 80538 München
Tel.: +49 89 29 86 00, Fax: +49 89 649 10 284
e-Mail: info@innenwege.de, Internet: www.innenwege.de

Weitere Informationen im Internet auch unter
www.das-innere-land.de

Anmerkungen

1 C.G. Jung, Über die Archetypen des kollektiven Unbewussten, in: Von den Wurzeln des Bewusstseins, Zürich 1954, S. 16f.

2 Nach Mircea Eliade legte Holger Kalweit die umfassendste Sammlung schamanischer Erfahrungen vor, zusammengestellt aus ethnologischen Dokumenten über zahlreiche indigene Völker der Welt. Kalweit war auch der Erste, der einen Zusammenhang zwischen den Erfahrungen im Schamanismus und in der Nähe des Todes erkannte (siehe Literatur und Quellen).

3 Michael Harner, The way of the Shaman, New York 1980/1990 (Harper), S. 2ff., Übers. d.d.A. (gekürzt)

4 Harner, a.a.O., S. 7

5 Rasmussen, zitiert nach Halifax, Shamanic Voices, New York/London 1991, S. 114 (Penguin/Arcana) Übers. d.d.A. (gekürzt).

6 Carlos Castaneda, Reise nach Ixtlan, Frankfurt/M. 1981, S. 46

7 Persönliche Mitteilung, 2001

8 Persönliche Mitteilung, 2003, Zusammenfassung d.d.A.

9 Als »Synchronizität« wird die sinnvolle Entsprechung eines psychischen und eines physischen Ereignisses bezeichnet, die nicht kausal miteinander verbunden sind. Siehe zu diesem von C.G. Jung eingeführten Begriff die Erläuterungen im Abschnitt »Seelengeleiter«.

10 Vgl. Carlo Zumstein, Reise hinter die Finsternis, Kreuzlingen/München 1999 (Ariston)

11 Vgl. Tor Noerretranders, Spüre die Welt. Die Wissenschaft des Bewusstseins, Reinbek bei Hamburg (Rowohlt), 1994, S. 382ff.

12 Vgl. den Begriff »Weltseele« bei Platon und »Große Seele« bei Bert Hellinger. »Große Seele« bedeutet in der Theorie Hellingers eine Erweiterung der individuellen Seele vor allem in den Bereich der eigenen Familie. Die transzendenten Bereiche liegen jenseits der »Großen Seele«.

13 Die moderne Psychologie diagnostiziert im Zusammenhang mit schweren seelischen Verletzungen »Dissoziationsphänomene« – ein moderner Begriff für einen dem »Seelenverlust« vergleichbaren psychischen Zustand. Im Extremfall kann sich die Persönlichkeit in mehrere Einzelwesen aufteilen, die nacheinander in den Vordergrund des Bewusstseins treten. Dieses Krankheitsbild wird »multiple Persönlichkeit« genannt.

14 Die unterschiedlichen Kulturen sehen auch die »gesunde« Seele oft nicht

als Einheit; sie nehmen unterschiedliche »Geistkörper« an, meist vier, bisweilen auch fünf.

15 Vgl. Sandra Ingerman, Auf der Suche nach der verlorenen Seele und Welcome Home – Die Heimkehr der Seele, beide Ariston Verlag

16 Zitiert nach: Uno Harva, Die religiösen Vorstellungen der altaischen Völker, in: FF Communication, Nr. 125, Helsinki 1938 (gekürzt)

17 Zitiert nach: Friedrich/Buddruss, Schamanengeschichten aus Sibirien, München 1955 (gekürzt)

18 Nach Halifax, a.a.O., S. 74

19 Zitiert nach: Rasmussen, The people of the Polar North, Philadelphia 1908, S. 305ff., Übers. d.d.A.

20 Black Elk Speaks, University of Nebraska Press 2000, S. 17ff.

21 Black Elk Speaks, a.a.O., S. 186f., Übers. d.d.A.

22 Rasmussen, Grönlandsagen, Berlin 1922

23 Black Elk Speaks, a.a.O., S. 174, Übers. d.d.A.

24 Halifax, a.a.O., S. 84f., Übers. d.d.A.

25 Halifax, a.a.O., S. 118

26 Halifax, a.a.O., S. 119

27 Zitiert nach: Rasmussen, in: Halifax, a.a.O., S. 67, Übers. d.d.A.

28 Zitiert nach: Gustav Holm, Ethnological Sketch of the Angmagsalik Eskimo, in: The Angmagsalik Eskimo, Kopenhagen 1914 (gekürzt)

29 Zitiert nach Gustav Holm, a.a.O.

30 Zitiert nach Rasmussen, The People of the Polar North, a.a.O.

31 Zitiert nach Rasmussen: Thulefahrt, Frankfurt/M. 1934 (gekürzt)

32 Black Elk Speaks, a.a.O., S. 188, Übers. d.d.A.

33 Zitiert nach Halifax, a.a.O., S. 130, Übers. d.d.A.

34 Siehe Literaturhinweise

35 Interview für den Film: Jenseitsreisen – Erfahrungen an der Grenze des Todes, von Joachim Faulstich, arte/ARD 2000

36 Interview für den Film: Jenseitsreisen, a.a.O., und persönliche Mitteilung

37 Jahrbuch Schweizer Alpenclub, 27. Jahrgang, Bern 1892, S. 335 (in diesem Zitat leicht gekürzt)

38 Persönliche Mitteilung 1999 und Interview für den Film: Jenseitsreisen, a.a.O.

39 Un homme raconte sa mort, aus: L'inconnu, Oktober 1976, Übers. d.d.A. (gekürzt)

40 Interview für den Film: Jenseitsreisen, a.a.O.

41 Persönliche Mitteilung, 1999, und Interview für den Film: Jenseitsreisen, a.a.O.

42 Persönliche Mitteilung und Interview für den Film: Jenseitsreisen, a.a.O.

43 Persönliche Mitteilung 1999 und Interview für den Film: Jenseitsreisen, a.a.O.

44 Persönliche Mitteilung, 2003

45 Interview für den Film: Jenseitsreisen, mit Ergänzungen aus: Michael Sabom, Light and Death, Grand Rapids, Michigan 1998, Übers. d.d.A.

46 Interview für den Film: Jenseitsreisen, a.a.O.

47 Interview für den Film: Jenseitsreisen, a.a.O.

48 Erstveröffentlichung I.J.M. Elfferich, W. van Lommel, V.F.G. Meijers und B. R. M. van Wees, Ervaringen van patienten na reanimatie, Stichting Merkawah, IANDS Nederlande, Roosendaal 1999
Englischsprachiger Abdruck in: The Lancet, Vol. 358, Number 9298, 15.12.2001: Near-Death-Experiences in survivors of cardiac arrest, a prospective study in the Netherlands

49 Linke, Detlef B. An der Schwelle zum Tod, in: Zeitschrift Gehirn und Geist 3/2003, S. 48

50 Michael Schröter-Kunhardt ist Leiter der deutschen Sektion der Internationalen Assoziation für Nahtodes-Forschung. In seinen zahlreichen grundlegenden Publikationen fasst er die wichtigsten wissenschaftlichen Argumente zusammen und zeigt, dass es keine einfachen biologischen Erklärungen für das Phänomen gibt. (siehe Literaturhinweise)

51 Ungesendetes Interview für den Film: Jenseitsreisen, a.a.O., ergänzt durch Passagen aus einem Interview der IANDS Niederlande

52 Ungesendetes Interview für den Film: Jenseitsreisen, a.a.O., ergänzt durch Passagen aus einem Interview der IANDS Niederlande

53 Greyson and Bush, Distressing Near-Death-Experiences, Psychiatry, Vol. 55, February 1992, S. 100, Übers. d.d.A.

54 Greyson and Bush, a.a.O., S. 99

55 In den Schriften der großen monotheistischen Weltreligionen gibt es die Figur des Todesengels, der an die geheimnisvolle Frau im Erlebnis des Mädchens erinnert. Hinweise auf den Todesengel finden sich im Alten Testament, Buch Hiob 33, 22-23 und in den Schriften des Islam, Ghazzali IV, 253 »Abraham übergibt seine Seele freudig dem Todesengel«, zitiert nach Schimmel, Mystik des Islam, München 1992, S. 198

56 Greyson and Bush, a.a.O., S. 101

57 Greyson and Bush, a.a.O., S. 104

58 Greyson and Bush, a.a.O., S. 104

59 Vgl. Knoblauch, Hubert und Soeffner, Hans-Georg (Hrsg.), Todesnähe. Wissenschaftliche Zugänge zu einem außergewöhnlichen Phänomen, Konstanz 1999 (UVK)

60 Karlis Osis/Erlendur Haraldsson, Der Tod – ein neuer Anfang, Visionen und Erfahrungen an der Schwelle des Seins, Freiburg im Breisgau (Bauer), 8. Auflage 2001

61 Alle Beispiele zitiert nach Osis/Haraldsson, a.a.O.

62 Zitiert nach: Peter Dinzelbacher, An der Schwelle zum Jenseits, Freiburg im Breisgau 1989, S. 36f.

63 Zitiert nach: Peter Dinzelbacher, a.a.O., S. 41f.

64 Zitiert nach: Peter Dinzelbacher, a.a.O., S. 42

65 Zitiert nach: Peter Dinzelbacher, a.a.O., S. 43

66 Vgl. dazu Stanislav Grof, Totenbücher, München 1994 (Kösel)

67 Zitiert nach: Peter Dinzelbacher, a.a.O., S. 39

68 Zitiert nach: Peter Dinzelbacher, a.a.O., S. 46

69 Zitiert nach: Peter Dinzelbacher, a.a.O., S. 45f.

70 Lucanus, Pharsalia, zitiert nach Jean Marcale, Die Druiden, München, o.J.

71 In der Feier des Allerheiligen- und des Allerseelenfestes der Christen und in der Tradition des angloamerikanischen Halloween hat sich dieses keltische Fest bis heute erhalten.

72 Jean Marcale, a.a.O., S. 244

73 Zitiert nach: Jean Marcale, a.a.O., S. 243

74 Zitiert nach: Jean Marcale, a.a.O., S. 243

75 Felicitas D. Goodman, Trance – der uralte Weg zum religiösen Erleben, Gütersloh 2000 (Gütersloher Verlagshaus)

76 Vgl. Hofmann, Albert Wasson, Gordon und Ruck, Carl A.P., Der Weg nach Eleusis. Das Geheimnis der Mysterien, Frankfurt/M. 1990 (Suhrkamp) und: Bröckers, Mathias, Das sogenannte Übernatürliche, Frankfurt/M. 1998 (Eichborn), S. 191ff.

77 Carlo Zumstein, Der schamanische Weg des Träumens, Kreuzlingen/München 2003 (Hugendubel/Ariston)

78 Vgl. Tart, Charles T., A psychophysiological study of Out-of-the-Body Experiences in a selected subject, in: Journal of the American Society for Psychical Research, 1968, vol. 62, no. 1, pp. 3-27

79 Michael Harner, The sound of rushing water, in: Michael Harner (Hrsg.), Hallucinogens and Shamanism, Oxford University Press 1973, S. 15f.

80 Der Begriff ist von dem lateinischen Wort »numen« abgeleitet und könnte sinngemäß mit »göttliches Geheimnis« übersetzt werden.

81 Vgl. Dittrich, Adolf, Ätiologie-unabhängige Strukturen veränderter Wachbewusstseinszustände, Berlin 1996 (VWB)

82 Hanscarl Leuner, Religiöses Erleben durch Halluzinogene bei modernen Menschen, in: Liggenstorfer, Roger und Rätsch, Christian (Hrsg.): Maria Sabina, Botin der heiligen Pilze. Vom traditionellen Schamanentum zur weltweiten Pilzkultur, Solothurn 1996 (Nachtschatten), S. 232ff.

83 PET bedeutet Positronen-Elektronen-Tomograph, ein modernes bildgebendes Verfahren der Medizin, das Einblicke in die Hirnaktivität erlaubt, während der Patient unter dem Einfluss eines Halluzinogens steht. So können die Wissenschaftler in »Echtzeit« sehen, welche Bereiche des Gehirns bei visionären Wahrnehmungen beteiligt sind.

84 Der folgende Text greift auf mehrere Publikationen zurück: Stanislav Grof, Geburt, Tod und Transzendenz, Reinbek bei Hamburg, 1991 (Rowohlt), Grof und Bennett, Die Welt der Psyche, München 1993 (Kösel), Grof, LSD-Psychotherapie, Stuttgart 1983 (Klett-Cotta), und Grof und Halifax, Die Begegnung mit dem Tod, Stuttgart 1980 (Klett-Cotta)

85 Zitiert nach: Grof/Halifax, a.a.O., S. 104

86 Rasmussen, Intellectual Culture of the Iglulik Eskimos, Copenhagen 1930 (Gyldendal), S. 56

87 Michael Harner, Der Weg des Schamanen, Kreuzlingen/München 1994 (Ariston); Paul Uccusic, Der Schamane in uns, Kreuzlingen/München 1991 (Ariston); Carlo Zumstein, Schamanismus, Kreuzlingen/München 2001 (Diederichs); Felix R. Paturi, Heilbuch der Schamanen, München 1999 (Ludwig) u.a.

88 Renaud van Quekelberghe und Peter Göbel, Simulation von Nah-Todes-Erfahrungen und Out-of-body-Erlebnissen unter Hypnose, in: Welten des Bewusstseins, Band 2, Hrsg.: Adolf Dittrich, Berlin 1993 (VWB-Verlag)

89 Persönliche Mitteilung, 2003

90 Persönliche Mitteilung, 2003

91 Persönliche Mitteilung, 2003

92 Persönliche Mitteilung, 2003

93 Persönliche Mitteilung, 2003

94 Persönliche Mitteilung, 2003

95 Vgl. Kapitel »Die Wächter der anderen Wirklichkeit«

96 Persönliche Mitteilung, 2003

97 Persönliche Mitteilung, 2003

98 Persönliche Mitteilung, 2003

99 Persönliche Mitteilung, 2003

100 Persönliche Mitteilung, 2003

101 Persönliche Mitteilung, 2003

102 Persönliche Mitteilung, 2003

103 Dieses und die folgenden Beispiele entstammen einer persönlichen Mitteilung, 2003

104 Nach: Myron Eshowsky, Practicing Shamanism in a Community Health Center, in: shamanism, FSS journal, Vol. 6, No. 1, 1993

105 Synchronizität als ein Prinzip akausaler Zusammenhänge, in: Jung-Pauli, Naturerklärung und Psyche, Ges. Werke VIII, Zürich 1967 (Rascher)

106 Vgl. Amit Goswami, Das bewusste Universum, Wie Bewusstsein die materielle Welt erschafft, Freiburg 2002, S. 89f.

107 Dürr, Hans-Peter und Oesterreicher, Marianne: Wir erleben mehr als wir begreifen. Quantenphysik und Lebensfragen, Freiburg im Breisgau 2001 (Herder), S. 129

108 Amit Goswami, a.a.O.

109 Die Forschungsgruppe um den österreichischen Physiker Anton Zeilinger hat im Experiment nachgewiesen, dass ein aus 60 Kohlenstoff-Atomen zusammengesetzer »Ball« noch Welleneigenschaften zeigt. Der Welle-Teilchen-Dualismus gilt also nicht nur für subatomare »Partikel«. Wo aber liegt die Grenze? Denn unsere sichtbare Welt ist ja aus diesen winzigen »Bausteinen« zusammengesetzt, die gleichzeitig materiell und immateriell sind.

110 John C. Eccles, Wie das Selbst sein Gehirn steuert, Berlin und Heidelberg 2000

111 John C. Eccles, a.a.O., S. 250ff. und S. 255

112 Herms Romijn, About the origin of consciousness – a new, multidisciplinary perspective of the relationship between brain and mind, Netherlands Institute for brain research, June 23, 1997

113 C.G. Jung, Über die Archetypen des kollektiven Unbewussten, in: Von den Wurzeln des Bewusstseins, Zürich 1954 (Rascher), S. 28f.

Literaturhinweise

Umfassende Literaturlisten zum Thema Schamanismus finden sich in: Uccusic, Paul: *Der Schamane in uns* und in: Kalweit, Holger: *Traumzeit und innerer Raum* (s.u.).

Andritzky, Walter und Winkelmann, Michael (Hrsg.): Sakrale Heilpflanzen, Bewusstsein und Heilung. Jahrbuch für Transkulturelle Medizin und Psychotherapie, Berlin 1995 (VWB)

Bailey, Lee W. and Yates, Jenny: The Near-Death Experience. A Reader, New York/London 1996 (Routledge)

Bröckers, Mathias: Das sogenannte Übernatürliche, Frankfurt am Main 1998 (Eichborn)

Bublath, Joachim: Chaos im Universum, München 2001 (Droemer Knaur)

Capra, Fritjof u.a.: Der wissende Kosmos. Die Entdeckung eines neuen Weltbildes, Freiburg/Basel/Wien 2001 (Herder)

Capra, Fritjof: Der kosmische Reigen. Physik und östliche Mystik - ein zeitgemäßes Weltbild, Bern/München/Wien (Scherz/O.W. Barth)

Castaneda, Carlos: Reise nach Ixtlan, Frankfurt 1981 (Fischer)

Cowan, Tom: Die Schamanen von Avalon. Reisen in die Anderswelt der Kelten, Kreuzlingen/München 1998 (Ariston)

Dinzelbacher, Peter: An der Schwelle zum Jenseits, Freiburg im Breisgau 1989 (Herder)

Dittrich, Adolf: Ätiologie-unabhängige Strukturen veränderter Wachbewusstseinszustände, Berlin 1996 (VWB)

Doore, Gary (Hrsg.): Gibt es ein Leben nach dem Tod? Neue Antworten auf alte Fragen, München 1994 (Kösel)

Dürr, Hans-Peter und Oesterreicher, Marianne: Wir erleben mehr, als wir begreifen. Quantenphysik und Lebensfragen, Freiburg im Breisgau 2001 (Herder)

Eccles, John C.: Die Evolution des Gehirns – die Erschaffung des Selbst, München/Zürich 1989 (Piper)

Eccles, John C.: Wie das Selbst sein Gehirn steuert, Berlin und Heidelberg 2000 (Piper)

Elfferich, I.J.M., van Lommel, W., Meijers, V.F.G., van Wees, B.R.M.: Near-Death-Experience in survivors of cardiac arrest, a prospective study in the Netherlands, in: The Lancet, Vol. 358, Number 9298, 15.12.2001

Eliade, Mircea: Schamanismus und archaische Ekstasetechnik, Frankfurt am Main 1975 (Suhrkamp)

Elsaesser Valarino, Evelyn: Erfahrungen an der Schwelle des Todes. Wissenschaftler äußern sich zur Nahtodeserfahrung, Genf/München 1995 (Ariston)

Elsensohn, Susanne: Schamanismus und Traum, Kreuzlingen/München 2000 (Hugendubel/Diederichs)

Eshowsky, Myron: Practicing Shamanism in a Community Health Center, in: shamanism, FSS journal, Vol. 6 No. 1, 1993

Faulstich, Joachim: Jenseitsreisen. Erfahrungen an der Grenze des Todes. Fernseh-Dokumentation (45 Min.), Erstausstrahlung ARTE und ARD 2000, Erstausstrahlung der zweiteiligen Fassung (2 x 30 Min.) ARD 2002

Friedrich/Buddruss, Schamanengeschichten aus Sibirien, München 1955

Goodman, Felicitas D.: Trance – der uralte Weg zum religiösen Erleben, Gütersloh 2000 (Gütersloher Verlagshaus)

Goswami, Amit: Das bewusste Universum. Wie Bewusstsein die materielle Welt erschafft, Freiburg 2002 (Lüchow)

Greyson, Bruce and Bush, Nancy Evans: Distressing Near-Death-Experiences, Psychiatry, Vol. 55, February 1992

Grof, Stanislav u.a.: Wir wissen mehr als unser Gehirn. Die Grenzen des Bewusstseins überschreiten, Freiburg/Basel/Wien 2003 (Herder)

Grof, Stanislav und Halifax, Joan: Die Begegnung mit dem Tod, Stuttgart 1980 (Klett-Cotta)

Grof, Stanislav: Geburt, Tod und Transzendenz, Reinbek bei Hamburg, 1991 (Rowohlt)

Grof, Stanislav: Kosmos und Psyche. An den Grenzen menschlichen Bewusstseins, Frankfurt am Main 1997 (Krüger)

Grof, Stanislav: LSD-Psychotherapie, Stuttgart 1983 (Klett-Cotta)

Grof, Stanislav: Totenbücher, München 1994 (Kösel)

Halifax, Joan: Shamanic Voices, New York/London 1991 (Penguin/Arcana). Deutsche Ausgabe: Die andere Wirklichkeit der Schamanen, Freiburg 1999 (Hans-Nietsch-Verlag)

Harner, Michael: Der Weg des Schamanen, Kreuzlingen 1999 (Ariston)

Harner, Michael (Hrsg.): Hallucinogens and Shamanism, London/Oxford/New York 1973 (Oxford University Press)

Harner, Michael: The Jivaro. People of the Sacred Waterfalls, Berkeley, Los Angeles, London 1984 (University of California Press)

Harva, Uno: Die religiösen Vorstellungen der altaischen Völker, in: FF Communication, Nr. 125, Helsinki 1938

Heim, Albert: Notizen über den Tod durch Absturz, in: Jahrbuch Schweizer Alpenclub, 27. Jahrgang, Bern 1892

Hofmann, Albert, Wasson, Gordon, Ruck, Carl A.P.: Der Weg nach Eleusis. Das Geheimnis der Mysterien, Frankfurt 1990 (Suhrkamp)

Holm, Gustav: Ethnological Sketch of the Angmagsalik Eskimo, in: The Angmagsalik Eskimo, Kopenhagen 1914

Holzinger, Brigitte: Der luzide Traum, Wien 1997 (WUW-Universitätsverlag)

Ingerman, Sandra: Auf der Suche nach der verlorenen Seele, Kreuzlingen 1998 (Ariston)

Ingerman, Sandra: Welcome Home - Die Heimkehr der Seele, Kreuzlingen 1999 (Ariston)

Jansen, Karl L.R.: Ketamine, Dreams and Realities, Manuskript 1999

Jung, C.G.: Erinnerungen Träume Gedanken (aufgezeichnet von Aniela Jaffé), Zürich und Stuttgart 1967 (Rascher)

Jung, C.G.: Synchronizität als ein Prinzip akausaler Zusammenhänge, in: Jung-Pauli, Naturerklärung und Psyche, Ges. Werke VIII, Zürich 1967 (Rascher)

Jung, C.G.: Von den Wurzeln des Bewusstseins, Zürich 1954 (Rascher)

Jung, C.G.: Wirklichkeit der Seele, Zürich und Stuttgart 1969 (Rascher)

Kalweit, Holger: Traumzeit und innerer Raum. Die Welt der Schamanen, Bern/München/Wien 1984 (Scherz)

Kalweit, Holger: Urheiler, Medizinleute und Schamanen. Lehren aus der archaischen Lebenstherapie, München 1987 (Kösel)

Knoblauch, Hubert und Soeffner, Hans-Georg (Hrsg.): Todesnähe. Wissenschaftliche Zugänge zu einem außergewöhnlichen Phänomen, Konstanz 1999 (UVK)

Kübler-Ross, Elisabeth: Interviews mit Sterbenden, München 2001 (Droemer Knaur)

Kübler-Ross, Elisabeth: Verstehen, was Sterbende sagen wollen. Einführung in ihre symbolische Sprache. München 2000 (Droemer Knaur)

Kübler-Ross, Elisabeth: Was können wir noch tun? Antworten auf Fragen von Sterben und Tod, München 2003 (Droemer Knaur)

LaBerge, Stephen: Hellwach im Traum. Höchste Bewusstheit in tiefem Schlaf, Paderborn 1987 (Junfermann)

Laslo, Ervin: Das fünfte Feld. Materie, Geist und Leben – Vision der neuen Wissenschaften, Bergisch-Gladbach 2000 (Bastei-Lübbe)

Leuner, Hanscarl: Halluzinogene, Bern usw. 1981 (Huber-Verlag)

Liggenstorfer, Roger und Rätsch, Christian (Hrsg.): Maria Sabina, Botin der heiligen Pilze. Vom traditionellen Schamanentum zur weltweiten Pilzkultur, Solothurn 1996 (Nachtschatten)

Linke, Detlef B.: An der Schwelle zum Tod, in: Zeitschrift Gehirn und Geist 3/2003

Looser, Gabriel: Die Seele ins Licht geleiten – Sterbebegleitung über den Tod hinaus, München 2001 (Kösel)

Marcale, Jean: Die Druiden, München o.J. (C. Bertelsmann)

Matthews, John: Keltischer Schamanismus, Kreuzlingen/München 2000 (Hugendubel/Diederichs)

Moody, Raymond: Das Licht von drüben, Reinbek bei Hamburg 1989 (Rowohlt)

Moody, Raymond: Leben nach dem Tod, Reinbek bei Hamburg 1977 (Rowohlt)

Morse, Melvin und Perry, Paul: Zum Licht. Was wir von Kindern lernen können, die dem Tod nahe waren, Frankfurt am Main 1992 (Zweitausendeins)

Müller, Klaus E.: Schamanismus. Heiler, Geister, Rituale, München 1997 (C.H. Beck)

Narby, Jeremy: Die kosmische Schlange. Auf den Pfaden der Schamanen zu den Ursprüngen modernen Wissens, Stuttgart 2001 (Klett-Cotta)

Neihardt, John G. (Hrsg.): Black Elk: Ich rufe mein Volk, Olten und Freiburg im Breisgau 1984 (Walter)

Noerretranders, Tor: Spüre die Welt, Die Wissenschaft des Bewusstseins, Reinbek bei Hamburg 1994 (Rowohlt)

Osis, Karlis und Haraldsson, Erlendur: Der Tod – ein neuer Anfang. Visionen und Erfahrungen an der Schwelle des Seins, Freiburg im Breisgau 2001 (Bauer)

Paturi, Felix R.: Heilbuch der Schamanen, München 1999 (Ludwig)

Paulsen, Michael und Roth, Gerhard: Neurowissenschaften und Philosophie. Stuttgart 2001 (UTB)

Rasmussen, Knud, Die große Schlittenreise, Mainz 1958

Rasmussen, Knud: Grönlandsagen, Berlin 1922

Rasmussen, Knud: Intellectual Culture of the Iglulik Eskimos, Copenhagen 1930 (Gyldendal)

Rasmussen, Knud: The people of the Polar North, Philadelphia 1908

Rasmussen, Knud: Thulefahrt, Frankfurt/Main 1934

Ring, Kenneth and Cooper, Sharon: Mindsight: Near-Death and Out-Of-

Body-Experiences in the Blind, Institute of Transpersonl Psychologie 1999
Ring, Kenneth and Elsaesser Valarino, Evelyn: Lessons from the Light: What we can learn from the Near-Death-Experience, Moment Point Press 2000
Ring, Kenneth: Den Tod erfahren, das Leben gewinnen. Erkenntnisse und Erfahrungen von Menschen, die an der Schwelle des Todes standen, Bern 1986 (Scherz)
Rinne, Olga (Hrsg.): Wie Aua den Geistern geweiht wurde. Geschichten, Märchen und Mythen der Schamanen, Darmstadt und Neuwied 1983 (Luchterhand)
Ritchie, George und Sherrill, Elizabeth: Rückkehr von morgen, Marburg 1980 (Larmann)
Romijn, Herms: About the origin of consciousness – a new, multidisciplinary perspective of the relationship between brain and mind, Netherlands Institute for brain research, June 23, 1997
Romijn, Herms: Are virtual photons the elementary carriers of consciousness? Netherlands Institute for brain research, 2000
Sabom, Michael: Light and Death, Grand Rapids, Michigan 1998 (Zondervan PublishingHouse)
Sabom, Michael B.: Erinnerungen an den Tod. Eine medizinische Untersuchung, München 1987 (Goldmann)
Schimmel, Annemarie: Mystik des Islam, München 1992 (Diederichs)
Schmidt-Degenhard, Michael: Die oneiroide Erlebnisform. Zur Problemgeschichte und Psychopathologie des Erlebens fiktiver Wirklichkeiten, Berlin u.a. 1992 (Springer)
Schröter-Kunhardt, Michael: Mögliche neurophysiologische Korrelate des NDE, in: Adolf Dittrich (Hrsg.): Welten des Bewusstseins Band 2, Berlin 1993 (VWB)
Schröter-Kunhardt, Michael: Nah-Todeserfahrungen aus psychiatrisch-neurologischer Sicht, in: Knoblauch und Soeffner (Hrsg.): Todesnähe, Konstanz 1999 (UVK)
Schröter-Kunhardt, Michael: Nah-Todeserfahrungen, in: Zeitschrift TW Neurologie Psychiatrie, Karlsruhe 1992 (G. Braun)
Schröter-Kunhardt, Michael: Nah-Todeserfahrungen. Psychologisch-biologische Grundlage für den Glauben an ein Leben nach dem Tod, Vortrag zur Einleitung des 3. Symposions für künstlerische Therapien, Hannover 1997

Scotton, Bruce W., Chinen, Allan B. und Battista, John R. (Hrsg.): Textbook of transpersonal Psychiatry and Psychology, New York 1996 (Basic-Books)

Singer, Wolf: Der Beobachter im Gehirn. Essays zur Hirnforschung, Frankfurt am Main 2002 (Suhrkamp)

Sogyal Rinpoche: Das tibetische Buch vom Leben und vom Sterben, Bern/München/Wien 1999 (Scherz/O.W. Barth)

Tart, Charles T.: A psychophysiological study of Out-of-the-Body Experiences in a selected subject, in: Journal of the American Society for Psychical Research, 1968, vol. 62, no. 1, pp. 3-27.

Tholey, Paul und Utecht, Kaleb: Schöpferisch träumen. Der Klartraum als Lebenshilfe, Eschborn 1997 (Klotz)

Uccusic, Paul: Der Schamane in uns, Kreuzlingen/München 2001 (Hugendubel/Ariston)

van Kampenhout, Daan: Schamanische Heilungsrituale, Freiburg i. Br. 2001 (Bauer)

van Kampenhout, Daan: Die Heilung kommt von außerhalb, Schamanismus und Familienstellen, Heidelberg 1991, (Carl-Auer-Systeme-Verlag)

van Quekelberghe, Renaud und Göbel, Peter: Simulation von Nah-Todes-Erfahrungen und Out-of-body-Erlebnissen unter Hypnose, in: Welten des Bewusstseins, Band 2, Hrsg.: Adolf Dittrich, Berlin 1993 (VWB)

van Quekelberghe, Renaud und Eigner, Dagmar: Trance, Besessenheit, Heilrituale und Psychotherapie. Jahrbuch für Transkulturelle Medizin und Psychotherapie, Berlin 1994 (VWB)

Varela, Francisco: Traum, Schlaf und Tod. Grenzbereiche des Bewusstseins, München 1998 (Diederichs)

Zaleski, Carol: Nah-Todeserlebnisse und Jenseitsvisionen, Frankfurt am Main und Leipzig 1995 (Insel)

Zumstein, Carlo: Der schamanische Weg des Träumens, Kreuzlingen/München 2003 (Hugendubel/Ariston)

Zumstein, Carlo: Reise hinter die Finsternis, Kreuzlingen/München 1999 (Hugendubel/Ariston)

Zumstein, Carlo: Schamanismus, München 2001 (Hugendubel/Diederichs)

Danksagung

Wer ferne Länder erkundet, braucht viele Helfer.
Besonders danken möchte ich Gundula Mohr, die das Projekt von Anfang begleitete und immer wieder wichtige Anregungen beisteuerte.
Die Mitglieder der internationalen Fakultät der Foundation for Shamanic Studies haben grundlegende Ideen dieses Buches mit ihrer Arbeit beeinflusst. Dafür danke ich Michael Harner, Sandra Ingerman, Paul Uccusic und Carlo Zumstein.
Auf dem Gebiet der Todesnähe-Forschung waren die Gedanken von Michael Schröter-Kunhardt für mich von besonderer Wichtigkeit, vor allem die wissenschaftliche Offenheit, mit der er die Fakten einordnet.
Die Bereitschaft einzelner Menschen, ihre Todesnähe-Erfahrungen zu schildern, und die Unterstützung des Projektes durch Mitglieder der »Kiental-Gruppe«, die ihre persönlichen Reise-Protokolle zur Verfügung stellten, war die Voraussetzung für mehrere Kapitel. Hervorheben möchte ich hier besonders Vera Griebert-Schröder, die das Projekt mit vielen Erfahrungsberichten unterstützte. Maria Kaluza verdanke ich wichtige Literaturhinweise.
Schließlich möchte ich auch an drei Menschen erinnern, die nicht mehr leben und die ich deshalb nicht mehr fragen kann, ob ich ihre Namen nennen darf. Von E., K. und D. habe ich aber vieles gelernt, was diesem Buch den Rahmen gab.